华中科技大学文科学术著作出版基金资助
国家社会科学基金（17BJL108）研究成果

出口质量演变的
经济效应研究

—— 周记顺 著 ——

中国社会科学出版社

图书在版编目（CIP）数据

出口质量演变的经济效应研究/周记顺著．—北京：中国社会科学出版社，2018.2
ISBN 978 - 7 - 5203 - 2099 - 3

Ⅰ.①出…　Ⅱ.①周…　Ⅲ.①出口产品—产品质量—研究
Ⅳ.①F746.12

中国版本图书馆 CIP 数据核字（2018）第 033279 号

出 版 人	赵剑英
责任编辑	王　曦
责任校对	王纪慧
责任印制	戴　宽

出　　版	中国社会科学出版社
社　　址	北京鼓楼西大街甲 158 号
邮　　编	100720
网　　址	http：//www.csspw.cn
发 行 部	010 - 84083685
门 市 部	010 - 84029450
经　　销	新华书店及其他书店

印　　刷	北京明恒达印务有限公司
装　　订	廊坊市广阳区广增装订厂
版　　次	2018 年 2 月第 1 版
印　　次	2018 年 2 月第 1 次印刷

开　　本	710×1000　1/16
印　　张	17.25
插　　页	2
字　　数	251 千字
定　　价	78.00 元

摘　　要

目前中国经济处于"三期叠加"时期，面临供需结构的突出矛盾。针对这一状况，2015 年 11 月 10 日，习近平总书记提出了破局之策——加强"供给侧结构性改革"。供给侧结构性改革的关键就在于"提高供给体系的质量和效率"，减少无效供给，削减落后产能，升级现有生产和生活产品的质量，满足消费者对高质量的物质和精神生活的需要。同时，产品质量是产品满足消费者需要的一种重要属性。它的产生是多种要素结合的结果，它的提升需要投入更多的资源。在此背景下，研究出口质量提升对经济增长、贸易发展、经济波动、社会收入的影响，厘清它们之间的关系，对于推行"供给侧结构性改革"有重要的现实意义。

基于此，通过研究出口质量演变的行业增长效应、贸易增长效应和经济波动抑制效应，本书发现：

（1）从比较优势演化角度而言，产品出口质量是衡量产品效用水平的重要指标。当收入水平一定时，消费者会对较高质量产品形成较大需求强度。随着世界平均生产率和收入水平的提升，生产较高出口质量产品的国家会在高质量产品上具有比较优势，从而促进高质量产品的出口，拉动经济增长。当收入水平提升时，国外消费者对高质量产品偏好的增强也是促进高质量产品出口的重要因素。

（2）从决定机制而言，一国能力数量的多少是影响该国出口质量高低的重要因素。能力是一种隐性的变量，它代表一国把资源禀赋、技术、劳动力、资本、制度等生产要素结合起来创造出更多品种或更高质量产品的水平。一般而言，一国能力数量越多，该国潜在地生产的产品种类越多，生产的产品质量越高。同时，一国拥有的能力数量越多，其生产的调节能力越强，抗经济波动能力越强。

为了能合理测度出口质量，本书基于 Feenstra 和 Romalis（2014）的方法，从供给和需求两个方面测量了 1990—2011 年 196 个国家（地区）产品—行业—国家三个层次的出口质量指标。通过分析这些指标的演变趋势，本书发现：

（1）整体而言，在产品层面，初级产品出口质量指标较低，而中间产品或资本品出口质量指标较高。在国家（地区）层面，不同国家（地区）同一种产品具有不同的产品出口质量指标，高收入国家（地区）的中间品或资本品出口质量指标高于中低收入国家，而在初级产品出口质量指标上两种类型国家（地区）间的差异不大。

（2）在行业层面，初级产品类行业出口质量指标较低，中间产品或资本品类行业出口质量指标较高，这与产品层面的估计数据相契合。不同类型行业出口质量指标波动幅度不同，技术成熟类行业出口质量指标波动幅度小，而资本密集型和高技术类行业出口质量指数波动幅度大。同时，经济危机发生时紧缩的市场需求会对行业出口质量指标的提升起到倒逼的作用。

（3）在国家（地区）层面，高收入国家（地区）出口质量指标普遍偏高，而中低收入国家（地区）出口质量指标普遍偏低。整体而言，世界平均出口质量指标上升趋势不明显，呈现"W"形变动特征。国别间出口质量变动趋势存在差异。在 19 个典型国家（地区）中，高收入国家（地区）出口质量指标变动趋势不统一，新兴市场国家（地区）出口质量指标呈现缓慢上升趋势。国家（地区）出口质量指标与其收入水平呈正相关。其中，在高收入样本国家（地区）中，这种正相关关系很显著，在中低收入国家（地区），这种正相关关系不甚明显。

（4）在产品层面，中国初级类产品出口质量指标较高，但变动趋势缓慢；中间品或资本品出口质量指标较低，但上升趋势明显。在行业层面，与中国产品层面数据相符合，中国初级产品类行业出口质量指标偏高，变动趋势不明显；中间品或资本品类行业出口质量指标偏低，但存在明显上升趋势。在国家（地区）层面，中国整体出口质量指标上升趋势不明显，但在 1997 年和 2008 年经济危机后有阶段性上升趋势。这反映了国际市场的倒逼对中国出口质量的提升有很大促进作用。

利用测算出来的国家（地区）和行业层面出口质量指标，本书实证研究了出口质量提升对外贸发展、行业增长和经济波动的影响。研究表明：

（1）关于出口质量演变的外贸增长效应。在中国国家层面，出口质量的提升可以有效促进中国对外贸易的发展。同时，国外消费者收入水平的提高、对高质量产品偏好的增强，也是促进中国外贸增长的重要原因。分国别而言，中国出口质量指标与对外贸易间的正效应，在高收入国家样本中较小，而在中低收入国家样本中较大。这说明中国整体出口质量指标偏低，比较契合中低收入国家对产品出口质量偏好层次的需求。同时，中国出口质量指标与对外贸易间的正效应在与中国外贸联系紧密的国家样本中更为显著。

在中国行业层面，出口质量提升促进外贸增长的效应也得到了印证。本书把 SITC 一分位下十个行业分成初级产品行业和工业制成品行业两组。在这两组行业中，中国行业出口质量的提升促进了这些行业的外贸出口增长。分组来看，中国工业制成品行业出口质量指标的提升对其外贸增长的促进作用更大。这反映了中国这些年在工业制成品出口质量方面取得的进步。分国家样本来看，出口质量提升的外贸促进效应在中低收入国家样本中更为明显。这印证了中国国家层面结论的稳健性。

同时，本书发现，一国向中国出口的比重、贸易安排、进口国到中国旅游人口比重、进口国城镇化率等变量的提升会对中国对外贸易产生正效应；受益于交通运输业的快速发展，距离变量对中国对外贸易的阻碍作用变得不显著；由于中国出口增长主要沿着集约边际实现，相对多边阻力与中国对外贸易呈负相关关系。

（2）关于出口质量演变的行业增长效应。通过对中国 28 个制造行业 1990—2011 年出口质量指标的构造，本书发现，整体而言，中国制造行业出口质量指标在样本期中上升趋势明显。分行业来看，资源型和劳动密集型行业与传统资源型重工业出口质量提升幅度较小，而技术及资本密集型的机械制造业、运输设备制造业、电子及通信设备制造业出口质量提升幅度较大。这深刻表明，经过多年技术引进、消化、吸收和创新，中国在一些高端技术行业上进步很快，从最初的简单加工起步，现已开始生产更具竞争力的产品。同时，随着中国制造业体量的增大，创新能力的发展开始制约其出口质量指标的提升。2005 年后中国制造业各行业开始出现平缓波动，上升趋势不甚明显。

通过实证验证，本书发现整体上中国制造行业出口质量指标的提升确实有效促进了行业增长。分行业考察，出口质量提升的行业增长效应存在行业差异。在重工业、异质性行业和中等技术行业，出口质量提升对行业增长的促进作用更为明显，而在轻工业、同质性行业和高、低技术行业，出口质量提升的增长作用不太明显。同时，行业增长还受到固定资产规模、人力资本、研发投入、企业规模、行业开放度、国有企业比重等因素的影响。其中，前三个因素能够显著促进行业增长。

（3）关于出口质量提升的经济波动抑制效应。通过对 97 个国家（地区）出口质量与经济波动的实证分析，本书发现一国（地区）出口质量的提升确实能够抑制其经济波动。这说明随着一国（地区）拥有能力数量的增多，其出口质量会得到提升，从而抗市场风险能力得到增强，降低了潜在经济波动的可能性。在国别层面，出口质量提升对经济波动的抑制效应在高收入国家（地区）样本中很明显，但在中低收入国家样本中不太显著。这说明该效应对国家（地区）经济发展的不同阶段的影响具有差异性。

这种效应在制造业层面也得到了印证，但其表现与国家（地区）层面的表现存在差异。可能是因为中低收入国家（地区）正处于经济的工业化阶段，制造业比重较大，在这些国家（地区）样本中制造业出口质量对行业产出波动具有显著的抑制作用。而高收入国家（地区）已经处于后工业化阶段，制造业比重逐渐降低，所以在高收入国家（地区）的制造行业样本中这种效应并不显著。

本书的研究成果反映了实施减少无效供给、增加有效供给的供给侧结构性改革的重要意义，并为国家在"十三五"规划的建议中提出的"提高传统优势产品竞争力，巩固出口市场份额，推动外贸向优质优价、优进优出转变"的规划建议提供了理论和数据支撑。

关键词：出口质量；经济增长效应；贸易增长效应；经济波动抑制效应；国家能力

目　　录

第一章 导论

第一节 研究的背景与意义

一 研究的背景

自 1978 年改革开放以来，中国实现了年均近 10% 的增长，2009年中国名义 GDP 为 5.059 万亿美元，超过日本 242.78 亿美元，成为仅次于美国的世界第二大经济体。[①] 随着经济体量的增大，原有支撑经济发展的人力资源、自然资源以及制度安排和经济政策等要素都发生了很大变化。中国经济发展速度开始放缓，"十二五"规划确定的经济发展速度只有 7%，"十三五"规划进一步把经济发展速度的下限调到 6.5%。同时，由于经济发展与资源环境的尖锐矛盾和前期经济刺激政策积累的供需矛盾，现有情况下，中国面临经济增长速度的换挡期、经济结构调整阵痛期和前期刺激政策的消化期。按照可比价格计算，2015 年中国国内生产总值为 676708 亿元，同比增长 6.9%，没有达到"十二五"规划中确定的年均经济增长速度 7% 的目标。[②]这深刻反映了"三期叠加"给现实中国经济增长造成的影响。

同时，经济供需结构矛盾突出。2014 年，中国生产的主要工业品中，原煤产量 38.7 亿吨、粗钢 8.2 亿吨、水泥 24.8 亿吨、汽车2372.5 万辆、手机 16.3 亿台、微型计算机设备 3.5 亿台，均居世界

[①] 数据来自世界银行数据库。
[②] 国家统计局 2016 年 1 月 20 日发布的数据。

首位，且遥遥领先于其他国家。根据联合国工业发展组织资料，目前中国已经有 220 多种工业品产量位居世界第一（张卫华等，2015）。但大大提升的供给能力却与中国需求结构不匹配，造成产能的极大过剩。2012 年底，中国钢铁、水泥、电解铝、平板玻璃、船舶产能利用率分别仅为 72%、73.7%、71.9%、73.1% 和 75%，明显低于正常水平（张卫华等，2015）。这造成了大量资源的沉淀和不可流动。深刻的供需矛盾出现的原因在于中国原来在生产中重视了"量"，却忽略了"质"，低档廉价、技术水平较低的产品无法满足人民生产、生活中高质量的产品需求。这造成了无效供给增多，产能大量过剩。

面对现有经济发展的困难，如何破局呢？2015 年 11 月 10 日，在中央财经领导小组会议上，习近平总书记提出了"供给侧结构性改革"。2015 年 12 月 14 日，在中央政治局分析研究 2016 年经济工作的会议上，习近平总书记进一步提出"着力加强结构性改革，在适度扩大总需求的同时，提高供给体系质量和效率"。2016 年 1 月 26 日，在中央财经领导小组第十二次会议上，习近平总书记再次提出了"从生产领域加强优质供给，减少无效供给，扩大有效供给，提高供给结构适应性和灵活性，提高全要素生产率，使供给体系更好适应需求结构变化"。这些指导方针都指出实现有效供给是解决当前经济问题的一个重要抓手，而实现有效供给的关键就在于提升供给体系的质量和效率。

同时，产品质量是人类文明的重要标志。例如，许多代表古代文明的历史建筑，像中国的长城、埃及的金字塔等，之所以能够穿越历史风云屹立至今，一个很重要的原因就在于它们拥有极高的质量。进入 21 世纪，提升产品质量更是成为各国共识。美国、日本以及德国等欧盟国家和许多其他地区更是把质量提升拉高到国家战略层面对待。2017 年 9 月 15 日，中国召开第二届中国质量大会，旨在推动国际质量合作，重视质量建设，不断提升产品和服务质量。

那么，当下中国产品质量的提升能够化解供需矛盾，促进经济发展，成为经济增长新的动力机制吗？产品出口质量的提升会对当下贸易产生什么样的影响？一国出口质量的变化会不会成为减缓经济波动的手段呢？产品出口质量变化会对一国产生什么样的福利效应？这些都是亟待研究的课题。

二　选题的理论及现实意义

自亚当·斯密以来，比较优势一直是国际贸易理论研究的基石和实践运作遵循的重要思想。纵观贸易理论的发展脉络，从传统比较优势理论到现代比较优势理论的演化过程中，比较优势理论的研究发生了四大转变：①由注重外生比较优势向外生与内生比较优势并重转变；②由单因素比较优势向多因素（技术、禀赋、交易效率）综合比较优势转变；③由国内、国际贸易理论分离向国内、国际贸易理论统一转变；④由宏观层面向微观层面转变。从微观层面多角度研究比较优势的演化与国际贸易的发展成为现在国际贸易学界研究的重点。

Hausmann 和 Klinger（2007）与 Hausmann 和 Hidalgo（2010）通过产品空间和能力理论，解释了在微观层面上比较优势内生演化的途径与方向。这是对比较优势演化研究的又一推进。但由于该领域研究时间较短，现阶段尚存在下列不足：①能力与产品空间的关系有待进一步厘清。一个国家拥有能力数量的多少决定了这个国家可以生产产品数量品种的多少，但这个国家如何基于自身能力实现在产品空间中产品之间的跳跃升级，这种跳跃和能力之间的互动机制是什么，如何避免跳跃失败陷入发展停滞或"中等收入陷阱"，这些问题有待进一步研究。②现有研究的逻辑是通过产品品种数量的多少反向研究一个国家拥有能力数量的多少。这导致无法通过拥有能力数量确定生产产品品种的范围，也就是说无法通过能力确定产品跳跃的方向。③出口质量显化了产品中包含的能力，但它在衡量方法上还存在很多令人不满意的地方，如何改进出口质量的衡量方法，避免出口质量的异常值，找出合理的出口质量衡量方法，仍有待进一步研究。

同时，Melitz（2003）提出的基于生产率差异的异质性企业贸易模型开创了在企业层面研究国际贸易模式形成、国际贸易产生原因、企业国际化原因的新局面，为国际贸易的研究注入了新的活力。Bernard 等（2003）、Helpman 等（2004）、Yeaple（2005）等进一步拓展了异质性企业贸易模型。针对很多高生产率企业不参与国际贸易的现象，Baldwin 和 Harrigan（2011）进一步提出了基于企业生产效率和出口质量两个维度异质性的贸易模型，正式把产品出口质量纳入国际贸易理论分析框架。Hallak 和 Sivadasan（2013）与 Fasil 和 Borota（2013）进一步拓展了包含产品出口质量差异性的异质性企业贸易模型。

有鉴于此，构建开放条件下出口质量影响贸易决策的机制和能力与产品空间的互动机制的分析框架、深入分析存在比较优势的产品结构、研究出口质量演变的影响因素和作用效应成为当前该领域的努力方向。为此，本书准备在修正和完善前人研究成果的基础上，尝试拓展包含产品出口质量的异质性贸易模型与出口质量影响经济波动模型，研究出口质量演变带来的各类经济效应，并在此分析框架的基础上，通过相应计量模型，运用中国经验数据对出口质量演变的经济效应进行实证分析。因而，本书的意义就在于：

（1）理论意义。现在关于出口质量的相关文献很多，但基于中国经验数据，在国家（地区）层面和行业层面研究出口质量演变经济效应的研究并不多。产品质量综合反映了一个国家或地区拥有知识和能力的数量，它承载了很多无形的信息，如规章制度、市场环境、技能，也包含了许多有形的信息，如经济体的要素禀赋、生产技术和基础设施等。产品出口质量的演变对于贸易模式和经济发展有重要影响。从企业异质性和比较优势演化的角度来理解出口质量提升对外贸发展、经济增长和经济波动抑制的作用，是对当前产业升级途径和贸易模式形成进行的有益探索。

（2）现实意义。随着人均收入的提升和 GDP 增速的放缓，我国现在面临"中等收入陷阱"。产生"中等收入陷阱"的一个重要原因在于产业发展的"断档"，即原有具备比较优势的产业现在不再具有优势，而新兴的产业仍然在培育，还不具备比较优势。如何选择合理的比较优势产业，尽快实现产业升级或跳跃，需要了解自身产品空间结构，以及现有比较优势的转化情况。合理测算产品出口质量，判断现实中比较优势的转化状况和转化途径，具有强烈的现实意义。同时，在我国当前面临"三期叠加"的困难局面与供需结构矛盾突出的背景下，如何理顺产品出口质量与经济发展、经济波动、贸易增长的逻辑关系，对于以供给侧结构性改革为发力点的结构调整也有很强的现实意义。

第二节 研究思路、内容与方法

一 研究思路

本书在归纳已有研究的基础上，以出口质量演变的经济效应的理论分析框架为切入点，分析出口质量演变对经济增长、贸易增长和经济波动造成的影响。在 Jaimovich 和 Merella（2012）模型与 Krishna 和 Levchenko（2013）模型基础上，本书探讨出口质量作为一种比较优势来源在演变过程中对行业和贸易增长与经济波动的影响。采用 Feenstra 和 Romalis（2014）的方法，构造产品—行业—国家（地区）三个层面的出口质量，研究出口质量演变规律。实证研究跨国层面、国家层面和行业层面出口质量变动对经济增长、贸易增长的影响。

同时，借鉴 Hausmann 和 Hidalgo（2010）的能力理论，通过构建国家—能力—产品矩阵分析框架，研究经济体能力变动带来的产品结构和质量变动对其经济波动产生的影响。一个国家拥有能力数量的多少决定了它生产产品品种的多寡以及产品中包含能力数量的多少，而拥有不同能力的产品在现实经济中产生的影响和发挥的作用有所不同。当一个经济体拥有适当的能力并能够成功实现产品在自身产品空间中的跳跃时，它的经济会出现持续的增长；而当经济体没有合适的能力，无法实现产品跳跃时，在动态发展中它的经济会陷入停滞。通过这个理论框架，我们采用出口质量作为测量能力的工具，实证研究经济体出口质量演变对其经济波动的影响。

通过这样的研究要实现下列目的：一是验证代表能力与产品空间理论的出口质量对经济增长与经济波动的影响；二是揭示在不同经济体与行业中出口质量演变的经济效应的差异；三是为我国新时期如何跳过"中等收入陷阱"，实现出口质量的提升和产品空间跳跃，减少无效供给，实施供给侧结构性改革提供智力支持。

二 研究内容

基于以上研究思路，本书主要研究内容分为七个部分，具体安排如下（见图 1-1）。

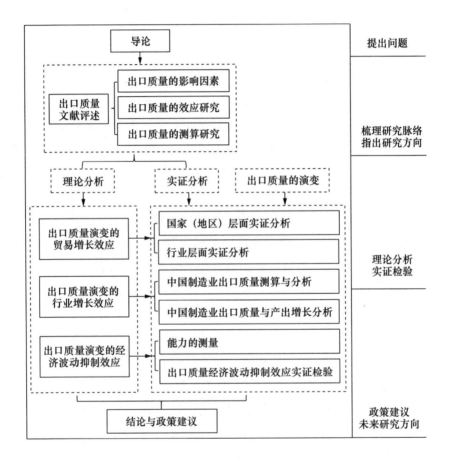

图 1-1 本书的研究框架图

第一部分是导论。本部分简要阐述本书的选题目的及理论与现实意义、研究方法、研究思路、研究框架以及可能的创新点。

第二部分是出口质量文献评述。本部分主要是梳理出口质量研究历程及对现有研究的评述。①回顾质量和出口质量的研究历程，找到在不同理论发展时期对质量和出口质量在经济中作用的相关描述。通过对论述出口质量作用的理论的历史发展脉络进行梳理,明确现有出口质量研究的来源与发展缘由。②对现有出口质量影响因素按照进口需求、资源禀赋、贸易政策、产品生命周期、技术、贸易制度、FDI、成本等角度进行归类总结,分析研究中的优势与不足。③现有出口质量演变经济效应的研究包括出口质量演变的贸易增长效应、经济增长效应、福利效应、贸易模式效应等。总结这些研究的理论依据与实证支撑,找到本研究的切入点。④在明确出口质量内涵的基础上,梳理现有测量出口质量的各种方法,并对其进行比较分析,评述各自的特点和优劣势。

第三部分是出口质量的演变。基于 Feenstra 和 Romalis(2014)从供需两方面考虑的双边价格分解模型,本书构造了国家(地区)、行业和产品三个层面出口质量的衡量方法。这种方法最大的特点是同时考虑了供给和需求的因素。相较于原来只考虑需求因素的出口质量衡量方法,它的衡量结果应该更为合理和准确。基于上述出口质量的构造方法,通过 UN Comtrade、UNIDO、WITS、UNCTAD、World Bank、IMF、ITC、TRAINS 等数据库构造出年份—国家(地区)—行业—产品四维数据库,来测算国家(地区)、行业和产品三个层面的出口质量。

第四部分是出口质量演变的贸易增长效应。本部分基于中国国家层面和行业层面两个视角,运用第三部分出口质量国家(地区)层面和行业层面的计算结果,对中国出口质量演变的贸易效应进行实证分析。分析的主要内容在于使用静态和动态实证模型研究中国出口质量演变对不同收入类型国家、不同行业、与中国不同贸易联系紧密度国家等多个层面对外贸易的差异性影响,力图从出口质量视角来解释"中国贸易量增长之谜"。本部分最大的特点在于研究中国出口质量变动对中国相对出口贸易量的影响。同时,相较于原来跨国研究出口质量演变的贸易效应,在一个经济体中研究出口质量提升的贸易增长效应,可以屏蔽掉很多共同因素,例如相同的经济制度、相同的经济环境、统一的货币政策等。当这些因素既定时,出口质量的提升是不是还存在增长效应，这是本部分验证的重点。

第五部分是出口质量演变的行业增长效应。本部分主要从中国制造业的行业视角实证研究出口质量演变对行业产出的影响，分析行业层面出口质量提升的效应。首先，构造中国制造业出口质量数据，并分析中国制造业出口质量演变的规律。其次，通过不同类型行业的实证分析结果考察出口质量提升对行业增长的差异性影响。

第六部分是出口质量演变的经济波动抑制效应。在第五部分分析的基础上，可以得出行业出口质量的提升可以促进行业增长的结论，那么出口质量演变会不会对经济波动产生影响呢？本部分首先基于能力理论构建出口质量变动影响经济波动的分析框架。出口质量的演变意味着经济体中能力数量的变化和能力结合的变化，它可以带来产品在空间上的跳跃和升级，从而引起经济的增长。这个跳跃存在失败的风险，可能引起经济停滞，带来经济波动。其次从跨国层面和制造业层面分析出口质量演变是否对经济波动产生影响，不同类型国家（地区）中其影响是否有差异以及这种差异背后的影响机制。

第七部分是结论与政策建议。通过整体上总结出口质量演变影响经济的理论机制、测算方法、贸易效应、经济增长效应和经济波动抑制效应，对出口质量演变经济效应进行概括。针对实证研究中得出的主要结论，提出新形势下产品与国家出口质量提升的相应对策。同时，对本研究中的不足和下一步研究的重点进行展望。

三　研究方法

研究方法的得当与否直接决定研究结论是否准确和可靠。本研究具有较强的理论性和现实性，既要继承国内外现有研究思路，又需要考虑不同发展阶段经济体之间的差异，以保证从多角度和多层次来研究出口质量演变的经济效应。因此，本书主要采用下列方法，来保证研究结果的可靠性：

一是规范分析与实证分析相结合。本书在收集和分析国内外现有文献的基础上，运用数学推导和演进法对 Hausmann 和 Hidalgo（2010）、Feenstra 和 Romalis（2014）以及 Tacchella 等（2013）学者的模型进行拓展，形成出口质量演变经济效应的理论分析框架，为实证分析提供理论支撑。在理论分析的基础上，本书构建相应的计量模型进行实证分析。实证分析主要采用的计量方法有：①静态面板固定效应和随机效应分析，如出口质量演变的经济增长效应、贸易增长效应和经济波动抑制效应分析；②哑变量面板数据模型，如不同经济体、不同年份、不同行业出口质量演变效应分析；③GMM 法，如出口质量演变的经济增长效应与外贸增长效应的动态分析；④ML 估计方法，如在出口质量演变的外贸增长效应稳健性分析中采用的出口质量的测算方法。

二是静态分析和动态分析相结合。在既定外部条件下，分析各因素的具体情形是静态分析的一个主要特点，动态分析则把时间因素纳入进来，注重在多种条件变动情形下分析宏观和微观经济现象。本书在出口质量演变贸易增长效应、经济增长效应和经济波动抑制效应分析中分别运用静态分析和动态分析相结合的方法，用静态分析获得一个时点的分析结果，用动态分析来比较加入时间变量后出口质量演变影响的差异，以期获得更为准确、可靠的估计结果。

三是对比分析法。出口质量的测算本身是一个相互比较才能得出结果的概念，没有参照对象，我们无法确定一个国家（地区）或产业的出口质量演变。因此，在分析过程中需要涉及多种类型的国家和地区，通过对比不同经济体、不同行业在不同时间的出口质量指标，更为准确地判断出口质量的演变过程。

第三节　本书的创新点

本书在前人的研究基础上，构建相应的理论分析框架，对出口质量演变及其经济效应进行分析，并基于理论分析框架从跨国和行业两个层面进行实证探索。整体而言，形成了以下几个创新点，对进一步进行关于出口质量的研究做出一定贡献：

（1）构建出口质量演变经济波动抑制效应分析框架。Hausmann 和 Klinger（2007）构建了产品空间理论，阐明不同产品在现实经济中发挥不同作用，把经济发展过程看作产品在自身空间内的跳跃过程。但他们并没有构建出包含不同能力的产品结构变化与经济波动之间的互动机制，没有建立理论分析框架。本书在此分析基础上，借鉴能力理论（Hausmann 和 Hidalgo，2010）构建经济体能力数量变动导致出口质量演变，进而影响产品结构变化的机制。一个经济体中能力数量越多，产品在产品空间中成功跳跃的可能性越大，从而越能降低产品空间跳跃中经济波动的风险。同时，不同产品的抗风险能力不同，产品质量升级也会抑制经济波动。

（2）构建合理的出口质量测算方法。在实证研究的初期，众多文献主要采用产品单位价格作为替代出口质量的指标（Hallak，2006；Schott，2004），但这种方法在捕捉产品出口质量上的能力一直为学界所诟病（Hallak 和 Schott，2011；Khandelwal，2010）。后来，学界开始通过构造需求模型来测算出口质量（Khandelwal，2010；Gervais，2013；Robert 等，2012；Piveteau 和 Smagghue，2013），但这种出口质量的衡量方法很容易受到函数形式以及涵盖因素的影响。基于 Feenstra 和 Romalis（2014）从供需两方面构建的出口质量测算方法，经过修正，本书形成了自己的出口质量测算方法。它涵盖了供需两方面价格因素中的质量信息，能够更为准确地反映国际贸易产品价格中的质量信息。同时，本书还构建了中国制造业出口质量指标，并研究了它的演变规律。

（3）以行业视角实证分析出口质量演变的经济增长效应。现有文献对出口质量演变的经济增长效应主要是在国家或区域层面进行研究，很少在行业层面进行分析，这就为本书的创新留下空间。行业层面不像一个国家、地区或城市，有行政界线，可以较好地界定研究的范围，它更多是一种打破地理界线的、跨区域的甚至跨国的范围。它的出口质量演变有其特殊性，使得研究行业层面出口质量演变的规律及其效应可能产生与现有研究不一样的研究结论。这方面的研究将是对现有出口质量演变经济效应研究的有益补充。

第二章　出口质量文献评述

自新新贸易理论产生以来，国家、地区、行业、企业和产品层面出口质量的异质性就受到学术界的广泛关注。它为人们研究各个层面对外贸易的规律和解释各种对外贸易现象提供了新的视角和新的工具，由此揭开了一种以异质性贸易模型改造传统贸易模型的新浪潮。本书准备在梳理现有出口质量研究文献的基础之上，研究出口质量的演变对贸易增长、经济增长及其波动的影响。因此，本章将对出口质量文献在下列四个方面进行梳理和评述：一是关于质量、出口质量研究的历史发展；二是关于出口质量影响因素的研究；三是关于出口质量演变经济效应的研究；四是关于出口质量演变方法的研究。

第一节　关于质量、出口质量研究的历史发展

从学术研究史的角度梳理出口质量的研究，需要从清晰界定质量、出口质量的概念开始，而实际上质量、出口质量在学术上的区别并不是太明显。从字面上理解，两者之间似乎存在论述范围的不同。质量主要是产品层面的概念，可以指国内市场销售产品的质量，也可以指在国际市场销售的商品质量。出口质量可以是产品层面、行业层面和国家（地区）层面的概念，它主要是一个可以跨国（地区）进行比较的概念。但在学术文献的实际运用过程中，两者经常存在混用的情形，只不过在不同的历史研究时期，两者的侧重点会有所不同。这一点从下面的文献梳理中可以比较清楚地看到。出口质量的研究包括产品出口质量、产业出口质量、国家（地区）出口质量和企业出口

质量等层面的研究。它们相互交叉，按照一定方式进行数量叠加可以实现出口质量概念在多个层面的转化。下文将按照出口质量的不同层次梳理研究文献。对质量的研究由来已久，学术界很早就注意到，产品除了存在数量属性之外还存在质量属性。随着研究的深入和时代的变迁，质量作为一个学术概念的内涵逐渐发生了变化。按照历史阶段与国内外视野的不同，关于质量的研究论述，可以分为四个阶段：古典经济学时期、新古典经济学时期、新古典综合时期、新新贸易理论时期。

一 古典经济学时期

质量最初进入现代经济学的规范研究，源于人们对商品自然属性的认知。亚当·斯密（1776）在《国民财富的性质与原因的研究》中对质量的讨论就有 48 处之多，涉及生产质量、产品质量、货币质量、土地质量等论述。例如"最初盖在货币金属上的公印，其目的似乎都在于确定那必须确定而又最难确定的数据的品质或纯度"[①]，讨论了货币质量确定的难度；"谷物品质的良否，主要要看它可磨得的粉量多寡而定"[②]，讨论了农产品质量的确定标准；"富人所消费的粮食，并不比他穷苦邻人所消费的多。在质的方面，也许大不相同，选择和烹调富人的粮食，可能需要更大的劳动和技术，而在量的方面，几乎相同"[③]，开始为产品质量差异寻找根源；"英国羊毛价格虽低，但其品质……亦有相当的改良。价格要是好些，改良也许会大些；价格的低贱，虽然阻碍了这种改良，但却没有完全阻止这种改良"[④]，涉及价格对质量变化的影响以及质量变动的独立性；"课于麦芽、啤酒及淡色啤酒的各种税，从未减低大麦的价格……而这种税和课于啤酒、淡色啤酒的税，曾在不断提高那些商品的价格，或不断减低那些

---

① 亚当·斯密：《国民财富的性质与原因的研究》（上卷），郭大力、王亚南译，商务印书馆 1983 年版，第 23 页。

② 同上书，第 69 页。

③ 同上书，第 157 页。

④ 亚当·斯密：《国民财富的性质与原因的研究》（下卷），郭大力、王亚南译，商务印书馆 1983 年版，第 220 页。

商品的质量"①，分析了税收对产品质量的影响；"就数量说，苏格兰产的小麦价格，一般似乎比英格兰产的低廉得多，然就品质说，其价格却肯定比英格兰产的要高些……不论何种物品，其价格在输入国通常总是比输出国高些"②，这一论述中隐含了出口产品质量，表明出口商品的质量是其出口决定的重要影响因素。这些论述采用规范的研究方法比较全面地表达了影响产品质量的因素，以及产品质量的变化与效应。

萨伊（1803）在他的《政治经济学概论》中主要表达了商品价格、价值和效用之间的关系，涉及产品质量的论述也是从产品自然属性的角度而言，例如"欧洲土壤所生产的糖精和染液，无论在质量上或数量上都比不上在其他地带大量生产的糖精和染液"③。大卫·李嘉图（1817）在论述土地和矿山的地租时，说明了质量属性的重要作用，例如"由此看来，使用土地支付地租，只是因为土地的数量并非无限，质量也不是相同的……当次等肥力的土地投入耕种时，头等的土地马上就开始有了地租，而地租额取决于这两份土地在质量上的差别"④，"矿山的质量各不相同，用等量劳动所得到的结果也极不相等"⑤。约翰·穆勒（1848）也继承了关于质量的这种论述，例如"商人对有些国家的商品是怀有戒心的，因为他们无法相信货物的质量是否同样品一致"⑥，潜在地表明了贸易不只是互通有无，产品质量也是重要影响因素；"瑞士农民共同出资合作生产干酪的方式……取代了小规模自给自足的干酪生产……现在他得到的奶酪重量相同而质

---

① 亚当·斯密：《国民财富的性质与原因的研究》（下卷），郭大力、王亚南译，商务印书馆1983年版，第455页。

② 亚当·斯密：《国民财富的性质与原因的研究》（上卷），郭大力、王亚南译，商务印书馆1983年版，第182页。

③ 萨伊：《政治经济学概论》，陈福生、陈振骅译，商务印书馆1963年版，第156页。

④ 大卫·李嘉图：《政治经济学及赋税原理》，彼罗·斯拉法主编，郭大力、王亚南译，北京编译社修订，商务印书馆1962年版，第29页。

⑤ 同上书，第35页。

⑥ 约翰·穆勒：《政治经济学原理及其在社会哲学上的若干应用》（上卷），赵荣潜、桑炳彦、朱泱、胡企林译，商务印书馆1991年版，第50页。

量却好得多，因为这是由专门人员做出来的"①，说明分工或专业可以提升产品质量；"质量相同的商品，在同一市场上不能有两种价格"②，反映出对质量与价格同步的认识。

这一时期对质量的论述主要从商品本身的交易属性出发，在商品价格分析中涉及或隐含了质量的性质，但并没有把其作为重要的分析要素或研究对象的重要影响因素，对质量所起作用的认识还处在萌芽阶段。当然，这可能与当时的历史发展阶段相契合。当时，贸易的主要功能还是互通有无，而不是满足差异化的需求。因而，学术界也主要是从不同商品的交易出发，研究交易的利得以及不同产品分工对生产效率的影响，而很少涉及产品质量层面。

二 新古典经济学时期

这一时期，经济学的研究中心转向消费领域，边际效用分析成为重要的分析方法，例如，班菲尔德曾经做出过"消费理论是经济学的基础"的论断，并被威廉·杰文斯所继承。③质量作为能够影响商品效用的重要因素，开始受到重视，并和对效用的解读联系在一起。

阿尔弗雷德·马歇尔（1890）在谈到效用时，涉及质量对人类消费行为的重要影响，例如"人类的开化程度与人类欲望的多寡关系密切……这一点突出表现在人们对消费品的数量、质量和花色品种都有了更高的要求"④，"对品质的追求因人而异。有些人只想获得更多数量的酒而不挑剔其味道如何；另外一些人则相反，宁吃鲜桃一口，不食烂杏一筐"⑤，等等。而卡尔·门格尔更进一步，在其伟大著作《国民经济学原理》中设置一节直接讨论了商品质量和效用的关系，并得出这样的结论——"在具有不同质量的各种财货的一定数量与某一欲望复合体相对应时，这些财货的各具体部分量，都为具有一定强

---

① 约翰·穆勒：《政治经济学原理及其在社会哲学上的若干应用》（上卷），赵荣潜、桑炳彦、朱泱、胡企林译，商务印书馆1991年版，第133页。

② 同上书，第230页。

③ 阿尔弗雷德·马歇尔：《经济学原理》，彭逸林、王威辉、商金艳译，人民日报出版社2009年版，第214页。

④ 同上书，第210页。

⑤ 同上书，第229页。

度的欲望满足所依存"①，并提出"对于质量差异的财货如何满足人类欲望，从经济的观点来看，可有两种办法，即或者以同量异质的财货来异量地满足人类的欲望，或者以同量异质的财货来异质地满足人类的欲望"②，同时，他也注意到了质量不同对商品需求量的影响，例如"具有较高品质的财货的支配量，较其需求量为小；而具有较低品质的财货的支配量，则较其需求量为大"③。

当然，在效用消费理论分析的开始阶段，一般都假设商品数量对效用的影响，而暗含了对同类商品质量相同的假设。随着分析的深入，商品属性中的质量开始受到重视，这时候产生了"产品的特征需求分析法"（Demand of Characteristics of Products）。相较于原来的以商品为中心的效用理论，产品的特征需求分析法更注重商品的特征属性，认为效用产生于商品背后的各种特征，在分析效用时应该更加注重各种特征组合。一件商品就是不同特征的集合，它产生效用的差异在于它所拥有特征的差异，而同样的产品拥有特征的不同除了产生产品种类上的差异外，还会产生产品质量上的差异。

一般认为 Lancaster 是需求理论特征分析方法的集大成者，他的相关理论是选择经济学文献中消费者质量选择方面最有影响力的理论，在市场营销方面也很有影响。Waugh（1928，1929）最早使用特征方法，采用记录批发市场蔬菜价格和质量的特征和运行回归的形式，研究了波士顿批发市场蔬菜质量和价格的关系。他总结道："许多商品的市场价格有不同的趋势，随着物质特征而变化，消费者使用质量来辨别物质特征，而且这些特征与价格的关系可能在许多情形下被统计分析所公平、准确地决定。"④ Waugh 的模型是由一系列离散的、市场出清的即时市场组成，每一个产品在市场期间完全缺乏弹性，不需要

① 卡尔·门格尔：《国民经济学原理》，刘絜敖译，上海人民出版社 2001 年版，第 99 页。

② 同上书，第 96 页。

③ 同上书，第 58 页。

④ Waugh, F. V., *Quality as a Determinant of Vegetable Prices*, New York：Colombia University Press, 1929, p. 87.

对成本或供给函数进行假设，生产者是价格的接受者。这种分析方法后来得到了泛化，开始有学者采用多重回归把价格和特征水平相联系，在很多产品上分析质量和性能的变化。Raeburn（1939）采用类似的模型估计了苹果市场的运作；Court（1939）使用它分析了汽车市场；Rayner（1971）分析了农机拖拉机市场的特征价格函数。Triplett（1969）、Cowling 和 Cubbin（1971）进一步分析了品牌份额和特征价格函数的余项的关系。

Chamberlin（1953）区分了产品的差异和产品的变化，并且认为"产品在广泛意义上使用，包括交换产品或服务的各个方面，不论是否来源于原料或成本、机械结构、设计、耐用性、口味、包装的独特性、服务区位或卖方，或任何对买方有意义的其他因素"。"产品实际上不是既定的；作为市场过程的一个基本部分，它们是连续变化的"①。Lancaster（1966，1979）对前面的相关研究进行了创新性的总结，提出"商品本身并不能给消费者效用；它拥有的性能和这些性能产生效用"②的假设，构建了新的需求理论模型，探讨了人们在产品质量存在差异时选择行为的决定。很多学者对产品质量持有类似的看法（Becker，1965；Muth，1966；Rosen，1974）。

三　新古典综合时期

1. 基于管理学方面质量的探讨

这一时期人们对质量的认识更进一步，开始意识到质量在绝大多数的交易中起着重要作用，是重要的价格决定因素，而且是竞争的主要因素之一。企业和国家不仅在价格上，而且在它们生产高质量产品或服务的能力上竞争。Wong、Saunders 和 Doyle（1988）通过对美、日、英三国市场竞争战略进行比较，证明了高质量产品在竞争中的重要作用。原来的经济模型似乎没有考虑质量控制的重要性，好像"质量是免费的"（Juran，1951）。于是在管理学层面上，Juran（1951）

---

① Chamberlin, E. H. , "The Product as an Economic Variable", *Quarterly Journal of Economics*, 1953（67），p. 3.

② Lancaster, K. J. , "Change and Innovation in the Technology of Consumption", *American Economic Review*, 1966（56），p. 15.

在质量经济学的"质量控制手册"中提出了"质量成本"这一概念，并把其定义为测量质量管理和质量提升的工具。随后，很多学者沿着这个方向，进行了质量成本管理学方面的探讨（Plunkett 和 Dale，1988；Campanella 和 Corcoran，1983）。

2. 基于信息不对称产品质量的选择模型

产品质量信息的不透明会影响消费者的购买行为，部分学者从信息不对称角度分析了产品质量对消费者购买决定的影响。Armington（1969）提出了 Armington 假设，认为对于国外商品购买者而言，进口品的质量信息是不完全的，但他们可以通过进口品的原产地标识来判断进口品的平均质量。他首先认识到了在信息不透明的情形下原产地对消费者判断产品质量的作用，为后来国际产业内异质产品贸易的经验研究奠定了基础（Deardorff，1984）。Chiang 和 Masson（1988）采用把企业数量作为外生变量的局部均衡模型，研究了企业数量和产品质量之间的关系，通过对 Armington（1969）和 Akerlof（1970）模型的结合，构建了信息外部性理论。外国购买者对一定出口企业销售的产品质量只有非完全信息，他们使用出口国平均行业质量作为每个企业生产质量的标识。因此，平均行业质量而不是个别的产品质量决定了买方愿意支付的价格，而出口企业缺少动力生产社会最大化的质量。鉴于 Chiang 和 Masson（1988）模型对企业数量外生性的假定无法合理模拟政策效果，Donnerfeld 和 Mayer（1987）构建了一个一般均衡模型，研究了在信息外部性和政府质量管制基础上企业数量和规模与干预质量的政策之间的关系，认为存在产品质量外部性时，如采用政府直接产品质量管制的成本过高，那么通过出口产品的自动限制或配额可以达到限制企业数量和规模、提升产品质量、改变国外消费者预期的目的。Jones（1984）、Bhagwati 和 Srinivasan（1983）从不同角度也得到了相似的结论，论述了进口数量限制，如配额、自动出口限制等措施对产品质量的影响。作为这一研究方向的继承者，Chisik（2003）构建了国家产品质量声誉自我实现机制，考察了国家产品质量声誉的比较优势。

另一种观点认为，产品质量的选择或升级是一种比较优势自动转化的过程，不需要政府的干预。Balassa（1980）提出，对于新兴工业化国家而言，出口产品质量低下可以用要素禀赋和自身技术条件来解释。在发展的初期阶段，它们主要生产一些需要较低科学技巧和低技能劳动力的商品，但随着发展过程的延续，以及劳动力技能的提高和技术的积累，它们的比较优势将自动转换到较高质量的产品上来。因而，产品质量升级不需要政府的干预。但这种观点受到了一些学者的反驳，他们认为社会最优化政策可以提升出口产品质量（Donnerfeld 和 Mayer，1987）。

3. 基于贸易结构变化的质量研究

新贸易理论放弃了传统贸易理论关于各个国家在同质产品之间开展国际贸易的基本假设，产品间的垂直差异（Vertical Differentiation）逐渐受到重视，由此开启了学术界对于产品质量在贸易中的影响的研究。最早的有关产品质量与贸易关系的理论是 Linder（1961）的需求偏好相似说，该理论认为，相对于低收入国家来说，高收入国家的消费者会花费更多的收入在高质量的产品上，这种国内需求的差异导致了高收入国家在生产高质量的产品上具有比较优势，而低收入国家在生产低质量的产品上具有比较优势。因此，高（低）收入国家会更多地从其他高（低）收入国家进口相对更高（低）质量的产品，收入水平接近的国家之间由于需求结构的相似会开展更多的国际贸易。在该理论的基础上，众多学者就产品质量和贸易的关系进行了一些更深入的研究。Murphy 和 Shleifer（1997）通过构建李嘉图模型研究了对质量偏好不同的两个国家之间的贸易，结果表明，两个国家在收入和对产品质量的消费偏好差别不大时仍会进行贸易，但是当差距过大时，这两个国家之间可能不会再进行贸易。

产业内贸易的研究起源于一些经济学家对欧洲经济体一体化过程中经济效应的经验研究（Verdoorn，1960；Balassa，1966）。[①] 他们发

---

　　① Balassa（1966）首先将这种国家间的同一种产业内部产品的相互贸易命名为"产业内贸易"。后来一些学者根据自己的研究需要对其内涵和外延进行了不同的界定（Falvey，1981）。

现欧洲经济一体化没有按照传统贸易理论大量增加产业间的贸易，而是导致了产业内贸易的发展，这一现象引起了经济理论家的极大兴趣。随后，关于水平型产业内贸易和垂直型产业内贸易的研究在理论方面取得了重要突破。Krugman（1979a）采用基于"Love of Variety"方法的模型、Lancaster（1979）采用基于"Favourite Variety"方法的模型以及 Helpman 和 Krugman（1985）采用 CHO 模型对水平型产业内贸易理论进行了重要推进。垂直产业内贸易理论则是由 Falvey（1981）、Falvey 和 Kierzkowski（1987）以及 Flam 和 Helpman（1987）等的研究进行了推进。由于代表垂直型产业内贸易的产品质量衡量是个难题，所以在实证研究上对产业内贸易的推进一直很缓慢，直到20世纪 90 年代才有了划分水平型产业内贸易和垂直型产业内贸易的方法。在对产业间—产业内贸易类型发展水平的测度和贸易分解类型上出现了 Abd‐el‐Rahman（1991）方法，Greenaway、Hine 和 Milner（1995）方法，Fontagné、Freudenberg 和 Gaulier（2006）方法。分解贸易类型实际上为研究一国出口贸易质量提供了一个全新的视角。这时在衡量产品质量上采用的方法主要是特征价格模型、Brenton 和 Winters（1992）的"需求弹性法"和单位商品价值法。

由于世界经济的融合，这一时期对产品质量的研究更加开放，产品质量、产品出口质量概念在一定程度上可以混用，甚至在一定程度上探讨了国家贸易质量问题。由于国际贸易研究领域深入到产业内贸易的研究，出口产品质量成为标识一国或一地区在国际分工所处地位、参与国际贸易方式的重要因素。因此，在产业内贸易研究的基础上，各位学者对出口产品质量的研究逐渐走向深入。同时，也正是由于研究的重点在于对产业内贸易模型的界定和分析，所以出口产品质量仍没有成为重要的研究主题。

四　新新贸易理论对出口质量的研究

Melitz（2003）从企业生产率异质性视角研究了贸易流量的变动规律，创立新新贸易理论。这一理论的出现为研究出口质量在国际贸易中的作用注入了新的动力，提供了新的理论源泉。按照新新贸易理论对贸易流量变动的结构分解，一国的贸易增长可以沿着扩展边际与集约边际实现（Melitz，2003；Bernard 等，2003），这被称为贸易增长的"二元边际分析法"。Hummels 和 Klenow（2005）通过将集约边际进一步分解为价格和数量，把"二元边际分析法"拓展成了"三元边际分析法"。质量成为影响贸易流量的重要变量。

越来越多的实证证据和理论模型也指出了产品质量对理解国际贸易模型的重要性。在这些研究中，Flam 和 Helpman（1987）是研究产品质量对国际贸易影响的理论代表。Hausmann 等（2007）强调出口质量对经济表现的重要性。在实证研究中，产品质量的跨国和时间序列变化被与企业的出口（Brooks，2006；Verhoogen，2008）、各国的技能溢价（Verhoogen，2008）、进口数量限制（Aw 和 Robert，1986；Feenstra，1988）和贸易模式（Schott，2004；Hallak，2006）等联系起来。质量增长对宏观经济增长的贡献也已经分别被 Grossman 和 Helpman（1991a）在理论和实证上进行了验证。

随着出口质量衡量方法的不断完善，出口质量对贸易量的影响逐渐成为当前的研究热点。Schott（2004）、Hummels 和 Klenow（2005）发现，随着出口国发展水平的提升，其产品出口质量也在上升。相反，Hallsk（2006）继承了 Linder 的思想，从需求方面发现产品出口质量的需求与进口国发展水平有关，认为一国的进口量会受到出口国家的产品质量和进口国消费者对质量偏好程度的影响。Verhoogen（2008）、Khandelwal（2010）和 Fajgelbaum（2011）研究了出口质量变动带来的福利效应。其中，Khandelwal（2010）研究了产品质量与国际市场竞争的关系，发现一国如果不能不断地提升其所生产产品的质量，那么该产品的生产及由此带来的就业等就会向国外转移，并导致本国的产品市场受到更大的国外竞争压力。此外，他还发现，出口国发展水平和该国产品出口质量之间存在正相关关系。这印证了Hummels 和 Klenow（2005）的发现。Jaimovich 和 Merella（2012）发现，随着世界收入水平的提高，高质量产品出口的增长速度要快于低质量产品，而那些出口高质量产品国家的出口总量的增长速度也快于出口低质量产品的国家。Baldwin 和 Harrigan（2011）、Hallak 和 Sivadasan（2013）以及 Gervais（2013）把异质性贸易模型拓展为考虑产品出口质量的 QHFT 模型。Cagé 和 Rouzet（2015）从消费者和市场信息不对称的角度，研究了企业和国家产品质量的"声誉"对它们产品出口的影响。

这一时期，各位学者主要以 QHET 模型为理论基础，结合多种出口质量测算方法的构建，研究了出口质量作为一种重要变量，在企业出口决定、外贸流向、经济增长中的作用，以及其与经济发展水平之间的关系。

五　中国关于质量与出口质量研究的历史发展

中国关于质量与出口质量的研究沿着三个方向展开，分别是管理学的角度、新贸易理论的角度和新新贸易理论的角度。在 2000 年前，国内关于产品质量的论述主要是从管理学的角度展开，站在国计民生的角度，为了提升企业的出口创汇能力、节约资源、提高经济效益，多角度、多层次研究提升产品质量的方法。雪韬梓（1997）研究了发达国家如何持续改进产品质量，为中国企业提高产品质量提供了借鉴之法。任坤秀（2000）从企业、行业、地区等多个层面总结了我国产品质量现状，并提出了一系列产品质量的约束—激励机制。孙玉宗（1991）从对外贸易的角度研究了我国的商品质量问题。阎金明（1992）更进一步用价格弹性作为工具，分析了出口商品质量的提高对出口品非价格竞争力的增强作用。这些文献主要从管理学的角度论述社会在多个层面应该如何提升产品质量水平。

2000 年后，随着新贸易理论进入中国，中国国际贸易学界开始从新贸易理论视角研究产品质量或产品出口质量对贸易模式形成的影响。张德进（2004）以 Spencer 和 Brander 的模型为基础，研究了出口退税政策对出口产品质量的影响，发现发展中国家的出口退税可以促进中等技术出口产品质量的提高，而对低技术出口产品质量的提高有阻碍作用。巫强和刘志彪（2007）发现，在进口国质量管制条件下，出口国企业创新或被动的质量升级需要满足一定条件，创新所需要的成本投入不应太大，不能影响到企业利润最大化目标的实现，否则这种创新或质量升级就不会出现。陈虎（2008）在产品质量信息不完全的情形下，从理论上研究了产品质量选择与国家产品质量声誉的相互影响机制，对现在我国"中国制造"遍布全球的外贸现实有很大的借鉴意义。康振宇（2015）利用海关微观数据研究了中国出口中间产品市场集中度，发现以单位价格测度的中间产品质量对市场集中度有显著的负效应，证明了宏观上中国中间产品出口企业没有采用质量竞争策略提高市场份额，而是采用价格竞争策略来获得市场份额。汪建新等（2015）基于国际生产分割和中间投入品进口进行研究，发现了不同类型行业出口质量提升的异质性。相类似的研究还有佟家栋和刘钧霆（2006）等。

2010 年前后，中国经济学界沿着新新贸易理论路径开展了大量出口质量方面的研究。殷德生等（2011）在贸易均衡模型中纳入异质性企业和产品质量因素，考察了贸易成本、技术溢出和规模经济对产品质量的影响。邹俊毅和周星（2011）以我国对美国出口产品质量研究为切入点，分析了劳动密集型、资本密集型和资本技术密集型产业出口产品质量的变化趋势。汤二子和孙振（2012）通过在生产率异质性贸易模型中加入产品质量异质性，解释了中国出口企业存在的"生产率悖论"。陈勇兵等（2012）通过对中国出口欧盟贸易量大增的结构性特征事实的解读，发现驱动贸易增加的主要因素是集约型边际增长，但在对中国出口品实际相对质量进行测算后发现，出口品相对出口质量并没有多大改善。鲍晓华和金毓（2013）从需求角度论述了一国及其贸易伙伴国国内收入差距对企业质量选择与行业生产率的影响。戴翔和金碚（2014）研究了制度质量的变化对出口技术复杂度的影响。在这一时期，对出口质量进行多种方法的定量研究也是一个趋势，例如，陈勇兵等（2012）、张杰等（2014）、李小平等（2015a，2015b）。

六　小结

通过对国内外关于产品质量和出口质量的研究文献从学术发展史角度进行梳理，我们发现：①产品质量和出口质量的研究存在历史范畴的特征。在商品稀缺的年代，国际贸易主要在于互通有无，理论研究中商品的数量特征的重要性要高于商品的质量特征。随着物资的丰富和世界整体生产力的提升，同类商品开始在不同国家之间流动，这时候产业内贸易进入学界的研究视野，产品的质量和出口质量特征开始正式进入学界的研究范畴。当国际贸易理论界把研究的视角聚焦到企业层面时，出口质量也开始作为一种约束企业商品生产供给的重要因素进入研究领域。②现有研究主要关注产品质量和出口质量特征和其与经济发展阶段的联系，以及其影响因素与测算方法，而忽略了其背后的本质的决定因素，似乎随着一个经济体发展到一定阶段，它生产的产品质量和出口质量就会自动提升。这是现有研究的不足。下一步研究的重点就在于探讨一个经济体从根本上促进产品质量和出口质量提升的机制。③现有中国关于产品出口质量的研究主要有两个方向，一个是中国出口质量影响因素的研究，另一个是对中国出口质量的合理测度。但是，很少有人研究中国经验数据下出口质量演变对经济增长、外贸发展的影响。这为本书的创新留出了空间。

第二节　出口质量影响因素研究

自新贸易理论出现以来，经济学界对影响产品出口质量的因素进行了广泛而深入的探讨，在多个层面得出了有建设性的结论，对于系统认识在经济体中产品出口质量的形成机制有很大帮助。本节将从产品生命周期、需求层次、资源禀赋、贸易政策制定、贸易制度、FDI、成本等方面对影响产品出口质量的因素进行梳理。

一　产品生命周期与技术的影响

Vernon（1960）提出了产品生命周期学说，认为产品有一个创新、成长、成熟和衰退的周期，不同类型国家的产品处于产品生命周期的不同阶段。Krugman（1979b）运用产品生命周期理论研究了技术差距对贸易模式的影响。在他的模型中，一方是具有技术创新能力的发达国家，另一方是没有技术创新能力的发展中国家。发达国家由于具备技术创新能力，能够生产出较高质量的产品，而发展中国家只能生产没有多少技术含量的低质量产品。随着产品的转移或者产品所处生命周期阶段的不同，原来的创新产品逐渐转移到发展中国家，产品逐渐标准化，出现相对产品质量的降低。而发达国家由于出现垂直型或水平型的创新，产品质量维持在较高水平。

Flam 和 Helpman（1987）后续的研究，在产品生命周期理论基础上更加强调新旧同类型产品质量上的垂直差异。他们认为，由于不同类型国家在不同质量水平的产品上具有的比较优势不同，发达国家会倾向于生产质量较高的产品，而发展中国家倾向于生产质量较低的产品。按照产品生命周期，不同质量水平的产品一般应该先由发达国家出口，再由发展中国家出口，而产品的相对质量由于产品所处的生命周期阶段不同而发生变化。

Krugman（1986）提出了技术差距和技术追赶模型，当发展中国家主动通过加速技术改进，实现对发达国家的技术追赶时，其与发达国家之间的技术差距会迅速缩小，从而实现较快的产品质量升级。发展中国家的产品质量存在动态变化过程，如果实施技术追赶，会缩小与发达国家产品质量之间的差距。Krugman（1979b）的技术创新和技术转移模型假定了创新率和模仿率的外生性，使得其相关论断的解释力大打折扣。利用熊彼特的技术内生思想，Grossman 和 Helpman（1991b）将创新率和模仿率进行了内生化处理，构建了不同国家的创新率、模仿率、增长率和国际贸易之间的关系，利用质量阶梯的概念，研究了不同国家企业在产品创新过程中的不同影响机制。他们发现，在均衡条件下，发展中国家不断吸收新产品，而且其产品质量也在持续升级。采用 Dulleck 等（2004）的质量升级多维模型，刘伟丽等（2015）研究发现，中国可以通过关联作用促进本国产业技术的创新和质量升级，在承接新的国际分工转移过程中，不断利用技术创新和技术扩散效应，突破从模仿到创新的障碍，创造出更多新的产品种类并达到产品质量阶梯的质量边界，促进产品的质量升级。

二　进口需求影响

进口国对产品质量的需求类型与性质决定了进口产品的出口质量的类型。最先注意到这一现象的是 Linder。Linder（1961）在研究贸易带来的福利影响和结构转化效应时，发现不同收入类型的国家之间贸易量不同，对不同产品质量的需求量也不同。高收入类型国家由于收入水平高，所以在消费上倾向于高质量的产品。由于需求的拉动，产业结构也会向高质量产品倾斜，从而在高质量产品的生产上具有优势。由于需求的多样性，高收入国家在进口时也会倾向于高质量产品，而这类商品通常由同类型的国家生产。因此，高收入国家之间的贸易量比高收入国家与低收入国家之间的贸易量要高。相同的逻辑也适用于分析低收入国家。他的这一假说被称为"需求偏好相似假说"，后面很多经济学家研究和验证了这一假说及其带来的影响。但在实证过程中，该假说屡屡受到质疑，因为实证结果与预期不一致。[①] 由于缺乏必要的理论支撑和经济支撑，该假说一直处在强调供给因素的主流国际贸易理论的边缘。Hoftyzer（1975）认为，高收入国家之间贸易流大于高收入国家与中低收入国家之间贸易流的可能原因在于地理上的聚集性，而不是因为 Linder 假说。这个观点得到了 Kennedy 和 Mchugh（1980）的验证。Kennedy 和 McHugh（1980）在控制了运输成本后发现，人均收入和贸易流量之间的关系并不明显。这种观点也得到了后续研究的印证（Deardorff，1984）。这些使得基于 Linder 假说构建的产品质量对国际贸易的影响受到了质疑。

随着研究的更广泛开展，充足的证据显示，各国生产和消费的产品质量随着它们的收入水平系统性增长。从生产层面看，商品出口价格与出口国的人均收入水平强烈正相关，说明一国的收入和其商品出口质量之间存在正相关关系（Schott，2004；Hummels 和 Klenow，2005；Hallak，2006）。从消费层面看，家庭数据显示，对高质量商品的需求和家庭收入显著正相关（Bils 和 Klenow，2001）。这说明，总体而言，高收入国家消费较高比例的高质量产品。另外，基于国际贸易数据也发现了各国人均收入和其消费商品质量水平间存在正相关关

---

① 对国际贸易理论或假说的验证开始于 20 世纪 50 年代，由 MacDougall（1951）对李嘉图模型的比较优势劳动成本的检验和 Leontief（1956）对赫克歇尔—俄林的要素禀赋的验证发轫。

系。① 人均收入和产品质量间的系统性供需关系说明了产品质量作为双边贸易模式的决定因素所扮演的潜在重要角色。为进一步检验 Linder 假说，Falvey 和 Kierzkowski（1987）、Flam 和 Helpman（1987）以及 Murphy 和 Shleifer（1997）通过产业内贸易理论，在理论上构建捕捉 Linder 假说的检验方法。在这些模型中，高收入国家在高质量产品生产上有比较优势，并在这类商品上消费较大的比例。但他们忽略了一个问题，要验证 Linder 假说，至少涉及四个国家的模型，而他们只是考虑了由两个国家组成的世界贸易模型。针对这个问题，Hallak（2010）构建了部门层面的产品质量模型，对 Linder 假说进行了正式推导，发现它在部门层面上有效，在控制了部门间贸易的决定因素后，人均收入类似国家间彼此贸易强度较大，而原来的实证研究无法验证 Linder 假说的原因在于系统性的汇总偏差。类似地，Fajgelbaum、Grossman 和 Helpman（2011）通过构建一般均衡的理论框架，也推导出了符合相似需求假说的理论结论。

杜威剑和李梦洁（2015）利用中国企业的微观数据，在控制出口成本、企业规模和企业出口密集度等变量的基础上，研究了出口目的国市场消费者偏好对企业最终产品与中间投入品质量的影响，发现企业最终产品质量会随着出口目的国市场收入水平的增加而显著提高。这与 Hallak（2006）、Hummels 和 Klenow（2005）的结论相符。

三 资源禀赋影响

学者在运用新贸易理论研究垂直性的产品差异时，提出了资源禀赋对出口产品质量的影响。Falvey（1981）在研究产业内贸易的产生时，提出用传统的赫克歇尔—俄林模型中的要素禀赋差异对垂直型产业内贸易进行解释。他认为，在同一产业内，产品之间的差异性可以表现为生产中所使用的资本与劳动比率在产品质量档次上的差异。一般而言，质量档次越高的产品需要的资本越多，价格也会越高。从生

---

① 美国从哥伦比亚进口数据和墨西哥企业层面的出口数据分别为 Brooks（2006）和 Verhoogen（2008）提供了证据。Hallak（2006）和 Choi 等（2006）基于双边进口模式提供了证据。

产方面来看，各国要素禀赋的不同决定了其在不同质量产品上的比较优势不同，高收入国家由于资本富裕，在生产需要较高资本密集的高质量产品上具有比较优势，在生产较低质量的产品上存在劣势；而低收入国家恰恰相反。从消费层面看，一个国家中的不同收入群体对不同质量产品存在需求，高收入国家中的低收入群体对低质量的产品存在需求，而低收入国家中的高收入群体对高质量产品有需求，但按照比较优势来看，不同收入国家在不同质量产品上有比较优势。供给层面和需求层面的矛盾就形成了不同要素禀赋国家在质量差异化产品上的产业内贸易。Falvey 和 Kierzkowski（1987）采用连续产品模型，进一步从国家间要素禀赋差异角度对不同质量的差异化产品贸易进行了更详细的说明。最近的理论研究也显示，生产高质量的产品需要高质量的投入品（Kugler 和 Verhoogen，2012；Hallak 和 Sivadasan，2013）。

四　贸易政策影响

不同的贸易政策对产品出口质量的影响不同。贸易政策影响产品出口质量的理论来源于以规模经济和不完全竞争为特征的新贸易理论。Donnerfeld 和 Mayer（1987）在信息外部性和政府质量管制基础上发现，在一定条件下，通过出口产品的自动限制或配额可以起到限制企业数量和规模、提升产品质量、改变国外消费者预期的作用。Feenstra（1988）通过实证研究日本政府对不同类型的汽车实施的贸易限制，发现不同贸易限制政策对不同产品的质量存在差异化的影响，通过商品出口配额对日本家庭轿车实施的贸易限制使这类汽车质量得到显著提升，而通过关税对卡车出口实施的调节，对其质量变化影响不大。

Bas 和 Strauss – Kahn（2015）最先采用中国企业—产品层面的数据估算了中国企业的出口产品质量。他们的研究发现，无论是采用 Khandelwal（2010）的框架来估算考虑价格和市场份额在内的产品质量阶梯，还是参考 Khandelwal、Schott 和 Wei（2013）包含产品质量在内的效用函数框架来估算产品效用，结果都表明了中国的进口品关税下降显著地促进了中国出口产品质量的提升。与此类似，Fan、Lai

和 Li（2015）发现融资约束加剧会促使企业选择生产低质量的产品。Luong、Huang 和 Li（2013）在参考 Berry（1994）研究思路的基础上，构建了包含产品质量的效用函数，并采用 IV 方法估算了产品层面的质量，发现民族多样化（Ethnic Diversity）对异质性产品出口质量具有抑制作用，而对同质产品出口质量有促进作用。Amiti 和 Khandelwal（2013）研究了进口关税对产品出口质量升级的影响后，发现进口关税率的变化对不同产品质量升级的作用不同。对于接近世界质量前沿的产品，较低的进口关税率可以促进其质量升级，但对于本身质量水平比较低的产品，较低的进口关税率只会阻碍其质量升级。

李秀芳和施炳展（2013）发现，政府补贴可以影响出口企业产品质量，总体上补贴可以提升企业出口产品质量；对生产效率高、研发水平高、人力资本丰富、广告投入大、无形资产多的企业促进作用更明显，对融资约束企业促进作用较弱；相比其他类型企业，补贴对外资企业和高技术企业的促进作用更明显。张杰等（2015）也研究了中国政府补贴和市场竞争对中国企业出口产品质量的影响，发现政府补贴对企业出口产品质量的提升形成抑制效应，而市场竞争对企业出口产品质量形成促进作用，不同类型的企业受到的影响不同。同时，他们发现了两种手段影响出口质量的机理，政府补贴加剧了低价格竞争，企业出口产品质量提升动力缺失，而市场竞争促使企业注重创新和研发，提升了企业的竞争力，出口产品质量内生动力提升。

Cagé 和 Rouzet（2015）采用一种信息不对称的模型探讨了产品出口质量声誉内生的多重稳态均衡，发现在不同的稳态均衡下，补贴对产品出口质量的影响具有差异性。在低质量稳态均衡中，只有质量最高和最低的企业能够生存；由于信息摩擦，大量相对高质量的企业会被永久排除在市场之外。因此，具有低质量声誉的国家只能被锁定为出口低质量、低成本的产品。如果实施出口补贴，可以增加出口品的稳态平均质量和福利，但在高质量稳态均衡模型中，情况刚好相反。同时，经济体实施产品的最低质量标准有益于从低质量稳态均衡向高质量稳态均衡转变。

五　其他因素影响

制度因素对产品出口质量也会产生影响。Khandelwal 等（2013）注意到了制度对产品质量提升的作用。他们认为，贸易自由化和嵌入式制度的变革可以提升资源分配效率，促进产品出口质量的提高。基于贸易自由化对中间品贸易的影响，Bas 和 Strauss - Kahn（2015）观察到，投入品贸易自由化有助于企业进口更高质量的投入品，以升级它们的出口产品。但汪建新等（2015）发现，当存在国际生产分割时，单纯地进口国外的高质量中间投入品或单纯地引进技术对我国企业出口产品质量的提升存在"拐点"。在加工贸易方式下，国际生产分割比例越高，企业使用来自 OECD 国家的中间投入品越多，其出口的产品质量也就越高。Essaji 和 Fujiwara（2012）基于高质量产品需要较复杂的高质量投入品和复杂的投入品需要较强的合同执行力，认为不完善的合同体系对一国生产高质量终端产品的能力有实质性阻碍作用：在潜在地广泛使用定制投入品的行业，具有较弱合同执行力的国家生产较低质量的最终产品。

在 FDI 影响产品出口质量方面，施炳展（2015）发现 FDI 通过两个机制对中国企业出口产品质量产生影响，外资可以通过生产效率、研发效率、竞争效应等渠道降低中国企业出口产品质量，通过缓解融资约束、广告效率渠道提升中国企业出口产品质量。总体来看，外资不利于中国企业出口产品质量的提升，这主要是因为外资企业数目增加对中国企业出口产品质量的提升作用小于外资企业出口强度增加对中国企业出口产品质量的降低效应。但李坤望和王有鑫（2013）的研究得出了相反的结论。他们通过研究发现，FDI 稳健地提高了我国出口产品质量，而且外商投资对产品质量的提升作用要强于港澳台商投资。

产品生产与销售的成本也会影响产品的出口质量。Martin 和 Mejean（2014）的经验证据表明，来自低成本国家的出口产品的竞争，会导致进口国内部出现资源向生产高质量产品企业重新进行配置的现象，促使进口国产品质量整体提升。类似的现象在法国也得到了同样的验证（Piveteau 和 Smagghue，2013）。Bernini、Guillou 和 Bellone

（2013）使用法国的企业数据研究发现，企业的融资结构也是影响出口产品质量的重要因素，过高的债务负担对企业出口产品质量的提升造成了负向激励效应。这一结论也适用于中国的研究。汪建新和黄鹏（2015）研究发现，信贷约束使得企业无法得到充足的资金从而显著降低了企业投资高质量产品的动力。同时，他们也发现，行业资本配置效率的提高可以使得企业有更多的资金投向提高产品技术含量和质量以及企业生产率的固定资产，这些最终都有助于企业配置资金用于提高产品质量。贸易距离和目的市场规模对出口质量空间贸易模式也会产生影响，Whang（2014）发现，不同类型的国家，其出口质量受到贸易距离和目的市场规模的影响不同。从美国或韩国出口的商品，其平均产品出口质量随着距离的增加而增加，随着市场规模的增加而减少；而来自中国和印度的产品，其平均出口质量随着距离的增加而减少，随着市场规模的增加而增加。产生这种差异性效应的根源在于一国熟练劳动力的丰沛程度。

王明益（2014）综合研究了中国制造业层面汇率、FDI、人力资本水平、研发等因素对出口质量的影响，发现：一般贸易对出口质量的影响会超过加工贸易；国内研发对劳动密集型行业出口产品质量的贡献最大，对资本密集型行业出口产品质量的贡献最小；人力资本对出口产品质量的贡献刚好与国内研发相反；外资投资方式对出口产品质量的影响与其采取的贸易方式有关；中间投入品、企业的要素投入比例对出口质量有直接影响；广告宣传对出口质量没有影响；政府对企业提供的研发补贴较显著地刺激了出口质量升级。与此类似，Henn等（2015）在跨国层面发现制度质量、自由贸易政策、FDI 内流和人力资本都可以促进出口质量升级，尽管它们在不同部门上的作用有差异。他们的结论说明减少进入新部门的壁垒可以使经济体实现跨期迅速的出口质量收敛。

六　小结

现有文献在开放经济下，研究了产品生命周期需求、要素禀赋、技术、贸易政策、制度、FDI、成本、汇率等因素对产品、行业出口质量的影响，并探讨了影响机制。这些影响因素可以分成三类，第一类是从产品需求层面影响产品出口质量的因素，第二类是从产品供给层面影响产品出口质量的因素，第三类是从政策环境层面影响出口质量的因素。从研究角度而言，现有文献主要从产品或行业层面研究出口质量受到的影响，甚少涉及国家层面出口质量变动的影响因素。同时，尽管现有文献研究了多种因素对产品或行业出口质量的影响，但没有构建企业层面出口质量的内生机制，缺乏产品出口质量变动的微观基础。这些不足，为下一步的研究指明了方向。微观上，要厘清企业出口质量内生变动的机制，研究影响企业出口质量变动的因素。宏观上，要分析国家层面出口质量变动的影响因素，探讨国家的创新能力与技术对其出口质量的影响。

第三节　出口质量演变的经济效应研究

一　出口质量演变的经济增长效应

自新贸易理论出现以来，学术界对出口质量在国际贸易中的作用进行了大量研究，取得了很多成果。2003 年，以企业异质性为特征的新新贸易理论的出现，为这方面的研究注入了新的动力，提供了新的理论源泉。越来越多的经验证据和理论模型表明了产品质量对理解国际贸易模型的重要性（Flam 和 Helpman，1987；Brooks，2006；Verhoogen，2008；Hallak，2006）。同时，Grossman 和 Helpman（1991a）在理论上研究了经济体攀爬质量阶梯对经济增长的贡献。

原来的二元边际分析主要强调广度边际与深度边际对出口贸易增长的影响，例如，Armington（1969）假设的国家差异模型就强调深度边际：一个比其他经济体大两倍的经济体将出口两倍多的数量，但不会出口更大范围内的商品种类。而 Krugman（1979a）的垄断竞争模型却强调广度边际：大两倍的经济体将生产和出口范围扩大两倍的商品。垂直差异模型开始突出质量边际，即国家越富裕就会生产和出口质量越高的产品（Flam 和 Helpman，1987；Grossman 和 Helpman，1991a）。Hummels 和 Klenow（2005）在一个三元边际分析框架中讨论了出口质量对贸易增长的作用，证明富裕国家出口质量较高的产品。Kremer（1993）为质量生产函数和它对经济发展的含义提供了更多微观基础，Verhoogen（2008）进行了类似验证。Feenstra 和 Romalis（2014）在承认质量对出口单位价格影响的基础上，通过垄断竞争模型把产品质量内生化，估计了 1984—2011 年 185 个国家的质量和质量调整价格指数，发现质量调整价格相对于单位价值的跨国间变化较小。令人惊奇的是，贸易的质量调整项与各国收入水平呈负相关。Cagé 和 Rouzet（2015）从消费者和市场信息不对称的角度，研究了企业和国家产品质量的"声誉"对它们产品出口的影响。

Iacovone 和 Javorcik（2008）、Kugler 和 Verhoogen（2012）使用墨西哥的微观企业数据发现，由于出口需要高额固定成本和沉没成本，那些生产高质量产品的企业才有主动进入出口市场并获得成功的能力。Crozet 等（2012）、Manova 和 Zhang（2012）使用不同国家的企业层面数据均发现这样一个基本事实，即具有更多出口产品种类和更高产品质量的企业，其出口目的国更多，出口获得的贸易利益也更大。

除了以上关于出口质量对贸易影响的一般性研究外，也有部分学者专门针对中国的情况进行了讨论。Álvarez 和 Claro（2007）通过"二元边际"分解的方法发现，中国出口贸易的增长是由于中国在已有的出口产品种类上的各种产品出口数量不断增长的同时，出口价格没有出现显著的下降，并且进一步指出，出现这一现象的原因可能是中国出口质量的提升。施炳展（2010）采用了"三元边际"分解的方法得出了与 Álvarez 和 Claro（2007）类似的结果，并且认为中国出口产品的价格没有显著上升表明中国出口质量还有待提高。但 Gao 等（2014）动态中按照"三元边际"分析方法，发现中国出口增长现在开始更多依赖于价格增长效应，较少依赖于数量的扩张。刘瑶和丁妍（2015）利用三元分解和引力模型研究了中国 ITC 产品出口增长的模式，发现中国 ITC 产品的出口增长正在从低质量、低价格的"数量拉动"向高质量、高价格的"价格拉动"转变，数量增长和价格提升并重。这反映出我国在部分行业中产品出口质量稳步提升，并有效促进了出口增长。李小平等（2015a）发现，行业层面上中国制造业出口质量提升对行业增长具有促进作用，但不同类型制造行业增长受出口质量提升的影响不同，重工业、同质性行业和中等技术行业的增长受出口质量提升的影响显著，而轻工业、异质性行业和低等与高等技术行业增长受出口质量提升的影响较弱。进一步，针对"中国贸易量增长之谜"，李小平等（2015b）提出中国行业出口质量的提升是各国从中国进口贸易占比增长的重要原因。

二　出口质量演变的福利效应

Verhoogen（2008）通过构建局部的异质性企业及质量差异均衡模型，发现在发展中国家生产率高的企业比生产率低的企业生产的产品质量高，而且为维持较高质量的劳动力，它们需要支付较高的工资。只有生产率最高的企业才能进入出口市场。为了进入国际市场，满足更高消费层次发达国家对高质量产品的需求，发展中国家的出口企业要不断升级产品质量。这需要支付较高的工资，从而在具有不同产品质量水平的企业间产生收入差距。同时，对于发展中国家而言，汇率低估冲击会诱致出口产品质量升级，从而加重行业内工资不平等状况。这样的结论得到了墨西哥制造企业面板数据的验证。

Khandelwal（2010）研究了产品质量与国际市场竞争的关系，发现一国如果不能不断地提升产品质量，那么该产品的生产及由此带来的就业等就会向国外转移，并导致本国的产品市场受到更大的国外竞争压力。Jaimovich 和 Merella（2012）发现，随着世界收入水平的提高，高质量产品出口的增长速度要快于低质量产品，而那些出口高质量产品的国家，其出口总量的增长速度也会快于出口低质量产品的国家。

通过构建收入分布、产品质量和国际贸易分析框架，Fajgelbaum 等（2011）发现不同收入水平国家间的贸易倾向于使高收入国家较为贫困的消费者和低收入国家较为富裕的消费者受益。使其受益的根源在于进口可以提供更丰富的商品，而且贸易使得商品篮子向这部分消费者倾斜。因此，由于不同产品质量与收入分布的匹配，不同消费者的消费篮子将会发生变化。

Rankin 和 Schöer（2013）以南非为例，研究了产品出口质量对工资的影响，其中涉及产品出口质量对劳动者的福利效应。他们发现南非向两类不同目的市场出口两类不同质量的产品：向高收入国家出口高质量产品，销售价格较高，支付生产工人较高的工资；向低收入国家出口低质量产品，销售价格较低，支付生产工人较低的工资。Brambilla 等（2010）通过分析阿根廷制造业企业数据也发现了这一现象。

三 出口质量演变的贸易模式效应

原有的 Melitz（2003）异质性企业贸易模型只在生产率基础上考虑企业参与对外贸易的自选择问题，构建了由于市场进入固定成本的存在，为了保证利润最大化，只有生产率更高的企业才能进入外贸市场的外贸模式的解读体系。但产品出口质量作为影响出口利润的重要变量，应该在模型中考虑。为此，Baldwin 和 Harrigan（2011）创建了一个包含质量维度的异质性企业贸易模型。只要质量的增长快于边际成本，那么高质量、高成本的产品也可以出口，并能够获益。因此，出口盈利随着质量（和价格）单调增长。这样一来，产品出口质量成为解释贸易模式的重要因素。为了在一个模型中融入生产率和出口质量两个维度，Johnson（2012）进行了尝试，但在实证分析中假设与质量和能力（质量—成本比率）相关的机制时，二维分析容易与一维分析产生冲突。

Fasil 和 Borota（2013）构建了一个包含生产效率和质量的模型，每个产品由质量水平给定，而质量水平正向影响消费者效用和生产成本，并且通过生产过程中劳动效率或技术水平变化反向影响边际成本。通过区分质量和效率维度，并假设每一个因素都独立影响边际成本，两个维度一起正向影响企业的生产率水平，它们被分布在质量和效率对上。依赖于每个维度对生产率和利润的边际贡献，一个企业的质量和效率组合决定它的盈利，包括运营或出口的固定成本和它的退出与出口决定的能力。为了取得较高的盈利，产品线可能向着高质量产品发展，向着生产过程高技术（标准化）的方向发展，或沿着效率—质量空间中的等价格线发展，随着生产率和利润的增长，价格保持不变。

Gervais（2013）采用限定价格法把企业价格和出口地位上的变化分成两个边际即质量边际和效率边际，通过实证研究发现，价格随着质量而增加，随着效率而降低，而且出口选择主要被质量所驱动。同时，他发现质量和效率变化对企业出口决定有不同的影响，这与传统的冰山贸易成本的表述不一致，而且指出了单位运输成本的重要性。

Crinò 和 Epifani（2012）通过产品质量和消费偏好差异拓宽了 Melitz（2003）的企业异质性模型，在嫁接 Verhoogen（2008）模型的基础上，发现企业的出口强度与出口目的地的人均收入单调增长，而这一效应主要受到产品质量的企业异质性的影响。Cruzi 和 Olper（2012）在意大利的农产品出口研究中也发现了这种现象。

四 小结

现有文献通过把出口质量纳入异质性企业贸易模型，考虑了出口质量的变动对宏观经济增长、贸易变化、社会福利、贸易模式的影响。一国产品出口质量的提升，可以增加企业边际成本，推高产品的价格，改善企业盈利空间，增强产品国际市场竞争力，从而对经济增长和贸易变化产生影响。同时，经济体中不同企业产品质量水平的差异会导致从业者报酬的变化，拉大收入水平的差距；高质量产品在国家（地区）间的流动也会增加贸易国消费者的福利水平。目前，这些研究的结论采用中国经验数据验证的不多。中国层面出口质量演变的效应研究主要还停留在"三元边际"分析上，而没有接触到中国各层面出口质量演变效应的实质。同时，各层面出口质量演变的效应还有进一步分析的空间，例如出口质量演变对经济波动产生的影响。理论研究表明，出口质量演变会对经济增长产生影响，那么出口质量的变化应该会对经济波动产生什么影响呢？影响机制是什么呢？这些都有待进一步研究。

第四节 出口质量的测算方法研究

出口质量研究中的一个难点在于找到产品、行业、国家（地区）等各个层面被学界认可的出口质量测量方法。如何合理测度出口质量的问题一直困扰着研究者，也在一定程度上阻碍了进一步推进研究和验证出口质量演变在整个经济系统中的作用。本节主要是梳理现有出口质量的测算方法，找到现有文献在出口质量测算方法上的不足，为本书构建合理的出口质量测算方法奠定基础。

一 基于特征价格模型的商品质量衡量

特征价格模型（Hedonic Price）是基于商品价格取决于商品各方面的不同特性给消费者带来不同效用的观点建立起来的价格模型。它认为不同商品中包含不同的特征组合，不同的特征给消费者带来不同的效用。衡量商品能否给予消费者满足感的不是商品数量，而是商品中包含的特征数量。这是消费理论的重大变化。该模型较早地系统考察了商品质量对消费者的影响。Haas（1922）基于特征模型观念把农地与城市中心的距离和城市的大小作为重要特征变量，分析了特征变量对农地价格的影响。Waugh（1928）第一个比较系统地提出了商品质量对商品价格的影响，并采用多元统计技术分析了其实证影响。随后的 Court（1939）、Lancaster（1966）、Rosen（1974）以及 Kain 和 Quigley（1970）等对该分析方法进行了完善。

计算方法如下：首先，构建包含商品各种特征的特征函数；其次，通过变量系数多元回归得到不同特征的估计系数；最后，根据拉氏或帕氏价格指数，得到反映各种特征的纯价格指数。

$$L = \left(\sum p_{ti} \times q_{0i} + b_t \right) \Big/ \left(\sum p_{0i} q_{0i} + b_0 \right) \tag{2.1}$$

$$P = \left(\sum p_{ti} \times q_{ti} + b_t \right) \Big/ \left(\sum p_{0t} q_{ti} + b_0 \right) \tag{2.2}$$

式（2.1）表示拉氏指数，式（2.2）表示帕氏指数；其中，p_{ti} 和 q_{ti} 分别表示 t 期 i 商品的单位价格和数量。与此对应，p_{0i} 和 q_{0i} 分别表示基期商品的单位价格和数量，b_t 和 b_0 分别表示报告期和基期特征函数回归方程中的系数。这样就得到了质量变动影响的纯价格指数。

基于纯价格指数，根据式（2.3）可以得到商品的质量。

$$Quality_i = p_i/L \quad 或 \quad Quality_i = p_i/P \tag{2.3}$$

囿于出口实践中数据的可得性与通过计算各种商品特征函数来计算纯价格指数的不现实性，学界对 Hedonic Price 计算质量的方法进行了改造。张德进（2004）在研究出口退税对中国出口产品质量的影响时，直接采用了下列简化处理。

$$Quality_i = p_{ti}/p_{0i} \tag{2.4}$$

式（2.4）中各变量的含义和上文相同，通过报告期商品单价相对于基期商品单价的变化反映商品质量的变化。这种方法的弊端是显而易见的，价格的波动不一定能真实反映商品出口质量的变化。

二 基于单位价格的商品质量衡量

商品的单位价格作为出口质量的衡量指标，由来已久。在 1987年，Boorstein 和 Feenstra 就曾运用产品单位价格指数（将产品单位价格分解为质量指数、供应指数和调整后的纯价格指数）对 1969—1974 年美国进口的钢铁产品的质量演变趋势做了分析。鉴于单位价格在衡量商品质量上的优势，很多经济学家在自己的研究中使用单位价格作为出口质量的替代指标。Nielsen 和 Luthje（2002）、Hallak（2006）使用近似值代替大量的数值型的单位价格来定义两种产品是否有相同的质量。Schott（2004）使用单位价值差异预测不同产品组合的专业化，并解释具有出口国特征的单位价格差异。Hallak（2006）也认为，出口产品的单位价格是一个质量指标，并且富裕国家倾向于进口质量较高的商品。

但是，许多学者对使用商品单位价格直接衡量商品出口质量的合理性提出了质疑。一方面，产品异质性和分类错误可能成为单位价格噪声的重要来源（Lipsey，1994）。另一方面，较高的单位价格不但可能反映较高的质量，也可能反映较高的成本（Aiginger，1997）。此外，较高单位价格也可能是由市场力量形成的较高利润（Knetter，1997）。Hallak 和 Schott（2011）以及 Khandelwal（2010）对出口单位价格在捕捉产品质量上较弱的能力也做了类似阐述。因此，出口商品的单位价格能够在一定程度上反映出口质量，但又不完全等同于出口质量。如果能在出口单位价格中剔除其他因素的影响，有效提取质量成分，将是出口质量测算上的一个突破。利用指数理论，Hallak 和 Schott（2011）提出了一种新出口质量指标。他们运用价格指数通过国家净贸易额得到国家间的行业非纯价格指数，通过对其进行分解，剔除纯价格后，得到反映行业出口质量的指标。

$$\widetilde{T}_{st}^{k} = \alpha_0 + \gamma_s \ln \widehat{P}_{st}^{ko} - \gamma_s \ln \lambda_{st}^{ko} + \nu_{st}^{ko} \tag{2.5}$$

$$\ln \lambda_{st}^{ko} = \theta_s^{ko} + \beta_s^{ko} t + \varepsilon_{st}^{ko} \tag{2.6}$$

其中，k 表示国家（地区），t 表示年份，s 表示行业；$\widetilde{T}_{st}^{k}$ 表示 k 国与贸易伙伴国之间净贸易额比重；$\ln \widehat{P}_{st}^{ko}$ 表示 k 国相对于基准国（o 国）在 t 年 s 行业上的 IPI 指数；$\ln \lambda_{st}^{ko}$ 是 k 国相对于基准国的出口质量指数；ν_{st}^{ko} 代表扰动项。式（2.6）表示为了控制出口质量内生性问题，采用线性时间趋势的方法固定各国相对于基准国家出口质量的变动。但这种方法忽略了国家之间的异质性，对于发达国家而言，衡量结果相对正确，而对于很多以出口加工贸易为主的发展中国家而言，衡量结果容易出现偏差。熊杰（2011）通过剔除贸易净额中的加工贸易成分，得到修正后的贸易净额，见式（2.7）。他还对净贸易进行了第二次修正，对外资进出口额进行了剔除，见式（2.8）。

$$T'^{k}_{st} = \left(EXPORT_{st}^{k} - \frac{EXPORT_{st}^{k}}{EXPORT_{t}^{k}} PT_{et}^{k} \right) - \left(IMPORT_{st}^{k} - \frac{IMPORT_{st}^{k}}{IMPORT_{t}^{k}} PT_{it}^{k} \right) \tag{2.7}$$

$$T''^{k}_{st} = \left(EXPORT'^{k}_{st} - \frac{EXPORT'^{k}_{st}}{EXPORT'^{k}_{t}} FDI_{et}^{k} \right) - \left(IMPORT'^{k}_{st} - \frac{IMPORT'^{k}_{st}}{IMPORT'^{k}_{t}} FDI_{it}^{k} \right) \tag{2.8}$$

式（2.7）和式（2.8）中上标和下标与式（2.5）和式（2.6）相同的字母，其含义相同，e 和 i 分别代表出口和进口；PT_{et}^{k} 表示 k 国在 t 年的加工贸易出口额，PT_{it}^{k} 表示 k 国在 t 年的加工贸易进口额；$EXPORT'^{k}_{st}$ 与 $IMPORT'^{k}_{st}$ 分别表示第二次修正后 k 国 s 部门的出口额和进口额，FDI_{et}^k和FDI_{it}^k分别表示剔除了加工贸易后外资企业的出口额和进口额。

三　基于需求理论模型的出口质量衡量

Hummels 和 Klenow（2005）把质量和产品组合作为能够直接影响消费者效用的需求转化量，预测的质量和类别内产品组合可以被表示为按照替代弹性调整的产品可观测的价格和数量。这说明在均衡时质量和组合的联合能够用价格和数量的联合来解释，给出一个综合的视角来看质量、组合和替代弹性如何互动。进一步地，学界开始通过构造需求模型来测算出口质量。

Khandelwal（2010）在国家—产品层面通过构造嵌套 Logit 需求模型和设定有效工具变量，测量一国国家层面出口产品质量的"梯度"。Gervais（2011）、Robert 等（2012）通过构造企业层面需求函数，测算出口产品质量。Piveteau 和 Smagghue（2013）通过构造需求结构模型，设定一系列有效工具变量和控制变量，测算企业层面具有动态变化的出口产品质量。下面介绍 Piveteau 和 Smagghue（2013）的出口质量衡量方法。

首先，选择市场中典型消费者的偏好：

$$\begin{cases} \overline{X}_m(k) = \left[\int_{\Omega_m(k)} \alpha_{v,m}^{\frac{1}{\sigma-1}} x_{v,m}^{\frac{\sigma-1}{\sigma}} \mathrm{d}v \right]^{\frac{\sigma}{\sigma-1}} \\ X_m = \left[\sum_{k=1}^K \left(q(k) \overline{X}_m(k)^{\frac{\rho-1}{\rho}} \right) \right]^{\frac{\rho}{\rho-1}} \end{cases} \tag{2.9}$$

其中，X_m、$\overline{X}_m(k)$ 和 $x_{v,m}$ 分别代表典型消费者在市场 m 中的总消费、质量为 k 的产品消费和特定商品 v 的消费；$\Omega_m(k)$ 表示市场 m 中销售质量 k 商品的企业集合；$\alpha_{v,m}$ 是市场 m 中特定商品 v 的外生效用调整因子；$q(k)$ 是与质量水平 k 消费相关的效用调整因子。

那么，市场 m 中特定商品 v 的需求可以表示为：

$$x_{v,m} = p_{v,m}^{-\sigma} P_m^{\rho-1} I_m q(k_{v,m})^{\rho-1} \overline{P}(k_{v,m})^{\sigma-\rho} \tag{2.10}$$

其中，$k_{v,m}$ 是市场 m 中特定商品 v 的质量，$\overline{P}_m(k)$ 是市场 m 中质量 $q(k)$ 的价格指数，P_m 是总的价格指数，I_m 是对市场 m 异质性产品的总支出。

其次，将式（2.10）对数化，可以得到：

$$\log s_{fpdt} = (1 - \sigma) \log p_{fpdt} + \lambda_{fpdt} + \mu_{pdt} + \alpha_{fpdt} \qquad (2.11)$$

其中，$\begin{cases} \lambda_{fpdt} = (\rho - 1)\log q_{fpdt} + (\sigma - \rho)\log \overline{P}_{pdt}(q(k_{fpdt})) \\ \mu_{pdt} = (\rho - 1)\log P_{pdt} + \log I_{pdt} \end{cases}$，$s_{fpdt}$ 和 p_{fpdt}

分别表示国家 d 在 t 年企业 f 生产的产品 p 的数量和价格。由于只有 s_{fpdt} 和 p_{fpdt} 可观测，其他都是不可观测变量，所以在实证估计时选择合理的工具变量，辨别出口质量和需求之间的关系就显得尤为重要。张杰等（2014，2015）就采用这种方法估计了中国企业层面出口质量的变动，并研究了政府补贴、市场竞争对出口产品质量的影响。

四 基于出口复杂度的出口质量衡量

出口复杂度是衡量出口质量的一种方法（李坤望和王有鑫，2013）。Rodirk（2006）和 Schott（2008）也指出了出口复杂度和出口产品质量之间的相关性。Rodrik（2006）提出了产品间出口复杂度和产品内出口复杂度的区别，并指出产品内的出口复杂度反映的就是出口产品的质量。

1. Hausmann 等（2007，2010）出口复杂度的测算方法

采用出口复杂度来衡量国家或地区的出口质量，近年来得到了很多研究者的关注。Hausmann 等（2007）基于知识外溢和分工类型，并结合显示性比较优势测度产品层面出口复杂度。

$$PRODY_i = \sum_{c=1}^{k} \frac{x_{ic} \Big/ \sum_{i=1}^{m} x_{ic}}{\sum_{i=1}^{m} \left(x_{ic} \Big/ \sum_{i=1}^{m} x_{ic} \right)} Y_c \qquad (2.12)$$

$$EXPY_c = \sum_{i=1}^{m} s_{ic} PRODY_i \qquad (2.13)$$

其中，$PRODY_i$ 为 i 产品的出口复杂度，$EXPY_c$ 是 c 国的出口复杂度，x 为出口额，c 表示国家，k 为出口产品 i 的国家数；Y_c 是国家 c 的实际人均 GDP。m 表示该国所有贸易产品数；s_{ic} 是 c 国家产品 i 出口占 c 国总出口的比重。通过式（2.13）可知，一个国家在高出口复杂度行业上出口比重越大，那么这个国家在国家层面上的出口复杂度一般也会越高。同时，从式（2.12）可以看出，在计算一国产品的出

口复杂度时，采用了该国 GDP 作为权重，造成的影响就是一国的富裕或发达程度越高，那么通常该国出口的产品复杂度就越高，出口复杂度的衡量很容易受到一国 GDP 的影响。这也是这种测算方法为学界所诟病的地方，它很容易得出循环结论，"富裕国家出口复杂度高的产品，而出口复杂度高的产品由富裕国家出口"。

鉴于这种弊端，Hausmann 和 Hidalgo（2010）基于能力理论创立了反射方法计算出口复杂度。该方法采用"多样性"（Diversification）来定义经济体的出口复杂度，表示一个国家出口的具有显示性比较优势的产品数量；而用"普遍性"（Ubiquity）来代表产品的出口复杂度，表示某种产品出口上具有比较优势的国家的数量。

$$
\begin{cases}
k_{c,0} = \sum\limits_{p=1}^{N_p} M_{cp} \\
k_{p,0} = \sum\limits_{c=1}^{N_c} M_{cp}
\end{cases}
\tag{2.14}
$$

$$
\begin{cases}
k_{c,n} = \dfrac{1}{k_{c,0}} \sum\limits_{p=1}^{N_p} M_{cp} k_{p,n-1} \\
k_{p,n} = \dfrac{1}{k_{p,0}} \sum\limits_{c=1}^{N_c} M_{cp} k_{c,n-1}
\end{cases}
\tag{2.15}
$$

其中，$n \geq 1$，代表迭代次数，c 代表国家，p 代表产品，$k_{c,0}$ 与 $k_{p,0}$ 分别代表初始状态下一国的多样性和产品普遍性。M_{cp} 是联系国家和产品的变量，如果 $RCA_{cp} \geq 1$，表示该国具有生产该产品的能力，则 $M_{cp} = 1$；否则，$M_{cp} = 0$。经过多次迭代，直到 $k_{c,n} = k_{c,n+2}$ 和 $k_{p,n} = k_{p,n+2}$ 为止，分别得到代表国家经济复杂度和产品出口复杂度的变量。这种方法可以得到产品与国家的对称集合，当 n 为偶数时，$k_{c,n}$ 表示国家的平均多样性，$k_{p,n}$ 表示产品的平均普遍性；当 n 为奇数时，$k_{c,n}$ 表示产品的平均普遍性，$k_{p,n}$ 表示国家的平均多样性。一个国家的多样性值越大，代表这个国家的复杂度越高；一种产品的普遍性值越大，代表这种产品的复杂度越低。

2. Tacchella 等（2013）出口复杂度的测算方法

Tacchella 等（2013）认为，Hausmann 和 Hidalgo（2010）的反射

方法在观念、变量的表达、信息的完整性等方面存在缺陷，提出一种新的改进方法。

$$
\begin{cases}
\widetilde{F}_c^{(n)} = \sum_p M_{cp} Q_p^{(n-1)} \\
\widetilde{Q}_p^{(n)} = \dfrac{1}{\sum_c M_{cp} \dfrac{1}{F_c^{(n-1)}}}
\end{cases}
\tag{2.16}
$$

$$
\begin{cases}
F_c^{(n)} = \dfrac{\widetilde{F}_c^{(n)}}{\langle \widetilde{F}_c^{(n)} \rangle_c} \\
Q_p^{(n)} = \dfrac{\widetilde{Q}_p^{(n)}}{\langle \widetilde{Q}_p^{(n)} \rangle_p}
\end{cases}
\tag{2.17}
$$

其中，$\widetilde{F}_c^{(n)}$ 与 $\widetilde{Q}_p^{(n)}$ 分别是计算国家出口复杂度和产品出口复杂度的中间变量，$F_c^{(n)}$ 与 $Q_p^{(n)}$ 是国家出口复杂度和产品出口复杂度的最终计算结果，c 代表国家，p 代表产品，n 代表迭代次数。这里的 $F_c^{(n)}$ 是国家出口复杂度，衡量一个国家的经济竞争力，它的值越大，代表国家出口复杂度越高，经济发展能力越强。它与式（2.15）中提到的国家出口复杂度相对应，但概念外延上有些差别。$Q_p^{(n)}$ 是产品出口复杂度，这个值越大，代表的产品出口复杂度越高。中间变量 $\widetilde{F}_c^{(n)}$ 与 $\widetilde{Q}_p^{(n)}$ 的初始值 $\widetilde{F}_c^{(0)} = 1$，$\widetilde{Q}_p^{(0)} = 1$。$M_{cp}$ 的含义与前文相同。式（2.17）中的 $\langle \widetilde{F}_c^{(n)} \rangle_c$ 代表在第 n 次迭代中所有国家的复杂度的平均值，$\langle \widetilde{Q}_p^{(n)} \rangle_p$ 表示在第 n 次迭代中所有产品的出口复杂度的平均值。$F_c^{(n)}$ 与 $Q_p^{(n)}$ 在迭代中，当第 n 次与 $n+1$ 次得到的国家或产品的序列不再改变时，所得的值是最终选取的国家复杂度和产品出口复杂度的值。

Tacchella 等（2013）与 Hausmann 和 Hidalgo（2010）的方法都需要以较高精确性的贸易数据为依据，相较于原来出口复杂度的测度方法具有客观性的优点。同时，前者与后者相比，在衡量产品出口复杂度上有下列优势：①计算结果发散，这样可以更加直观地观察国家之间与产品之间出口复杂度的差异；②更能够反映能力理论的本质含义，多样性的国家优势地位会得到加强；③意思表达更加明确，尽管存在多次迭代，但国家复杂度或产品出口复杂度的本质含义在迭代中并没有发生变化。

3. Schott（2008）出口复杂度的衡量方法

鉴于原来出口复杂度衡量方法使用人均 GDP 或人均收入作为权重，容易造成统计结果的偏差，Schott（2008）在借鉴 Finger 和 Kreinin（1979）的相似度指标的基础上，构建了不含人均 GDP 或人均收入的出口复杂度的测量方法。

$$COM_{tab} = \left[\min\left(\frac{V_{t1a}}{V_{ta}}, \frac{V_{t1b}}{V_{tb}}\right) + \min\left(\frac{V_{t2a}}{V_{ta}}, \frac{V_{t2b}}{V_{tb}}\right) + \cdots + \min\left(\frac{V_{tna}}{V_{ta}}, \frac{V_{tnb}}{V_{tb}}\right) \right] \times 100$$

$$= \left[\sum_p \min\left(\frac{V_{tpa}}{V_{ta}}, \frac{V_{tpb}}{V_{tb}}\right) \right] \times 100 = \left[\sum_p \min(S_{tpa}, S_{tpb}) \right] \times 100$$

$$(2.18)$$

其中，COM_{tab} 表示 t 时 a、b 两个国家或地区特定产业的出口相似度，V_{tpa} 和 V_{tpb} 分别表示 a、b 两个国家 t 时在产品 p 上的出口值，V_{ta} 和 V_{tb} 分别表示 t 时 a、b 两个国家在该行业上的出口总值。这种方法的运用，其关键在于选择一个合适的参照国家，通过和这个参照国产业相似度的比较，来判断一个国家产业的出口复杂度的高低。如果选择了发达国家作为参照国，那么一国与参照国的产业出口相似度越高，通常意味着该国该产业的出口复杂度越高。这个方法的好处是剔除了人均收入等因素的影响，可以降低国家间由于国内经济发展的不均衡带来的偏差，弊端在于它只能是相对结果，无法给出较为准确、独立的出口复杂度的结果。

此外，还有很多衡量出口复杂度的方法，例如 Lall 等（2006）、杜修立和王伟国（2007）以及 Xu Bin（2010）等。

五　基于估计系数的出口质量衡量

Henn、Papageorgiou 和 Spatafora（2015）采用跨国面板数据以估计系数的形式对出口质量进行估计。这一方法以商品出口单位价值为基础，同时加入了人均收入、贸易成本等因素对出口单位价值进行修正，使得测量结果在保证商品单位价格作为出口质量的代理变量可显示的同时，又剔除了扰动项的影响。

首先，假设一种产品的单位价值受到下列因素的影响：

$$\ln p_{mxt} = \zeta_0 + \zeta_1 \ln\theta_{mxt} + \zeta_2 \ln y_{xt} + \zeta_3 \ln Dist_{mx} + \xi_{mxt} \qquad (2.19)$$

其中，m、x、t 分别表示进口国、出口国和时间，θ 表示不可观测的质量因素，y 代表出口国的人均收入，$Dist$ 表示进口国和出口国距离，ξ 是扰动项。

其次，设定包含产品质量的引力方程：

$$\ln(Imports)_{mxt} = FE_m + FE_x + \alpha \ln Dist_{mx} + \beta I_{mxt} + \delta \ln\theta \ln y_{mt} + \varepsilon_{mxt}$$

$$\qquad (2.20)$$

将式（2.19）表示为 $\ln\theta_{mxt}$，然后代入式（2.20），得到：

$$\ln(Imports)_{mxt} = FE_m + FE_x + \alpha \ln Dist_{mx} + \beta I_{mxt} + \zeta'_1 \ln p_{mxt} \ln y_{mt}$$

$$+ \zeta'_2 \ln y_{xt} \ln y_{mt} + \zeta'_3 \ln Dist_{mx} \ln y_{mt} + \xi'_{mxt} \qquad (2.21)$$

其中，$\zeta'_1 = \dfrac{\delta}{\zeta_1}$，$\zeta'_2 = -\dfrac{\delta\zeta_2}{\zeta_1}$，$\zeta'_3 = -\dfrac{\delta\zeta_3}{\zeta_1}$，$\xi'_{mxt} = -\dfrac{\delta\zeta_0 + \delta\xi_{mxt}}{\zeta_1}\ln y_{mt} + \varepsilon_{mxt}$。使用两阶段最小二乘法（2SLS）可以对式（2.21）的系数进行估计。使用估计得到的系数，可以按照式（2.22）计算估计的产品质量：

$$Quality_{mxt} = \delta\ln\theta_{mxt} + \frac{\delta\zeta_0}{\zeta_1} = \zeta'_1 \ln p_{mxt} + \zeta'_2 \ln y_{xt} + \zeta'_3 \ln Dist_{mx} \qquad (2.22)$$

六　小结

通过对现有文献出口质量测算方法的梳理，发现这些测算方法存在下列特点：①兼顾数据的可得性和质量信息反映的准确性。测算产品出口质量需要跨国可比较的数据，如果没有这类数据，即使再好的测算方法，也不会有好结果。同时，测算方法还要能够真实准确地反映产品质量信息，否则测算不出好结果。数据和方法的兼顾决定了出口质量的测算方法只能在能否获得结果与能够真实反映质量信息之间做平衡。这也决定了，随着数据可得性的变化与对质量认识的深化，产品出口质量的测算方法总在不断推进。同时，除了上述出口质量的测算方法外，研究中还出现了以通过 ISO9000 质量认证标准的企业数量作为国家或地区产品质量水平的代理变量的测算方法。②肯定单位价格在反映产品质量上的特性。产品价格是显化的变量，而产品质量是隐性信息。深入人心的产品高价格和高质量属性的联系决定了产品价格在反映其质量信息上的优势。为了充分挖掘产品价格中的质量信息，现有文献主要从需求方面通过构建需求模型或价格分解模型来获取各层面的出口质量，但从供给方面来构建分解价格模型测算产品出口质量的文章很少。因此，综合供需两方面的价格信息，通过分解模型来获取各个层面的出口质量，是一种有益的探索。同时，在获取出口质量的价格分解模型中，很多使用了工具变量，这会造成结果的偏差和非客观性。因此，挑选合理公认的工具变量，完善现有出口质量测算方法，也是下一步努力的方向。③出口质量测算的间接性。产品出口质量涉及一国资源禀赋、技术水平、规章制度、市场环境等因素，它的提升是这些因素良好结合所带来的结果。同时，这些因素结合的好坏可以用出口复杂度表示。因此，采用出口复杂度来间接衡量出口质量是一个不错的思路。这为出口质量的测算指明了方向，可以通过完善出口复杂度指标来衡量出口质量。

第五节　本章小结

质量的研究从现代经济学建立开始就有所涉及，但最初经济学中对质量问题都是泛泛而谈，没有深刻认识质量在贸易中的作用。在物质短缺的年代，贸易主要以互通有无为主，忽略商品质量的作用也情有可原。随着时代的发展，物质的丰富，生产力的提升，贸易过程中产品质量的重要性越来越得以凸显。在这种背景下，自新贸易理论出现以来，产品质量开始作为一个独立变量受到越来越多的关注，学术界也开始把研究重点从贸易产品的数量转向贸易产品的质量。学术界主要从三个方面对出口质量进行了研究。

一　出口质量的影响因素

通过深入研究，国际贸易学术界发现影响出口质量的因素包括：进口国需求、资源禀赋、产品生命周期、贸易政策、制度、FDI、交易成本、生产成本、技术创新与扩散、国际生产分割比例、汇率、人力资本、研发投入等。由于研究目的不同、出口质量测量方法不一、数据处理方法不同，不同研究对这些影响出口质量的因素给出的判断不一。

同时，这些因素主要是从供给方的角度来研究影响出口质量的机制，很少从进口需求方角度考虑影响出口质量的因素，只有一个笼统的进口国需求因素。在当今国际市场疲软的情形下，从需求方角度考虑影响出口质量的因素显得尤为重要。这是下一步研究的重点。

二　出口质量演变的效应

现有关于出口质量演变的经济增长效应的研究主要从两个方面展开，一是从出口质量的提升可以促进对外贸易方面展开，二是从出口质量提升有利于促进宏观经济增长方面展开。通过这些研究可以发现，出口质量借助于技术扩散、能力数量、竞争力变化、成本效益变化等因素影响了国际贸易，乃至宏观经济。但现有研究主要关注南北贸易、特定国家的情形，涉及中国的情形并不多。尽管有人使用"三元边际"分析工具对中国外贸长期高速扩张的原因进行了一定的探讨，但对于出口质量到底在中国外贸扩张中扮演什么角色的分析并不是很多。

同时，既然出口质量可以影响宏观经济增长，那么出口质量变动一定会带来经济的波动。实际情形是否如此呢？影响的机制又是什么呢？这方面的分析似乎还很匮乏。只有 Krishna 和 Levchenko（2013）利用合同执行能力环境和人力资本变化两个机制讨论了产品复杂度（复杂度用生产产品时投入的中间品数量来衡量）对经济波动的影响，构建了一个解释比较优势、复杂度和经济波动相结合的理论模型，发现复杂度越高的产品，其部门产出波动性越低；反之，则部门产出波动性越高。这一尝试在一定程度上可以反映产品出口质量对经济波动的影响，但这方面探讨还是很少。

出口质量福利效应的研究主要从两个方面展开，即不同国家出口质量的变化带来差异性的收入效应和同一国家不同出口质量行业中从业者的收入效应。前一方面的研究主要采用南北国家贸易模型，研究随着出口质量的收敛国家间收入的差异性。后一方面的研究基于高价格、高质量、高利润、高工资的逻辑，研究资源的再配置效应。但这方面的研究缺乏中国经验数据的支撑。中国作为经济大国和人口大国，基于其开展的出口质量福利效应研究应该更有说服力。

自新新贸易理论产生以来，在企业层面研究贸易产生的根源和贸易模式的形成开始成为一股浪潮，但探讨的内容主要是基于企业生产率异质性，基于企业出口质量异质性方面的研究仍然较少。在有限的企业出口质量异质性方面的研究中，主要以理论研究居多，实证研究较少。如果能够在实证方面进行充分的验证，那么基于出口质量采用异质性企业贸易模型进行研究，得出的结论将更加稳健。

三　出口质量的测算方法

出口质量的一个重要特征就是隐性，它无法直接显性化，只能通过其他变量来反映。现有研究中，出口质量的测算方法主要有三类：第一类是基于价格的出口质量估算，第二类是基于技术的出口质量测度，第三类是基于商品特征的质量估计。第三类测算方法由于其使用上的局限性，主要用于特定商品质量的估计，因此这里不予评述。

前两类出口质量的测算方法所根据的原理不同，在反映出口质量上各有优劣。第二类出口质量的测算方法可以建立国家、行业、产品、城市等层面出口质量指标，能够多层次、多角度比较出口质量的变动。第一类出口质量的测算方法在直觉上更有优势，高价格一般意味着高质量，价格和质量之间具有显著的正相关关系。但为了避免价格和质量相背离的情形，出口质量测算方法出现了一种基于价格分解获得质量的趋势。这种方法在直觉基础上进一步逼近出口质量的本质，在测算出口质量上很有优势。但这些方法主要是从需求方的角度来测算出口质量，很少涉及供给方，主要是通过 CIF 价格的分解来构建出口质量。如果能够从供需双方角度采用合理的方法对出口价格进行分解，那么得到的出口质量测算结果将更为合理。

第三章　出口质量的演变

产品出口质量的测算方式有很多，其中很多文献使用出口产品的单位价格作为出口质量的代理变量（Nielsen 和 Luthje，2002；Schott，2004）。这是因为产品单位价格具有作为其出口质量代理变量的良好特性，例如易于测算、含义明确、符合现实经验感受等。但产品出口价格在反映出口质量方面的偏差也受到一些学者的诟病。例如，产品的异质性和分类错误可能导致产品单位价格的噪声（Lipsey，1994）；产品单位价格除了反映产品出口质量因素外，还反映产品的生产成本（Aiginger，1997），以及生产者控制市场的能力（Knetter，1997）。学术界已经认同产品单位价格在一定程度上反映其出口质量的合理性，但不认同把产品单位价格完全等同于其出口质量。因此，如何合理地从出口产品单位价格中分解出合理的产品出口质量指标成为研究的重点。Schott（2008）、Hallak（2006）、Hallak 和 Schott（2011）、Khandelwal（2010）以及 Martin 和 Méjean（2012）进行了这方面的探索。Khandelwal（2010）利用出口商品相对于国内同类商品市场份额的数据估计产品质量，但这种方法只适用于少数国家和有限时期。Hallak 和 Schott（2011）利用国家之间的净贸易额来推断一国产品出口质量的高低，但这种方法只适用于测算少数行业层面的出口质量。如何能够测量长期中可比较的产品—行业—国家层面的出口质量成为研究的难点。Feenstra 和 Romalis（2014）以及 Henn 等（2015）在这方面进行了拓展。本章主要借鉴 Feenstra 和 Romalis（2014）的方法，对各国（地区）多层面的出口质量指标进行测算。

第一节　产品层面出口质量演变

本章基于 Feenstra 和 Romalis（2014）关于出口质量的测算方法，采用产品供给侧和需求侧两方面信息对产品、行业和国家（地区）的出口质量进行了估计，主要研究了不同层次各个国家（地区）出口质量的演变过程。该方法主要分两个阶段：第一个阶段，估计出产品层面的出口质量。在该阶段估计过程中，首先需要构建计量模型，估计模型参数；其次利用所得参数计算得到产品出口质量。第二个阶段，在估计出产品出口质量的基础上，通过 Fisher 指数和 GEKS 价格指数估计得到行业和国家（地区）层面的出口质量。Feenstra 和 Romalis（2014）的方法在估计各国（地区）产品层面相对出口质量时需要用到两国（地区）在同一种产品上对第三国（地区）的双边贸易流量数据，而国家（地区）间贸易流量的大小和方向存在异质性，使得这种方法在测算不同类型国家（地区）的出口质量时准确性不一，例如两个出口较多产品种类和出口到较多目的地的国家（地区）之间相对出口质量指数就比较准确，相反则出口质量指数的准确性不高。为了避免这种情况，本书对该方法在测算行业和国家（地区）出口质量指标时以出口贸易额为权重进行了改良。

一　构建产品层面出口质量估计模型

1. 消费方面

假设国家 k 的消费者可以消费一个部门的一种产品中具有不同质量的产品种类 i。这些产品可能来自不同的国家。[①] 用 p_i^k 和 z_i^k 分别表示国家 k 中产品 i 的价格和质量。国家 k 的需求由支出函数引起：

$$E^k = U^k \Big[\int_i (p_i^k / z_i^{\alpha^k})^{(1-\sigma)} \, di \Big]^{\frac{1}{(1-\sigma)}} \tag{3.1.a}$$

---

① 假设一个国家只出口一种质量水平的产品到 k 国，那么出口产品 i 也可以表示为出口到 k 国的某个国家。

$$\alpha^k = h(U^k) = 1 + \lambda \ln U^k, \quad U^k > 0 \qquad\qquad (3.1.b)$$

其中，$\alpha^k > 0$，表示 k 国对质量的重视程度。[①] 因而，产品质量在支出函数中起转换参数的作用。为了计算需求 q_i^k，将这个支出函数变形：

$$q_i^k = \frac{\partial E^k}{\partial p_i^k} = \frac{\partial E^k}{\partial P_i^k} \frac{1}{z_i^{\alpha^k}}$$

其中，定义质量调整价格为 $P_i^k \equiv p_i^k / z_i^{\alpha^k}$。同时，可定义质量调整需求 $Q_i^k \equiv z_i^{\alpha^k} q_i^k$，那么 $Q_i^k = \partial E^k / \partial P_i^k$。假设方程（3.1.a）中的支出函数随效用而增加，但不随价格的下降而下降。

2. 生产方面

在生产方面做如下假设：

假设 1：企业可能生产多种产品，每种产品供应一个潜在的市场。

假设 2：国家 i 中的生产企业 j，对于不同的市场 k 选择不同的质量 z_{ij}^k 和 FOB 价格 p_{ij}^{*k}。

假设 3：为了生产每单位产品中的质量 z_{ij}^k，具有 φ_{ij} 生产率的企业按照 Cobb – Douglas 生产函数必须用一件复合的投入品（劳动）l_{ij}^k：

$$z_{ij}^k = (l_{ij}^k \varphi_{ij})^\theta \qquad\qquad (3.2)$$

其中，$0 < \theta < 1$，反映质量的报酬递减。

假设 4：生产率是具有分布函数 $G_i(\varphi) = 1 - (\varphi/\varphi_i)^{-\gamma}$ 的帕累托分布，其中位置参数 $\varphi_i \leqslant \varphi$，是国家 i 中企业的生产率的下界。

通过改变这个下界，可以在跨国层面得到平均生产率的差异性，但为了方便分析，假设分布参数 γ 在不同国家不变。[②]

假设 5：在国家 i 和 k 间存在具体的贸易成本 T_i^k 和从价的贸易成本。

1 + 从价贸易成本被指定为 τ_i^k，包括 1 + 从价关税，即 tar_i^k。因此，包含关税的 CIF 价格是 $p_{ij}^k \equiv \tau_i^k(p_{ij}^{*k} + T_i^k)$，净关税 CIF 价格是 p_{ij}^k / tar_i^k。

---

① 在式（3.1.a）中 $z_i^{\alpha^k} \equiv (z_i^k)^{\alpha^k}$。

② 在这方面，Eaton 和 Kortum（2002）也做了同样的假设，他们考虑了跨国不同位置参数的 F 分布，但具有相同的分布参数。

假设6：企业必须支付 $f_i^k(\varphi_{ij})$ 的出口固定成本，它取决于它们的生产率 φ_{ij}。

用工资 w_i 表示复合投入品 l_{ij}^k 的价格。那么生产一件质量为 z_{ij}^k 的产品的边际成本可以从方程（3.3）中得到：

$$c_{ij}(z_{ij}^k, w_i) = w_i l_{ij}^k = w_i (z_{ij}^k)^{1/\theta} / \varphi_{ij} \qquad (3.3)$$

由于冰山成本，1 单位出口商品到达目的国可以有 τ_i^k 单位价值，所以总出口为 $y_{ij}^k = \tau_i^k q_{ij}^k$。当求出口到国家 k 的利润时，需要除以 $1 +$ 从价关税，即 tar_i^k，得到：

$$
\begin{aligned}
& \max_{p_{ij}^{*k}, \ z_{ij}^k} \left[p_{ij}^{*k} - c_{ij}(z_{ij}^k, \ w_i) \right] \frac{\tau_i^k q_{ij}^k}{tar_i^k} \\
&= \max_{p_{ij}^{*k}, \ z_{ij}^k} \left[\frac{p_{ij}^{*k}}{z_{ij}^{\alpha^k}} - \frac{c_{ij}(z_{ij}^k, \ w_i)}{z_{ij}^{\alpha^k}} \right] \frac{\tau_i^k Q_{ij}^k}{tar_i^k} \\
&= \max_{p_{ij}^k, \ z_{ij}^k} \left[p_{ij}^k - \tau_i^k \frac{\left[c_{ij}(z_{ij}^k, \ w_i) + T_i^k \right]}{z_{ij}^{\alpha^k}} \right] \frac{Q_{ij}^k}{tar_i^k} \qquad (3.4)
\end{aligned}
$$

其中，第一个等式是质量调整消费的最大化，而第二个等式是质量调整含关税 CIF 价格的最大化，$p_{ij}^k = \tau_i^k (p_{ij}^{*k} + T^k) / z_{ij}^{\alpha^k}$。方程（3.4）要实现最大化利润，企业必须选择 z_{ij}^k 使 $[c_{ij}(z_{ij}^k, w_i) + T_i^k] / z_{ij}^{\alpha^k}$ 最小化。当 $\alpha^k = 1$ 时，这个问题转化为对含有具体贸易成本的每单位质量的平均成本变量的最小化，就像 Rodriguez（1979）发现的那样，当边际成本等于平均成本时，可以得到这个平均成本变量。一般情况下，当 $\alpha^k > 0$ 时，这个问题的解是：

$$\frac{\partial c_{ij}(z_{ij}^k, \ w_i)}{\partial z_{ij}^k} = \alpha^k \frac{\left[c_{ij}(z_{ij}^k, \ w_i) + T_i^k \right]}{z_{ij}^k} \qquad (3.5)$$

所以，在生产质量的边际成本和平均成本间存在一个楔入的 α^k。当且仅当 $\partial^2 c_{ij} / \partial (z_{ij}^k)^2 > 0$ 时，这个最小化问题的二阶条件得到满足。因此一定存在随着质量的提升，边际成本增长的情形。在这种情形下，不论是质量价值 α^k 的增长，还是到目的市场 T_i^k 的具体运输成本的上升，都将提升 z_{ij}^k。利用方程（3.2）中的质量生产函数和方程（3.3）中的成本函数，当 $0 < \alpha^k \theta < 1$ 时，内点解的二阶条件得到满

足，可以得到方程（3.5）中质量的一阶条件：

$$\ln z_{ij}^k = \theta \big[\ln T_i^k - \ln(w_i/\varphi_{ij}) + \ln(\alpha^k \theta)/(1 - \alpha^k \theta) \big] \tag{3.6}$$

把方程（3.6）代入成本函数（3.3），可以得到 $c_{ij}(z_{ij}^k, w_i) = \big[\alpha^k \theta/(1 - \alpha^k \theta) \big] T_i^k$。因此，生产的边际成本与具体贸易成本同比例变化。

应用方程（3.1.a）中的 CES 支出函数，并解出方程（3.4）的 FOB 价格的最优选择，可以得到相应的定价：

$$(p_{ij}^{*k} + T_i^k) = \big[c_{ij}(z_{ij}^k, w_i) + T_i^k \big] \left(\frac{\sigma}{\sigma - 1} \right)$$

这个方程证明，企业不仅在正常模式中弥补了边际成本 c_{ij}，而且弥补了相应的贸易成本。使用之前的关系 $c_{ij}(z_{ij}^k, w_i) = \big[\alpha^k \theta/(1 - \alpha^k \theta) \big] T_i^k$，可以解出 FOB 价格和含关税的 CIF 价格如下：

$$p_{ij}^{*k} = T_i^k \Big[\Big(\frac{1}{1 - \alpha^k \theta} \Big) \Big(\frac{\sigma}{\sigma - 1} \Big) - 1 \Big] = \overline{p_i^{*k}} \tag{3.7.a}$$

$$p_{ij}^k = \tau_i^k T_i^k \Big[\Big(\frac{1}{1 - \alpha^k \theta} \Big) \Big(\frac{\sigma}{\sigma - 1} \Big) - 1 \Big] = \overline{p_i^k} \tag{3.7.b}$$

因此，FOB 价格和 CIF 价格随着不同目的市场 k 变化，同比例于每个市场的具体运输成本，但独立于企业 j 的生产率，就像 $\overline{p_i^{*k}}$ 和 $\overline{p_i^k}$ 所显示的那样。

联立方程（3.6）和方程（3.7.a），可以看出对数质量是 FOB 价格对数的一部分：

$$\ln z_{ij}^k = \theta \big[\ln(\kappa_1^k \overline{p_i^{*k}}) - \ln(w_i/\varphi_{ij}) \big] \tag{3.8}$$

其中，$\kappa_1^k \equiv \Big[\dfrac{\alpha^k \theta(\sigma - 1)}{1 + \alpha^k \theta(\sigma - 1)} \Big]$。因此，要想从 FOB 价格中分离出质量因素，必须知道质量的生产函数中关键参数 θ 和生产率调整的投入价格。

3. 对工资和质量调整价格的解

通过 Melitz（2003）的零利润条件可以得到销往每个目的市场的出口国的边际生产率调整工资，从而根据方程（3.8）得到质量和质量调整价格。

假定 $\hat{\varphi}_i^k$ 表示国家 i 中一个企业的截断生产率，它只包含出口到国家 k 的固定成本。在方程（3.8）中使用这种生产率，$\hat{P}_i^k \equiv \overline{p_i^k}/[z_i^k(\hat{\varphi}_i^k)]^{\alpha^k}$ 表示边际出口企业的质量调整价格：

$$\hat{P}_i^k = \overline{p_i^k}[(w_i/\hat{\varphi}_i^k)/\kappa_1^k \overline{p_i^{*k}}]^{\alpha^k\theta} \tag{3.9}$$

使用 $\hat{Q}_i^k$ 表示这个边际企业的出口数量，则 $\hat{X}_i^k \equiv \hat{P}_i^k \hat{Q}_i^k$ 是该企业含关税的出口收益。在 CES 形式的利润中，企业所赚取的利润就是 $\hat{X}_i^k/tar_i^k\sigma$，它一定包含了零利润条件中的固定成本：

$$\hat{X}_i^k/tar_i^k\sigma = f_i^k(\hat{\varphi}_i^k) \tag{3.10}$$

从价关税 tar_i^k 项出现在左边的分母中，因为关税一定要在计算利润前从收益中扣除。也可以把关税项 tar_i^k 移到右边，使其乘以固定成本 $f_i^k(\hat{\varphi}_i^k)$。

使用国家 i 和 l 销往同一目的市场 k 的出口收益的比值，可以得到：

$$\hat{X}_i^k/\hat{X}_l^k = (\hat{P}_i^k/\hat{P}_l^k)^{-(\sigma-1)} = tar_i^k f_i^k/tar_l^k f_l^k$$

因此，如果市场 k 对国家 i 和 l 实施相同的进口关税，而且这两个国家出口的固定成本相同，$f_i^k = f_l^k = f^k$，那么这两个国家边际企业的出口收益和质量调整价格是相等的。结合生产率的帕累托分布，这个等式也将应用到两个国家出口到市场 k 的平均质量调整价格。[1] 在这种情形下，在出口商中观察到的单位价格的差异将由质量引起。

假设生产率为 $\hat{\varphi}_i^k$ 的企业，从国家 i 出口到国家 k 的固定成本为：

$$f_i^k(\hat{\varphi}_i^k) = (w_i/\hat{\varphi}_i^k)(Y^k/p^k)^{\beta_0}e^{\beta'F_i^k}, \quad \beta_0 > 0 \tag{3.11}$$

假设企业在生产率方面是同质的，因而 $\hat{\varphi}_i^k$ 并不取决于 k，把它指定为国家 i 中每个企业的生产率。在企业同质性假设下，国家 i 向国家 k 的整个出口额 $X_i^k = \hat{X}_i^k N_i$，其中，N_i 表示国家 i 中出口企业的数量。把这个方程和方程（3.9）—方程（3.11）联立起来，可以得到质量调整价格：

---

① 企业生产率具有帕累托分布，出口到一个市场的平均质量调整价格与每个国家的边际出口商的质量调整价格成比例。

$$\hat{P}_i^k = (\overline{p_i^k}/(\kappa_1^k \overline{p_i^{*k}})^{\alpha^k\theta})\left(\frac{X_i^k}{\sigma tar_i^k N_i}\left(\frac{Y^k}{p^k}\right)^{-\beta_0}e^{-\beta'F_i^k}\right)^{\alpha^k\theta} \qquad (3.12)$$

当考虑异质性企业时，首先把出口到国家 k，生产率大于 $\hat{\varphi}_i^k$ 的质量调整价格进行汇总。让 M_i 表示国家 i 中企业的数量，实际上仅有 $M_i[1 - G(\hat{\varphi}_i^k)]$ 的企业出口到国家 k。其次使用零截断利润条件得到从国家 i 出口到国家 k 的平均质量调整价格 $\overline{P_i^k}$：

$$\overline{P_i^k} = (\overline{p_i^k}/(\kappa_1^k \overline{p_i^{*k}})^{\alpha^k\theta})\left(\frac{X_i^k/\kappa_2^k tar_i^k}{M_i(\varphi_i/w_i)^\gamma}\left(\frac{Y^k}{p^k}\right)^{-\beta_0}e^{-\beta'F_i^k}\right)^{\frac{\alpha^k\theta}{(1+\gamma)}}(\kappa_2^k)^{\frac{1}{1-\sigma}}$$

$$(3.13)$$

其中，$\kappa_2^k \equiv \dfrac{\gamma}{[\gamma - \alpha^k\theta(\sigma-1)]} > 1$。

方程（3.12）和方程（3.13）分别表示企业的生产率同质和异质假设时得到的质量调整价格。

当假设企业同质时，零截断利润条件下，企业水平的销售额 $\hat{X}_i^k$ 能够由总销售额除以该国企业数量得到，即 $\hat{X}_i^k = X_i^k/N_i$，它反过来等于方程（3.1.a）中来自支出函数的 CES 需求：

$$\hat{X}_i^k = \frac{X_i^k}{N_i} = \left(\frac{\hat{P}_i^k}{P^k}\right)^{-(\sigma-1)}Y^k \qquad (3.14)$$

其中，P^k 是相应的方程（3.1.a）中支出函数的价格指数。考虑把方程（3.14）分成 i 和 l 两国出口到同一市场 k 的情形，则相对质量调整出口价格的解为：

$$\frac{\hat{P}_i^k}{\hat{P}_l^k} = \left(\frac{X_i^k/N_i}{X_l^k/N_l}\right)^{\left(\frac{-1}{\sigma-1}\right)} \qquad (3.15)$$

在参数既定的情况下，可以用方程（3.15）计算到每个市场的相对质量调整出口价格。

实际上，可以把需求方面的方程（3.14）替换为供给方面的方程（3.12），消掉出口品 X_i^k。在这种情形下，产品数量 N_i 抵消，可以得到下列比率：

$$\frac{\hat{P}_i^k}{\hat{P}_l^k} = \left(\frac{\overline{p_i^k}/(tar_i^k \overline{p_i^{*k}}e^{\beta'F_i^k})^{\alpha^k\theta}}{\overline{p_l^k}/(tar_l^k \overline{p_l^{*k}}e^{\beta'F_l^k})^{\alpha^k\theta}}\right)^{\frac{1}{1+\alpha^k\theta(\sigma-1)}} \qquad (3.16)$$

方程（3.15）和方程（3.16）得到了不同的质量调整出口价格比例，差异在于前者考虑需求方面的影响，而后者考虑供给方面的影响。

需求方程（3.14）能被表述为如下类似于引力方程的形式：

$$\frac{X_i^k}{M_i(\varphi_i/w_i)^{\gamma}} = \left(\frac{\overline{P_i^k}}{\overline{P^k}}\right)^{-(\sigma-1)(1+\gamma)} (Y^k)^{(1+\gamma)} \left(\sigma\kappa_2^k tar_i^k \left(\frac{Y^k}{p^k}\right)^{\beta_0} e^{\beta'F_i^k}\right)^{-\gamma}$$

(3.17)

其中，$\overline{P_i^k}$ 是平均质量调整价格。在其他条件不变时，方程(3.17)左边较高的出口额意味着右边较低的质量调整价格。

异质性企业情形下，可以把需求方程(3.17)替换为供给方程(3.13)，消去出口额 X_i^k，在这种情形下，企业数量 M_i 再次被抵消。得到如下相对质量调整价格 $\overline{P_i^k}/\overline{P_l^k}$ 的比率：

$$\frac{\overline{P_i^k}}{\overline{P_l^k}} = \left(\frac{\overline{p_i^k}/(tar_i^k \overline{p_i^{*k}} e^{\beta'F_i^k})^{\alpha^k\theta}}{\overline{p_l^k}/(tar_l^k \overline{p_l^{*k}} e^{\beta'F_l^k})^{\alpha^k\theta}}\right)^{\frac{1}{1+\alpha^k\theta(\sigma-1)}}$$

(3.18)

这个比率测算了销往同一市场 k 的国家 i 和 l 的相对质量调整出口价格。

同理可得到，一国 i 销往两个目的国 k 和 l 的相对质量调整进口价格的比率：

$$\frac{\overline{P_i^k}}{\overline{P_i^l}} = \left(\frac{\overline{p_i^k}/(\kappa_1^k \overline{p_i^{*k}})^{\overline{\alpha}\theta}}{\overline{p_i^l}/(\kappa_1^l \overline{p_i^{*l}})^{\overline{\alpha}\theta}}\right) \left(\frac{X_i^k/\kappa_2^k tar_i^k \left(\frac{Y^k}{p^k}\right)^{\beta_0} e^{\beta'F_i^k}}{X_i^l/\kappa_2^l tar_i^l \left(\frac{Y^l}{p^l}\right)^{\beta_0} e^{\beta'F_i^l}}\right)^{\frac{\overline{\alpha}\theta}{(1+\gamma)}} \left(\frac{\kappa_2^k}{\kappa_2^l}\right)^{\frac{1}{(1-\sigma)}}$$

(3.19)

二　产品出口质量的估计

1. 数据

数据集合来自 UN Comtrade 的数据库，包括来自 196 个国家（地区）1990—2011 年的进出口数据，涵盖了出口国（地区）报告的贸易商品双边 FOB 单位价格和进口国（地区）报告的双边 CIF 单位价格。[①] 产品采用 SITC（Rev.2）四分位分类标准，构建了年份—国家

[①]　具体国家（地区）名单见附录 A。

（地区）—行业—产品四维数据库。为了计算含关税的 CIF 单位价格，需要得到从价关税税率。本书中的关税数据主要来自原始 TRAINS 数据库和 WTO 的 IDB 数据库中与最惠国待遇和任何特惠待遇相关的从价关税数据，以及通过国际海关杂志、WTO 网站和其他网上来源得到的特惠贸易协定文本对上述两个数据库中的关税税率表进行的扩展数据。

进口国（地区）CIF 单位价格和出口国（地区）FOB 单位价格的独立变化对于辨识它们在估计方程中的不同影响非常关键。由于从 UN Comtrade 数据库中得到的数据测量误差比较大，采用下列原则对数据进行了筛选：①删除同一种商品 CIF 单位价格低于 FOB 价格的数据；②删除 SITC（Rev. 2）四分位产品在样本期间进口国（地区）报告的 CIF 单位价格与出口国（地区）报告的 FOB 单位价格比率低于 0.1 或超过 10 的观察值；③删除样本期间产品 CIF 价格低于 50000 美元（2005 年不变美元价格）的双边观察值；① ④UN Comtrade 中产品的测量单位只使用了重量单位（千克），其他单位删除。如果该数据缺失，存在估计重量，以估计重量进行补充。②

一般情况下，为了使观察到的单位价格较大的变化与上述模型一致，假设 FOB 单位价格和免关税 CIF 单位价格（分别由 uv_{igt}^{*k} 和 uv_{igt}^{k} 表示，g 代表商品，t 表示时间）通过下式分别与 FOB 价格和含关税 CIF 价格相关：

$$\ln uv_{igt}^{*k} = \ln \overline{p_{igt}^{*k}} + u_{igt}^{*k}$$
$$\ln uv_{igt}^{k} = \ln(\overline{p_{igt}^{k}}/tar_{igt}^{k}) + u_{igt}^{k} \tag{3.20}$$

其中，u_{igt}^{*k} 和 u_{igt}^{k} 是测量误差，它们彼此独立，而且分别有 σ_{ig}^{*} 和 σ_{ig}^{k} 的变化。实际上假设对于出口国（地区）i 在 FOB 单位价格上的测量误差并不取决于进口国（地区）k，而进口国（地区）k 在 CIF 单

---

① 要注意，这里是商品整体的 CIF 价格，而不是单位 CIF 价格。

② UN Comtrade 中产品测量单位包括千克、平方米、千瓦时、个、双、打、公斤、包、立方米等 13 种形式，其中以重量千克为单位的产品占整个观测值的 58% 以上，而通过估计重量递补后，以千克为单位的产品可以占整个观测值的 82%。因此，在计算产品单位价格时选择了以重量单位千克作为测量产品的单位。

位价格上的测量误差也不取决于来源国（地区）i，这两个误差彼此独立。

2. 参数估计

本节采用 Feenstra（1994）的 GMM 方法估计模型的参数。计算销往目的地 k 的两个国家 i 和 l 的需求方程（3.17）的比率，并在方程（3.19）中替换为相对质量调整出口价格，同时增加商品 g 和时间 t 的下标。因为需求方程包含不可观测的潜在出口企业的数量，为了控制这个数量，这里使用国家 i 的人口乘以国家 i 商品 g 的出口量，除以国家 i 的 GDP 来估计国家 i 中生产出口商品 g 雇用的劳动力 L_{igt}。然后，我们把潜在出口企业的数量模型化，让其取决于 L_{igt} 和国家的固定效应：

$$\ln[M_{igt}(\varphi_{igt}/w_{igt})^{\gamma}] = \delta_{0g}\ln L_{igt} + \delta_{igt} + \varepsilon_{igt}^{k} \tag{3.21}$$

其中，ε_{igt}^{k} 是随机误差。在方程（3.20）中使用各自的单位价格替换 CIF 价格和 FOB 价格，那么从方程（3.17）和方程（3.19）—方程（3.21）中，可以得到国家 i 和 l 销往目的地 k 出口量的差额：

$$\begin{aligned}
\ln X_{igt}^{k} - \ln X_{lgt}^{k} = & -A_{g}^{k}\big[\,(\ln(tar_{igt}^{k}uv_{igt}^{k}) - \ln(tar_{lgt}^{k}uv_{lgt}^{k})) \\
& - \alpha_{g}^{k}\theta_{g}(\ln uv_{igt}^{*k} - \ln uv_{lgt}^{*k})\,\big] + \delta_{0g}(\ln L_{igt} - \ln L_{lgt}) \\
& + \delta_{ig} - \delta_{lg} - B_{g}^{k}\big[\ln tar_{igt}^{k} + \beta'_{g}(F_{i}^{k} - F_{l}^{k})\big] + \varepsilon_{igt}^{k} - \varepsilon_{lgt}^{k}
\end{aligned} \tag{3.22}$$

其中：

$$A_{g}^{k} \equiv \frac{(\sigma_{g}-1)(1+\gamma_{g})}{1+\alpha_{g}^{k}\theta_{g}(\sigma_{g}-1)}$$

$$B_{g}^{k} \equiv \frac{\gamma_{g} - \alpha_{g}^{k}\theta_{g}(\sigma_{g}-1)}{1+\alpha_{g}^{k}\theta_{g}(\sigma_{g}-1)} \tag{3.23}$$

估计方程（3.22）有两个特征需要注意。首先，注意 CIF 单位价格在这个引力方程中以负的系数 $-A_{g}^{k}$ 出现，而 FOB 单位价格以正的系数 $A_{g}^{k}\alpha_{g}^{k}\theta_{g}$ 出现。FOB 单位价格反映了方程中的产品质量，而在 CIF 单位价格基础上，较高的质量导致较高的需求。其次，要注意参数的差异性。在实证层面辨识替代弹性（σ_{g}）和 Pareto 参数（γ_{g}）非常困难。借鉴 Chaney（2008）对美国行业参数的估计方法，通过标准化

$\alpha_g^{US} \equiv 1$，可以估计 $\zeta_g^{US} = \gamma_g / [\alpha_g^{US} \theta_g (\sigma_g - 1)]$。对于其他国家，$\zeta_g^k = \gamma_g / [\alpha_g^k \theta_g (\sigma_g - 1)] \Leftrightarrow \zeta_g^k \alpha_g^k = \gamma_g / [\theta_g (\sigma_g - 1)] = \zeta_g^{US} \alpha_g^{US} = \zeta_g^{US}$。接着可以得到 γ_g，它等于 $\zeta_g^{US} \theta_g (\sigma_g - 1)$。[1]

参数 α_g^k 表示支出函数对质量的偏好，可以通过简单的价格回归估计出来。方程（3.7.a）中，FOB 价格随着目的国对质量偏好 α_g^k 的增加而增加，我们可以将其设定为系数是 λ_g 的目的国人均真实收入的增函数。从 Hallak（2006）中可以知道，进口产品的单位价格与一国的人均收入正相关，它可以辨识 α_g^k。这些价格的回归取决于方程（3.22）中 σ_g 和 θ_g 的估计，当所有的国家对产品存在相同的偏好时，即 $\alpha_g^k \equiv 1$。使用这些 σ_g 和 θ_g 的估计，可以获得 α_g^k 的改进值的价格回归。把这些 α_g^k 的改进值替换到方程（3.23）中，通过对方程（3.22）进行再估计得到 σ_g 和 θ_g 的新估计值。重复迭代这个程序几次，可以发现 σ_g 和 θ_g 的估计值的分布快速收敛。[2]

三 产品出口质量演变

1. 产品出口质量指数估计方法

把估计参数代入方程（3.18）可以得到每个国家在每种 SITC（Rev. 2）四分位产品上相对于贸易伙伴国的质量调整出口价格。在计算过程中，即使是同一种产品，一个国家相对于不同国家的比值也会导致该产品不同的相对质量调整出口价格。因此，由于参照国的不同，一个国家的同一种产品存在不同的相对质量调整出口价格。为了实现一个国家在同一种产品上有唯一的价格，这里采用价格指数的方式对同一种产品不同的相对质量调整出口价格进行汇总：

$$P_{ilgt}^L \equiv \frac{\sum_{k=1}^{n} uv_{igt}^{*k} q_{lgt}^k}{\sum_{k=1}^{n} uv_{lgt}^{*k} q_{lgt}^k}$$

$$P_{ilgt}^A \equiv \frac{\sum_{k=1}^{n} uv_{igt}^{*k} q_{igt}^k}{\sum_{k=1}^{n} uv_{lgt}^{*k} q_{igt}^k} \tag{3.24}$$

---

① 具体证明过程，见 Feenstra 和 Romalis（2014）的附录 B。

② 在参数的估计过程中，本书借鉴和参考了 Feenstra 和 Romalis（2014）的做法。

前者表示 Laspeyres 价格指数（以下简称拉氏指数），后者表示 Paasche 价格指数（以下简称帕氏指数）。i 和 l 是出口国，它们同时出口产品 g 到目的国 $k(k = 1, \cdots, n)$。uv_{igt}^{*k} 和 uv_{lgt}^{*k} 分别表示 i 国和 l 国出口到 k 国的产品 g 的单价；q_{igt}^{k} 和 q_{lgt}^{k} 分别表示 i 国和 l 国出口到 k 国的产品 g 的数量。为了能够在国家之间进行价格的比较，在计算每一种产品价格指数时需要选择一个参照国。每种产品价格指数的计算选择一个参照国，而不同产品价格指数在计算时参照国是不同的。参照国的选择标准是以同一种产品出口额乘以该产品的出口伙伴国数量的值最大的国家作为参照国。[①] 通过 Fisher 指数，我们可以得到拉氏指数和帕氏指数的几何平均值，$P_{ilgt}^{F} = (P_{ilgt}^{L} P_{ilgt}^{A})^{1/2}$。

通过在一种产品上对一国相对其他国家 Fisher 价格指数进行进一步的几何平均可以得到一国相对于参照国的 GEKS 出口价格指数。[②] 我们可以把 g 产品上 i 国相对于 k 国的出口 GEKS 价格指数表示如下：

$$P_{ikgt}^{GEKS} \equiv \prod_{l=1}^{N} (P_{ilgt}^{F} P_{lkgt}^{F})^{1/N} \tag{3.25}$$

它表示 g 产品上 i 国相对于 k 国的 GEKS 出口价格指数是 i 国相对于所有其他国家的 Fisher 价格指数乘以同类国家相对于 k 国 Fisher 价格指数乘积的几何平均值。通过计算可以得到每个国家不同时期每种产品相对于其参照国的 GEKS 出口价格指数。同理，可以得到质量调整后 GEKS 出口价格指数。[③] 使用一种产品 GEKS 出口价格指数除以

---

① 例如 SITC（Rev. 2）四分位代码为 3330 的产品（表示原油、石油），2001 年时沙特阿拉伯该产品总出口值为 480 亿美元，在该产品上其出口的贸易伙伴国有 33 个，而同年俄罗斯该产品总出值为 280 亿美元，出口的贸易伙伴国是 50 个。按照参照国选择标准，由于 $480 \times 33 > 280 \times 50$，所以 2001 年这个产品的参照国是沙特阿拉伯。2000 年，在同一种产品上，俄罗斯出口总值为 450 亿美元，出口的贸易伙伴国是 59 个，而沙特阿拉伯这两个数据分别是 540 亿美元和 32 个伙伴国。由于 $450 \times 59 > 540 \times 32$，所以 2000 年该产品的参照国是俄罗斯。

② 这种方法是以 Gini、Eltetö、Köves 和 Szulc 名字的首字母命名。目前，GEKS 处理方法在统计部门中应用广泛，例如应用于 ICP 和 PWT 的价格指数的计算。对于该方法的使用，可以参考 Balk（2008）以及 Deaton 和 Heston（2010）。

③ 根据式（3.8）估计出口双边贸易流下每种产品的出口质量，然后用出口单位价格除以估计得到的出口质量获得质量调整后的单位价格。通过相似的拉氏指数、帕氏指数和 GEKS 指数的运用得到质量调整后的出口价格指数。

其质量调整后 GEKS 出口价格指数可得到该产品的出口质量指数。不同国家不同年度在同一种产品上的出口质量指数不同。

  2. 产品层面出口质量演变

  通过以上方法，利用 UN Comtrade 数据库、TRAINS 数据库和 WTO 的 IDB 数据，估计 1990—2011 年 196 个国家（地区）在 SITC（Rev. 2）四分位共 786 种产品上的出口质量指数（见表 3 - 1）。[①]

表 3 - 1 产品层面出口质量指数估计结果

年份	估计值	平均值	标准差	最小值	最大值
1990	47446	1.1231	1.3456	0.0139	127.98
1991	46997	1.1129	1.3466	0.0167	106.37
1992	52697	1.0909	1.1366	0.0285	52.37
1993	53071	1.1100	1.7505	0.0076	303.97
1994	54161	1.1205	1.2370	0.0126	51.25
1995	57674	1.1058	1.1982	0.0245	42.81
1996	60114	1.1094	1.1916	0.0102	35.95
1997	54235	1.3209	2.2232	0.0029	128.61
1998	60681	1.1278	1.2582	0.0062	80.90
1999	61390	1.1540	1.1922	0.0024	48.65
2000	64997	1.1453	1.2426	0.0015	83.76
2001	63524	1.1391	1.1914	0.0083	67.89
2002	64157	1.2140	1.3330	0.0174	89.65
2003	65031	1.2400	1.4007	0.0186	138.47
2004	66500	1.2758	1.4063	0.0139	91.68
2005	67483	1.3176	1.3739	0.0168	106.11
2006	68396	1.3392	1.6272	0.0078	194.20
2007	68538	1.3700	1.5477	0.0053	106.16
2008	61416	1.4604	8.4538	0.0110	1394.07
2009	60189	1.4431	1.8351	0.0098	149.59

---

  ① 具体国家（地区）名单见附录 A。有些国家或地区的数据在统计年份中不连贯，例如苏联和南斯拉夫在 1991 年和 1992 年相继解体，分裂为 21 个国家。密克罗尼西亚和马绍尔群岛 1991 年才加入联合国。因此，这 196 个国家或地区包括在统计样本期间因独立或中途加入联合国才出现的一些国家或地区。

续表

年份	估计值	平均值	标准差	最小值	最大值
2010	59838	1.4453	1.6181	0.0104	70.93
2011	59954	1.4555	1.5826	0.0126	84.59
合计	1318489	1.2373	1.7496	0.0015	1394.07

资料来源：按照上述估计方法，利用 UN Comtrade 数据库、TRAINS 数据库和 WTO 的 IDB 数据计算得出的产品出口质量的估计结果。

通过表 3－1 可以看到，通过前文产品层面出口质量指数的估计方法，在 1990—2011 年可以估计出 1318489 个出口质量指数的有效估计值，22 年间的产品出口质量指数的平均值为 1.2373，最小的指数为 0.0015，最大的指数为 1394.07。[1] 从样本期间出口质量指数平均值的变化可以看出，尽管存在一些波动，但整体出口质量指数稳步上升，自 2003 年以来，平均产品出口质量指数都位于样本期出口质量指数平均值之上。当然，这并不意味着具体产品出口质量一定会上升，但它至少在一定程度上反映了产品出口质量整体的变化趋势。同时，要注意到 1997 年和 2008 年产品出口质量标准差分别达到 2.2232 和 8.4538，说明在这两次金融危机期间产品平均出口质量波动特别剧烈。

进一步地，本书以 2011 年典型产品为例，考察产品层面出口质量指数的变化规律（该年度详细的产品出口质量指数见附录 B）。本书对 SITC 标准下十大类产品进行分类，0—3 类包括食品与活畜，饮料与烟草，粗材料，矿物燃料、润滑剂及相关材料等类，为初级品；

---

[1] 出口质量指数为 1394.07 的产品是 2008 年印度尼西亚代码为 2640 的黄麻及其他纺织纤维产品。该年度在这种产品上的出口参照国是孟加拉国，共出口价值 1.4154 亿美元（2005 年不变价格）的该产品，贸易伙伴国涉及 39 个国家，而印度尼西亚该产品当年的出口值是 33.5493 万美元（2005 年不变价格），贸易伙伴国只涉及 5 个国家。本书发现，当一个国家在一种产品上出口贸易伙伴国较少时，其出口质量易于受到极端值的影响。这在 1993 年代码为 2786 的产品（它是一种炼油得到的渣块和废料）上也得到了印证。样本期这种产品出口参照国是德国，出口 0.2425 亿美元该产品，出口伙伴国多达 94 个；而该产品出口质量指数高达 303.97 的新西兰，出口 46.62 万美元该产品，出口伙伴国只有 3 个。当然，这并不妨碍后面行业层面和国家层面的计算。本书进行了异常值的稳健性检验，由于其比例很小，行业层面和国家层面包含异常值与剔除异常值出口质量指数变化很小。

5—7类包括化学品及有关产品，主要以材料分类的制成品，机械与运输设备，为中间品或资本品，4类和8类为动植物油和杂项制品，主要为生活消费品；9类产品没有进行归类。① 我们可以看到，同一种产品在不同国家的出口质量指数具有下列变化特征：①同一种产品出口质量指数在不同国家表现不一，但整体变动趋稳。尽管同一种产品在不同国家的出口质量指数各不一样，但其在一定范围内呈现区间变动的特点。初级品出口质量指数的变动区间较窄，例如代码为0460的小麦和面粉类产品，具有出口质量指数的共有131个国家（地区），最高的是挪威的2.2261，最低的是加纳的0.3404，均值为1.0350，标准差为0.3166，其变化幅度较小。代码为3413的天然气，具有出口质量指数的共有126个国家（地区），最高的是马其顿共和国的3.3915，最低的是阿塞拜疆的0.6798，平均值为1.5430，标准差为0.4647。资本品或中间品的变动区间较宽，例如代码为5413的抗生素类产品，具有出口质量指数的共87个国家（地区），最高的是巴基斯坦的19.547，最低的是格鲁吉亚的0.5646，平均值为3.8329，标准差为3.6202。代码为6712的生铁铸铁类产品，具有出口质量指数的国家（地区）只有63个，最高的是马来西亚的7.2881，最低的是塞尔维亚的0.4303，平均值为1.6515，标准差为1.201。代码为8710的光学设备及装置类产品，具有出口质量指数的共88个国家（地区），最高的是哈萨克斯坦的14.128，最低的是几内亚的0.4705，平均值为3.3588，标准差为1.9467。这说明，相对而言，各个国家（地区）在初级产品出口质量指数上差异不是很大，而在中间产品或资本品出口质量指数上差异较大。②产品出口国家（地区）的数量会影响各国（地区）间产品的出口质量指数的变动程度。② 在196个国

---

① 这只是为了便于对不同产品出口质量指数进行比较而进行的大致归类，并不是很精确。例如，8类杂项制品中也包括一些中间品或资本品，5类化学品及有关产品中也包括一些生活消费品。

② 当然，这并不意味着产品出口国家（地区）数量在实际上会影响到产品出口质量指数的高低。这是从统计上而言的。由于具有某种产品出口质量指数的国家（地区）数量的不同会造成统计上标准差的变化，容易得出出口质量指数变动受到出口国家（地区）数量变动的影响的结论。

家（地区）中，出口代码为 5415 的产品，具有出口质量指数的国家
（地区）有 54 个，标准差为 2.67；出口代码为 2640 的产品，具有出
口质量指数的国家（地区）有 34 个，其标准差为 2.38；出口代码为
7512 的产品，具有出口质量指数的国家（地区）有 29 个，其标准差
为 1.99。从图形上看，它们的统计变动似乎很大，这和它们的出口国
家（地区）数量少有很大关系。③总体上看，初级产品出口质量指数
偏低，中间产品或资本品以及生活消费品出口质量指数偏高。图 3 - 1
中，（1）、（2）、（3）为初级产品出口质量指数，我们可以看到，尽
管存在一些异常的情形（如 0421、2640、3330），但整体上出口质
量指数在 1.5 左右。（4）、（7）、（8）、（9）为工业中间品或资本
品，整体出口质量指数在 4 左右。（5）、（6）为较高科技工业产品，
整体出口质量指数在 5 以上。令人意外的是（10）、（11）、（12），
这些产品似乎是我们在生活中感受到的质量较高的产品，但它们整
体上出口质量指数仅在 2 左右，只比初级产品出口质量指数稍高。
之所以如此，可能的原因在于，参照国（地区）较高的质量水平把
整体的质量水平拉低了。

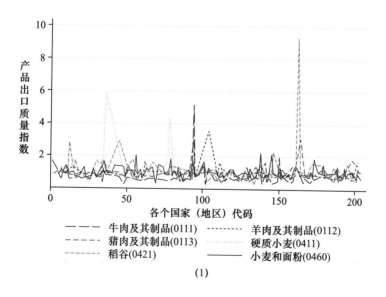

（1）

图 3 - 1　2011 年不同国家（地区）典型产品出口质量指数变化图

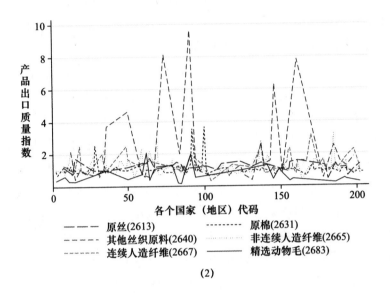

(2)

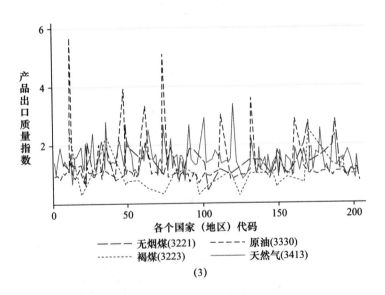

(3)

图 3-1　2011 年不同国家（地区）典型产品出口质量指数变化图（续）

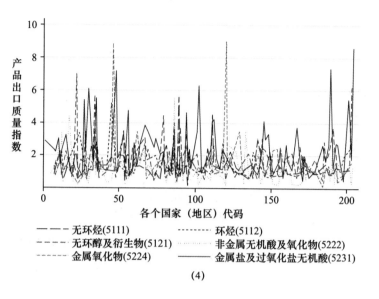

(4)

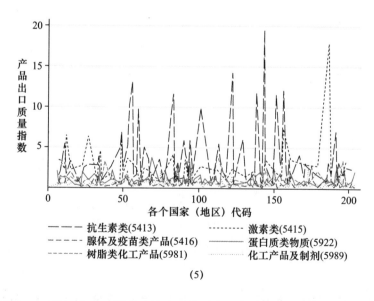

(5)

图3-1　2011年不同国家（地区）典型产品出口质量指数变化图（续）

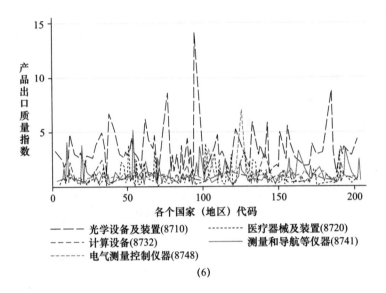

(6)

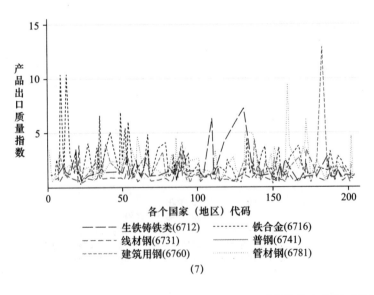

(7)

图 3 - 1　2011 年不同国家（地区）典型产品出口质量指数变化图（续）

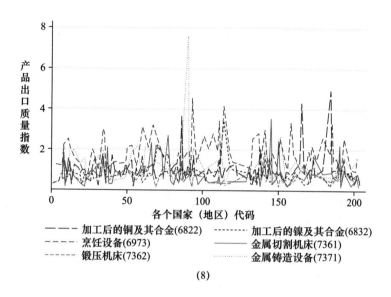

(8)

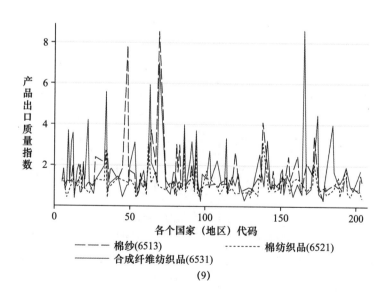

(9)

图 3-1 2011 年不同国家（地区）典型产品出口质量指数变化图（续）

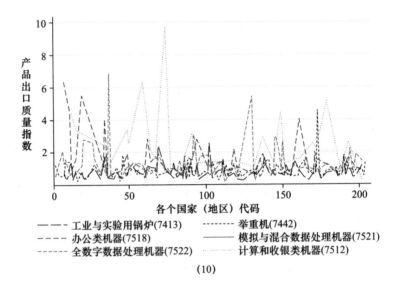

（10）

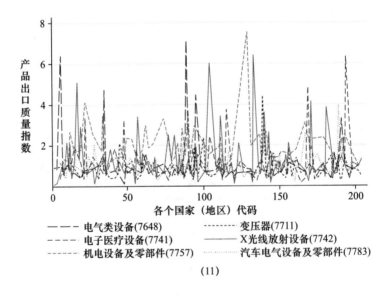

（11）

图 3-1 2011 年不同国家（地区）典型产品出口质量指数变化图（续）

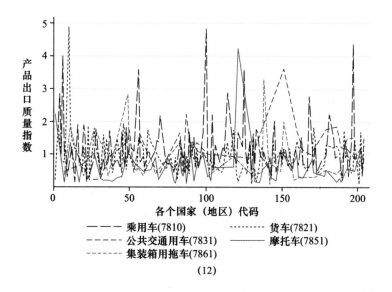

图 3 - 1　2011 年不同国家（地区）典型产品出口质量指数变化图（续）①

资料来源：同表 3 - 1。

第二节　行业层面出口质量演变

一　行业层面出口质量指数的计算方法

行业层面出口质量指数是对产品出口质量指数的加总，其加总方法类似于产品出口质量指数的加总方法。区别在于，产品出口质量指数是对一国相对于其他国家间估计的双边出口质量的加总，是国家层面的加总；行业层面出口质量指数是对本行业包含的产品出口质量指数的加总，是行业层面的加总。

首先，选择参照国，各国各种产品的出口价格指数对参照国相应产品的出口价格指数按照下列公式计算拉氏价格指数和帕氏价格

---

　　①　图中横坐标使用的国家代码采用联合国指定的各国的数字代码。产品四位代码对应 SITC（Rev. 2）四分位产品代码。

指数:

$$P_{ilst}^{L} \equiv \frac{\sum_{g=1}^{n} uv_{ist}^{g} q_{lst}^{g}}{\sum_{g=1}^{n} uv_{lst}^{g} q_{lst}^{g}}$$

$$P_{ilst}^{A} \equiv \frac{\sum_{g=1}^{n} uv_{ist}^{g} q_{ist}^{g}}{\sum_{g=1}^{n} uv_{lst}^{g} q_{ist}^{g}} \tag{3.26}$$

其中, 前者表示 t 时间 i 国相对于参照国 l 在 s 行业上的拉氏价格指数, 后者表示 t 时间 i 国相对于参照国 l 在 s 行业上的帕氏价格指数。g 表示 s 行业中的产品。uv_{ist}^{g} 和 uv_{lst}^{g} 分别表示 i 国和 l 国在 s 行业 g 产品上的出口价格指数; q_{ist}^{g} 和 q_{lst}^{g} 分别表示 i 国和 l 国 s 行业中产品 g 的出口数量。

其次, 根据计算所得 i 国相对于不同 l 国 s 行业出口价格的拉氏价格指数和帕氏价格指数, 按照 Fisher 指数的计算方法, $P_{ilst}^{F} = (P_{ilst}^{L} P_{ilst}^{A})^{1/2}$, 得到 i 国相对于不同的 l 国的 s 行业上 Fisher 出口价格指数。

最后, 利用式 (3.27) 中 GEKS 价格指数对 i 国和 l 国相对于基准参照国 k 的 Fisher 指数进行转换, 得到唯一的 i 国相对于基准参照国 k 的 s 行业的 GEKS 出口价格指数:

$$P_{ikst}^{GEKS} \equiv \prod_{l=1}^{N} (P_{ilst}^{F} P_{lkst}^{F})^{1/N} \tag{3.27}$$

为了使将来计算的各国的出口 GEKS 价格指数具有可比性, 需要选择一个基准参照国 k。考虑到美国出口产品种类较全, 贸易额较大, 与世界其他国家具有较为广泛的国际贸易联系, 我们选择美国作为基准参照国。[①] 采用相同的方法可以得到不同行业的 GEKS 出口价格指数。

---

① 这里的基准参照国和式 (3.26) 中选择的参照国不同, 前者的参照国在每种行业出口价格指数的计算上对不同国家而言保持不变, 而后者的参照国只是选择了一个对比对象, 它需要不断变化来反映一国相对于不同参照国出口价格指数的变化。为了有所区别, 在本书中一般称前者为基准参照国, 而后者为参照国。这里的处理方法与 Feenstra 和 Romalis (2014) 相同。

为了得到行业的出口质量指数，我们需要知道行业的质量调整出口价格指数。采用与计算行业出口价格指数类似的方法，我们可以得到各行业质量调整的出口价格指数，然后用出口价格指数除以质量调整的出口价格指数，得到行业的出口质量指数。

二 行业出口质量演变

通过对 196 个国家（地区）SITC（Rev. 2）四分位 786 种产品出口价格指数与质量调整出口价格指数按照上述方法进行加总并相除，得到各国 1990—2011 年在 SITC 一分位水平上十个行业①的出口质量指数。为了便于比较，这里对历年各国各行业出口质量指数进行了简单的算术平均，见图 3 - 2。通过对各行业平均出口质量指数的比较，我们发现出口质量指数变动存在下列规律：①各行业出口质量指数在 1997 年前后存在剧烈波动。从图 3 - 2 可以看出，1997 年前各行业出口质量指数快速上升，而 1997 年后又出现快速下降。与此相联系的背景是，1997 年前后的东南亚金融危机，造成全球经济波动。如果说全球经济波动可能会造成出口质量指数出现较大幅度的变动的话，那么在 2008 年的国际金融危机中，也应该出现类似效应，但从图 3 - 2 中对比来看这种效应似乎并不明显。这只能说明出口质量指数在一定程度上还是要受到出口价格指数的影响。②不同行业的波动幅度和变动趋势不同。初级产品行业波动幅度较小，整体趋势比较平稳，而它们主要是代表初级产品或技术含量较低的产品的行业，反映出这类行业技术较为成熟，新技术、新应用不多，没有重大的技术创新活动。中间品或资本品行业出口质量指数波动幅度较大，而且整体呈现上升趋势。这种上升趋势在 2000 年后比较明显。这些行业主要代表生产中间品、资本品或生活

---

① 十个行业分别是：0——食品与活畜，1——饮料与烟草；2——粗材料，不能食用，不包括燃料（下文简称粗材料）；3——矿物燃料、润滑剂及相关材料；4——动植物油，脂肪和蜡（下文简称动植物油）；5——化学品及有关产品；6——主要以材料分类的制成品；7——机械与运输设备；8——杂项制品；9——见图 3 - 2 没有进行归类的产品。为了叙述方便，在下文中包含 0、1、2、9 四类行业的称为初级产品行业，包含 3、4、5、6、7、8 六类行业的称为中间品或资本品行业。

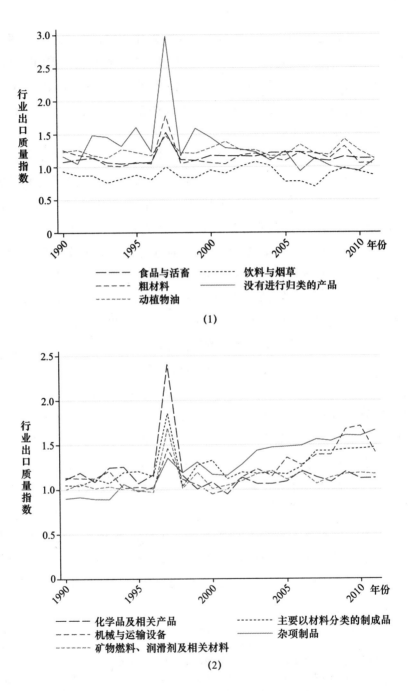

(1)

(2)

图 3 - 2　SITC 一分位十个行业平均出口质量指数变化图

资料来源：同表 3 - 1。笔者根据产品出口质量数据整理合并而得。

消费品等技术含量和资本含量较高的行业。这说明全球经济进一步融合和新技术的应用有效地促进了这类行业出口质量指数的提升。③整体上，初级产品行业出口质量指数偏低，而资本品或中间品行业出口质量指数较高。我们可以看到，初级产品行业出口质量指数主要在1左右徘徊，而中间品或资本品行业出口质量指数在1.3左右变动，而且机械与运输设备和杂项制品行业的出口质量指数在2006年后都超过1.5。①

　　为了进一步考察行业出口质量指数的变动，本书挑选了一些典型国家进行对比分析。②通过图3-3，我们可以看到，除进一步验证了图3-2中发现的那些规律外，行业出口质量指数的变动还存在一些国别特征。①从绝对值上看，初级产品行业中日本出口质量指数较高，而资本品或中间品行业中德国和日本出口质量指数都比较高。日本食品与活畜行业、饮料与烟草行业、粗材料、没有进行归类产品行业样本期间平均出口质量指数分别为1.9786、1.0618、1.4593、1.5590，而矿物燃料、润滑剂及相关材料，动植物油，化学品及相关产品，主要以材料分类的制成品，机械与运输设备和杂项制品行业平均出口质量指数分别为1.3778、2.9875、1.7153、1.5708、1.1933、1.6715。德国在矿物燃料、润滑剂及相关材料，动植物油，化学品及相关产品，主要以材料分类的制成品，机械与运输设备和杂项制品等行业平均出口质量指数分别为1.5896、1.2416、1.0623、1.3997、1.0588、1.5316。②从变动趋势看，初级产品行业出口质量指数整体趋稳，而资本品或中间品行业出口质量指数稳中有升。尽管初级产品行业有时候波动幅度较大，但其

---

　　① 行业出口价格指数和质量调整的出口价格指数在帕氏价格指数和拉氏价格指数的计算过程中选择的是各个国家之间的相对数量，而且行业中每类产品涉及的相对国家数量不同，会造成产业出口质量实际的计算结果在行业间进行比较时存在一定的误差。因此，计算所得的行业出口质量指数作为一种相对指数，对不同年度同一行业进行比较时较为准确，而对同年度的行业间进行比较时只能作为一种参考。

　　② 本书挑选了德国、英国、法国、日本、韩国、中国、印度七个国家，主要的考虑是这七个国家在出口产品种类数量、贸易伙伴国和对外贸易值等方面在整个样本国中都占优势。因为美国是基准参照国，所以没有被包含进来。

整体上升趋势不明显。③中国整体行业出口质量指数偏低，相比较而言，初级产品出口质量指数在与其他国家的比较中的表现好于中间品或资本品。中国食品与活畜、饮料与烟草、粗材料、矿物燃料、动植物油、化学品及相关产品、主要以材料分类的制成品、机械与运输设备、杂项制品、没有进行归类的产品行业平均出口质量指数分别为 0.9520、0.7968、1.0550、1.0333、1.3852、0.7933、0.8458、0.6289、0.7972、0.9945。同时，我们也可以看到，中国前五类行业出口质量指数变动趋势平稳，而后五类行业出口质量指数自 1997 年以来，上升趋势明显。这反映出进入 21 世纪以来，中国中间品或资本品出口质量方面有所改善。

为了防止出口质量指数受到归类方法的影响，并进一步检验行业出口质量变动趋势的稳健性，本书对产品层面的出口质量指数又进行了 BEC 行业分类标准的集结，得到了 BEC（Rev. 2）一分位水平出口质量指数（见附录 C）。通过比较，我们发现不同国家（地区）在行业出口质量变化上具有差异性，但整体变化趋势基本一致。

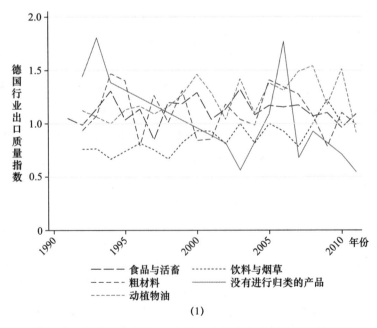

(1)

图 3 - 3　典型国家 SITC 一分位十个行业出口质量指数波动图

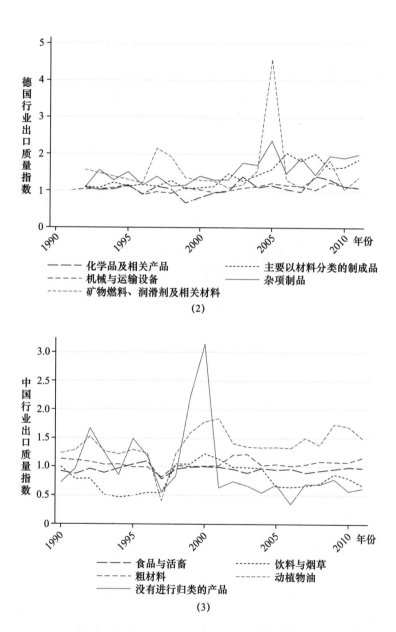

(2)

(3)

图 3-3　典型国家 SITC 一分位十个行业出口质量指数波动图（续）

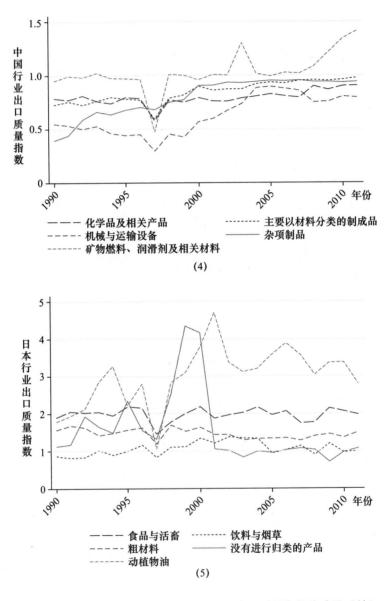

(4)

(5)

图 3-3　典型国家 SITC 一分位十个行业出口质量指数波动图（续）

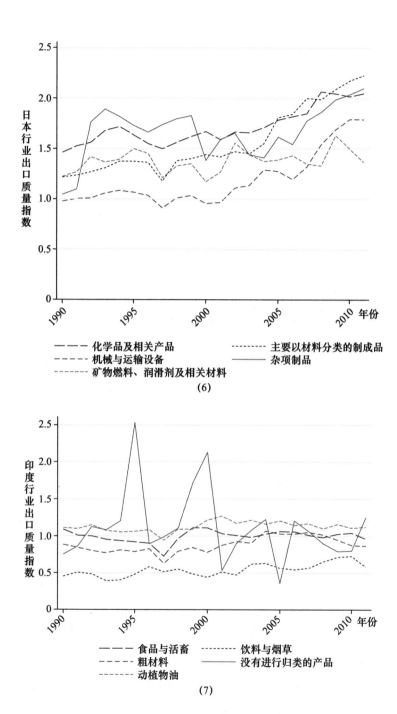

(6)

(7)

图 3 – 3 典型国家 SITC 一分位十个行业出口质量指数波动图（续）

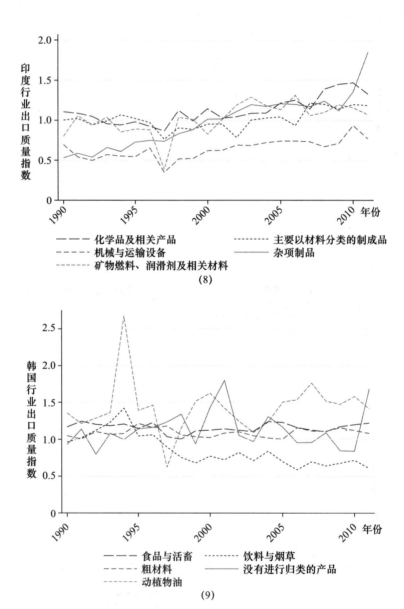

图 3 - 3　典型国家 SITC 一分位十个行业出口质量指数波动图（续）

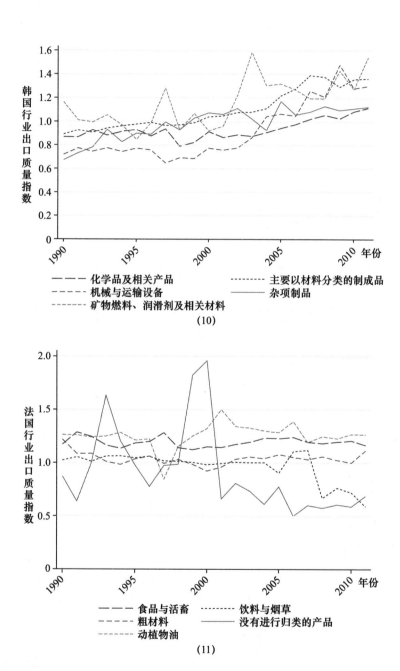

（10）

（11）

图 3 - 3 典型国家 SITC 一分位十个行业出口质量指数波动图（续）

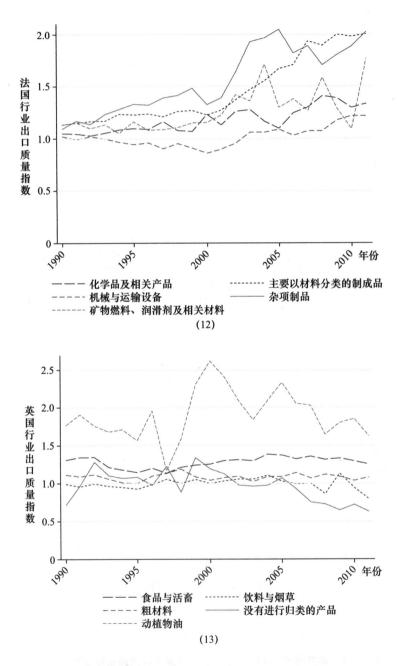

（12）

（13）

图 3 –3　典型国家 SITC 一分位十个行业出口质量指数波动图（续）

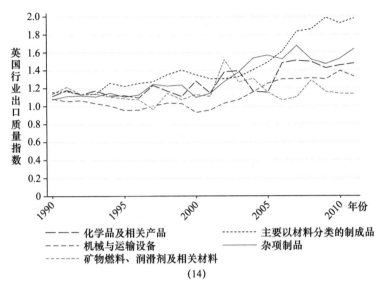

　　── ── 化学品及相关产品　　　　　…………主要以材料分类的制成品
　　── ── 机械与运输设备　　　　　　　─────杂项制品
　　──·──矿物燃料、润滑剂及相关材料
(14)

图 3 - 3　典型国家 SITC 一分位十个行业出口质量指数波动图（续）

资料来源：同表 3 - 1。笔者通过对产品出口质量进行合并整理得到。

第三节　国家（地区）层面出口质量演变

一　国家（地区）层面出口质量指数的计算方法

　　国家（地区）层面出口质量指数的计算与行业出口质量指数的计算方法类似，也需要先得到国家（地区）出口价格指数与国家（地区）质量调整的出口价格指数，然后用前者除以后者得到国家（地区）层面的出口质量指数。国家（地区）出口价格指数的计算只是把式（3.26）和式（3.27）中的行业换成国家（地区），通过对一国（地区）中各类产品按照帕氏价格指数、拉氏价格指数、Fisher 价格指数和 GEKS 价格指数进行变换，得到最终国家（地区）出口价格指数，然后用类似的方法求国家（地区）质量调整价格指数。为了便于比较，在选择基准参考国时，与行业出口质量指数计算类似，我们选择了美国。因此，不同年度所有国家（地区）的出口质量指数都是相对于美国而言的。

二 国家（地区）层面出口质量演变

根据以上方法，我们计算了国家（地区）层面出口质量指数。图3-4中（1）、（2）和（3）显示了国家（地区）出口质量指数频数密度，我们可以看到，无论是不分年度的样本还是分年度的样本，国家（地区）出口质量指数均分布在0.4226和3.095之间。其中0.8左右的最多。为了对国家（地区）出口质量指数有一个大体认识，我们选择了2011年全球商品出口贸易额前50位的国家（地区），对其出口质量按照1995年、2000年、2005年和2011年分年度进行表示（见表3-2）。① 出口质量指数按照所涉国家（地区）出口质量指数平均值为1进行了标准化处理，然后按照2011年50个国家（地区）标准化出口质量指数从大到小排列。通过表3-2可以发现：①从绝对值上看，发达国家（地区）样本期内出口质量指数大多数比较高，例如瑞士的出口质量指数除了2000年外，其他三个样本年份出口质量指数都位居50个样本国家（地区）之首。样本中出口质量指数排名前25位国家（地区），除了南非是中等收入国家之外，其他都是高收入国家（地区）或超高收入国家（地区）。② 出口质量指数排名后25位的国家（地区）中，有13个国家（地区）属于中低收入国家，而且排名最后6位的国家（地区）都是中低收入国家（地区）。这说明出口质量指数与国家（地区）人均收入水平存在一定的正相关。②整体出口质量指数存在较大波动，样本期间呈现不规则的"W"形变动趋势。通过图3-4（4），我们可以看到，样本国（地区）平均出口质量指数在不同年份波动较剧烈，2001年之前，所有样本国（地区）平均出口质量指数存在一个总体下降的趋势，到2001年到达底点，为0.7759。2001—2005年是一段上升时期，到2005年平均出口质量指数为0.8573，然后出现急剧下降，2008年底点为0.6910，接

---

① 2011年全球商品出口贸易额国家排序数据来自WTO的 *International Trade Statistics*。

② 按照2011年联合国《人类发展报告》，人均GNI超过33352美元（2005年不变美元的购买力平价）为超高收入国家，人均GNI在11579—33352美元的为高收入国家（地区），人均GNI在5276—11579美元的为中等收入国家，人均GNI在1585—5276美元的为低收入国家。

着快速上升，到 2011 年为 0.8896，但仍不及 1990 年的 0.8984。
③具体国家（地区）出口质量指数与平均出口质量指数变动趋势基本
类似，但也存在差异。从表 3 - 2 中我们可以看到，大多数国家（地
区）1995 年和 2005 年的出口质量指数要比 2000 年出口质量指数大，
说明 2000 年左右存在一个出口质量指数的波动。当然，也有一些国
家（地区）例外，例如日本、挪威、英国、捷克、巴西等。为了进一
步观察具体国家（地区）层面的出口质量指数的变动情况，我们画出
了 19 个国家的 1990—2011 年出口质量指数的变动图。① 通过图 3 - 5，
我们可以看到，发达经济体出口质量指数除了沙特阿拉伯、韩国和阿根
廷以外，整体在 1 以上徘徊；而新兴市场经济体出口质量指数除了中国
和印度尼西亚以外，整体在 0.8 左右波动。同时，除了墨西哥和英国
外，其他 17 个国家出口质量指数均存在 2008 年探底的变动趋势。

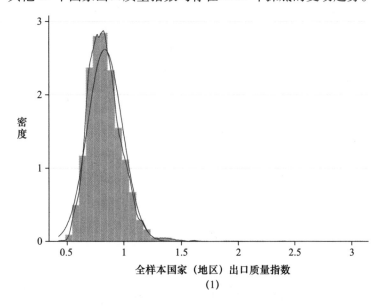

图 3 - 4　国家（地区）出口质量指数频数密度图和平均出口质量指数变动图

---

① 这 19 个国家可以分成两组：一组包括日本、德国、法国、英国、意大利、加拿大、
澳大利亚、阿根廷、沙特阿拉伯和韩国，它们主要是高收入的发达经济体；另一组包括中
国、印度、俄罗斯、巴西、南非、印度尼西亚、尼日利亚、土耳其和墨西哥，它们是新兴
市场国家。

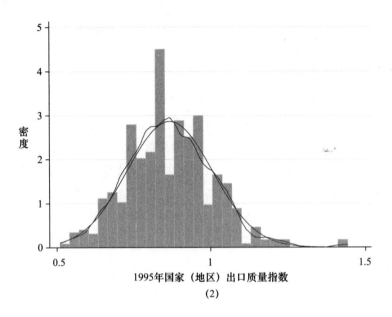

1995年国家（地区）出口质量指数

(2)

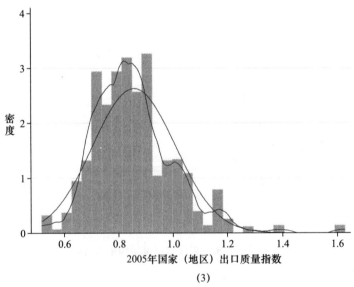

2005年国家（地区）出口质量指数

(3)

图3－4　国家（地区）出口质量指数频数密度图和平均出口质量指数变动图（续）

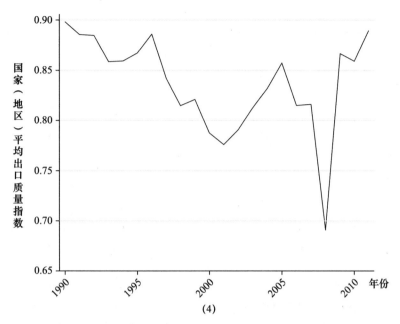

(4)

图3-4　国家(地区)出口质量指数频数密度图和平均出口质量指数变动图(续)①

资料来源：同表3-1。

表3-2　典型国家（地区）不同年份标准化出口质量指数②

国家（地区）	1995 年	2000 年	2005 年	2011 年	国家（地区）	1995 年	2000 年	2005 年	2011 年
瑞士*	1.6099	1.3208	1.5502	1.4778	阿尔及利亚***	1.0734	1.0194	0.9240	0.9464
奥地利*	1.2895	1.1840	1.2531	1.3616	捷克**	0.8223	0.8969	0.9203	0.9446
爱尔兰**	1.1909	1.1552	1.1665	1.3328	巴西***	0.9361	0.9364	0.8743	0.9413
芬兰**	1.1942	1.1754	1.3174	1.2730	俄罗斯**	0.8441	0.8438	0.8641	0.9405
日本**	1.3251	1.3408	1.3523	1.2639	科威特*	1.0221	0.9260	0.9396	0.9299
澳大利亚*	1.1599	1.1521	1.1579	1.2222	墨西哥**	0.8515	0.9880	1.0124	0.9277
瑞典*	1.2046	1.1963	1.2104	1.1857	沙特阿拉伯**	0.9661	0.9648	0.9340	0.9122
智利**	1.0850	1.0754	1.0236	1.1841	韩国**	0.9391	0.9271	0.8975	0.9076
挪威*	1.1549	1.1534	1.1165	1.1786	尼日利亚	1.0127	1.1037	0.9871	0.8971

———————

①　密度图形中有两条线，光滑的那条线是正态分布密度图，不光滑的那条线是核密度估计图。

②　按照2011年联合国《人类发展报告》对不同类型收入国家的划分标准，加"*"的是超高收入国家（地区），加"**"的是高收入国家（地区），加"***"的是中等收入国家（地区），没有的是低收入国家（地区）。

续表

国家（地区）	1995 年	2000 年	2005 年	2011 年	国家（地区）	1995 年	2000 年	2005 年	2011 年
法国**	1.1830	1.1394	1.1850	1.1695	波兰**	0.8252	0.8168	0.8649	0.8935
英国**	1.1684	1.1968	1.2051	1.1514	伊拉克	1.0126	0.8049	0.7897	0.8934
丹麦*	1.1665	1.1487	1.1743	1.1509	伊朗***	0.9443	0.9356	0.8360	0.8867
美国*	1.1168	1.2472	1.1168	1.1000	阿根廷**	0.9495	0.9509	0.8872	0.8772
德国*	1.2182	1.1261	1.1561	1.0855	土耳其**	0.9395	0.9281	0.9517	0.8658
荷兰*	1.0582	1.0359	1.0513	1.0842	中国香港*	0.8556	0.8757	0.9497	0.8636
加拿大*	1.1076	1.1950	1.1764	1.0615	委内瑞拉***	0.8471	0.8692	0.8102	0.8553
比利时*	1.1493	1.0208	1.1094	1.0601	中国台湾*	0.7803	0.8705	0.9237	0.8537
意大利**	1.0851	1.0803	1.1168	1.0443	哈萨克斯坦***	0.7492	0.9242	0.8395	0.8475
新加坡*	1.0004	1.0857	1.0035	1.0401	马来西亚**	0.8425	0.8762	0.8909	0.8348
卡塔尔*	0.9524	0.9303	0.8941	1.0267	印度尼西亚	0.8742	0.8292	0.7797	0.8209
西班牙**	1.0049	0.9429	1.0113	1.0166	越南	0.8338	0.9953	0.8640	0.8109
匈牙利**	0.9225	0.9490	0.9085	1.0012	泰国***	0.8478	0.8481	0.8636	0.8061
南非***	0.9331	0.9012	0.9969	0.9855	乌克兰***	0.7433	0.7279	0.7398	0.7963
斯洛伐克**	0.7386	0.8586	0.9711	0.9601	印度	0.8438	0.8462	0.7869	0.7641
阿联酋*	0.9704	0.9367	0.9534	0.9543	中国***	0.6543	0.7472	0.6912	0.6110

资料来源：同表 3-1。笔者根据产品出口质量数据，按照国家（地区）出口质量指数计算方法合并而来。

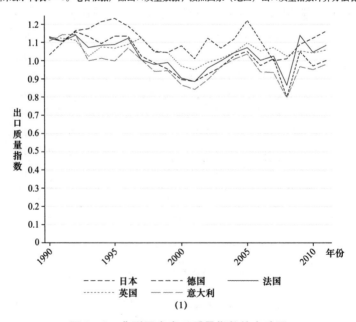

图 3-5　典型国家出口质量指数的变动图

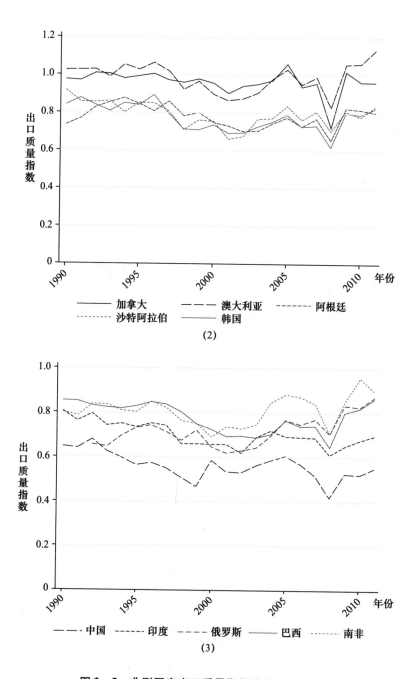

图 3-5 典型国家出口质量指数的变动图（续）

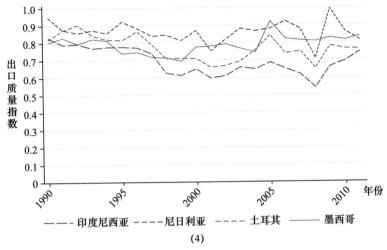

(4)

图 3 - 5　典型国家出口质量指数的变动图（续）

资料来源：同表 3 - 2。

三　出口质量演变与国家（地区）发展水平的关系

为了进一步考察出口质量演变与国家（地区）发展水平之间的关系，我们用 2005 年不变价美元衡量的各国（地区）真实人均 GDP 与其出口质量指数进行了散点分析（见图 3 - 6）。[①] 图 3 - 6 (1) 是全国家（地区）样本散点图，我们可以看到各国（地区）真实人均 GDP 和其出口质量指数之间整体上存在经验上的正向变化，但也存在一些异常情形。例如一些人均 GDP 很低的国家（地区）其出口质量指数却很高，接近于 2，而一些人均 GDP 很高的国家（地区）其出口质量指数却偏低。图 3 - 6 (2) 显示了人均 GDP 高于 10000 美元国家（地区）人均 GDP 与出口质量指数之间的散点图，两者的正向变化明显。图 3 - 6 中 (3) 和 (4) 分别显示了人均 GDP 在 5000 美元到 10000 美元的中等收入国家（地区）和低于 5000 美元的低收入国家（地区）人均 GDP 与其出口质量指数之间的关系，两者关系并不明显。这印证了高收入国家（地区）出口高质量产品，但中低收入国家（地区）由于发展水平较低，其出口质量与人均 GDP 之间的关系并不明确。

---

① 真实人均 GDP 数据来源于 Pen World Table（8.0）。

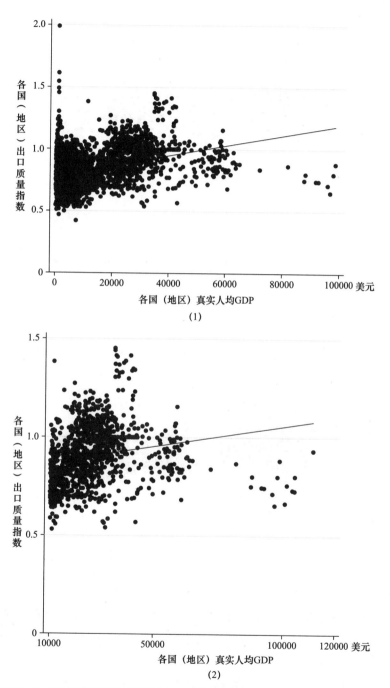

图3-6　不同国家(地区)样本下出口质量指数与各国人均 GDP 之间的散点图

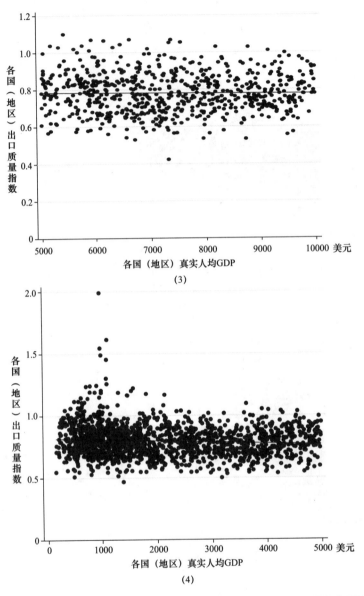

图3-6　不同国家(地区)样本下出口质量指数与各国人均 GDP 之间的散点图(续)①

资料来源：各国(地区)人均 GDP 数据来自 PWT(8.0)，出口质量指数数据来自本章的测算。

---

① 各国(地区)人均 GDP 数据来源于 PWT(8.0)数据库，选用的是以 2005 年不变价美元为单位的人均 GDP。在散点图中，控制了一些异常值和出口质量指数与人均 GDP 匹配中的一些缺失值。

　　我们选择不同年度各国（地区）出口质量指数与其人均 GDP 之间的关系进行了进一步的分析。从图 3 - 7 中，我们可以看到，在 1990 年、2000 年、2011 年三个时间点上，全国家（地区）样本出口质量指数与人均 GDP 之间存在正向变化。[①]

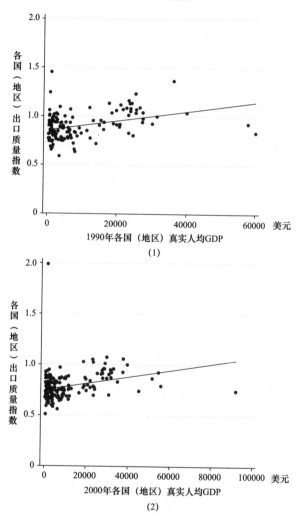

图 3 - 7　不同年度各国（地区）出口质量指数与各国人均 GDP 散点图

---

　　① 本书也对其他时间点进行了散点图分析，出口质量指数和人均 GDP 之间整体保持了正向变动的关系，所有时间点两者的关系趋势一致，为了节约空间，这里只给出三个年度的散点和拟合线分析图。

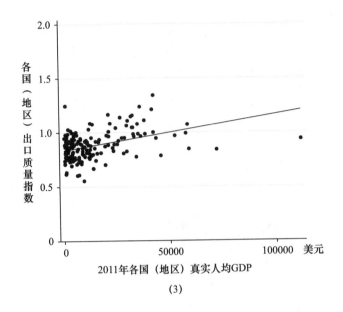

（3）

图3−7 不同年度各国（地区）出口质量指数与各国人均 GDP 散点图（续）

资料来源：同图3−6。

第四节 中国出口质量演变

通过以上分析，我们对样本国各层次出口质量指数有了整体的认识，本节主要考察中国各层次出口质量指数的演变。

一 中国产品出口质量演变

利用上文得到的数据，我们可以得到中国不同产品层面的出口质量指数。为了和上文各国（地区）产品出口质量指数进行对比，我们也挑选了与图3−1相类似的产品进行比较分析。通过观察图3−8，我们发现中国典型产品出口质量指数的演变存在以下特点：

1. 初级产品出口质量指数较高，变动平稳

我们可以看到，图3−8中前四幅图，中国在初级产品上整体出口质量指数位于1以上，而且有些产品出口质量指数达到很高的水平。例如代码为0411的硬质小麦，其2011年出口质量指数为

5.8501；代码为 2640 的其他丝织原料，2004 年出口质量指数为
10.5735；代码为 4111 的海洋动物类油脂，2000 年出口质量指数为
12.8562。这说明整体上存在中国在初级产品上出口质量指数相对较
高的现象。同时，从变动趋势而言，尽管初级产品中一些产品存在较
大波动，但我们发现整体上中国在初级产品上出口质量指数变动趋势
平稳，没有特别明显的上升趋势。

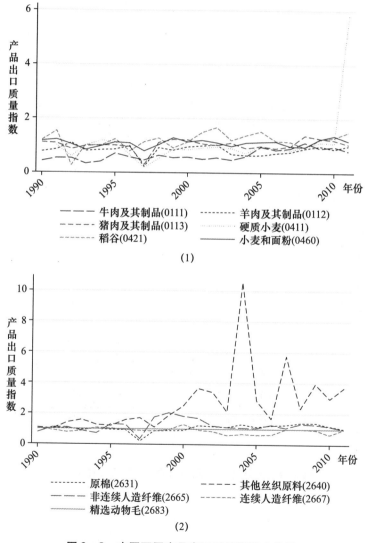

图 3－8　中国不同产品出口质量指数变化图

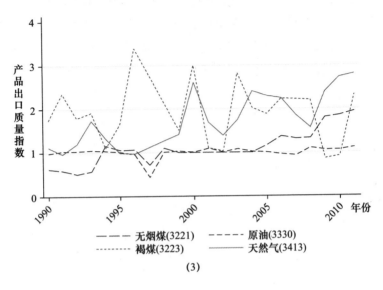

(3)

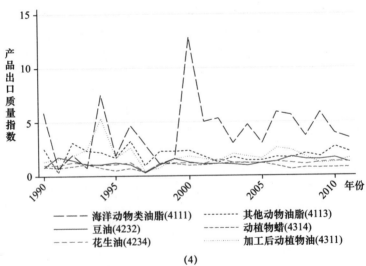

(4)

图 3-8 中国不同产品出口质量指数变化图 (续)

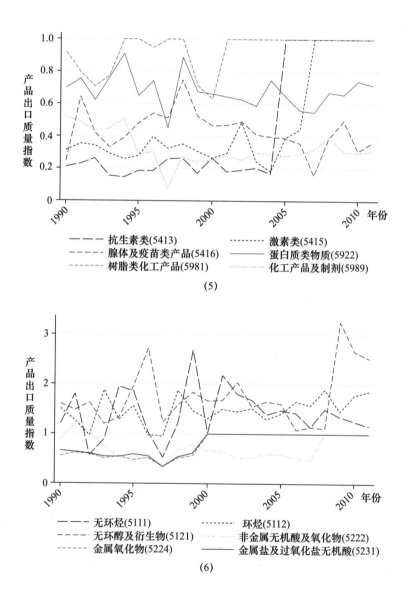

(5)

(6)

图 3 – 8 中国不同产品出口质量指数变化图（续）

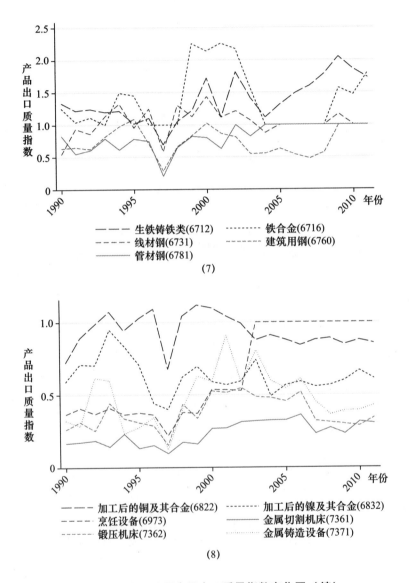

(7)

(8)

图3-8 中国不同产品出口质量指数变化图（续）

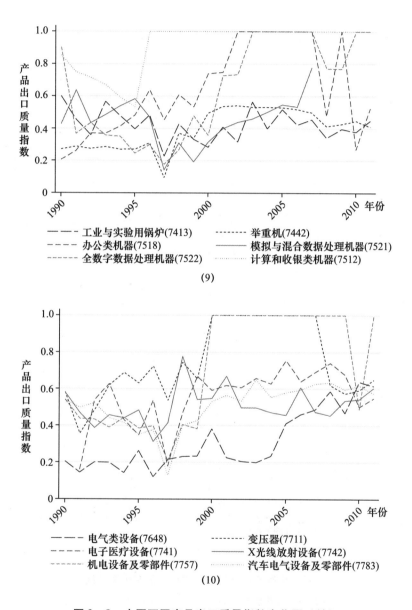

(9)

(10)

图 3-8　中国不同产品出口质量指数变化图（续）

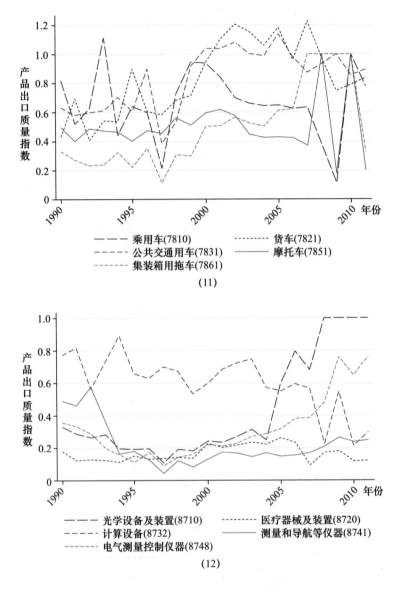

图 3 - 8　中国不同产品出口质量指数变化图（续）①

资料来源：同表 3 - 1。笔者在产品出口质量数据基础上计算所得。

① 产品四位代码对应于 SITC（Rev. 2）四分位产品代码。

2. 中间产品或资本品出口质量指数偏低，但存在缓慢上升趋势

如图 3-8（5）—（12）所示，各类中间品或资本品出口质量指数整体位于 1 以下，出口质量指数整体偏低，尤其是高技术复杂度产品。例如，代码为 7442 的举重机 1997 年出口质量指数只有 0.0948，代码为 7648 的电气类设备 1996 年出口质量指数为 0.1198。但在代码为 5111、5112、5121、5224 的化工产品和代码为 6712、6716、6731 等钢铁类产品上出口质量指数整体走强。这反映了中国在一些资源密集型产品上具有一定出口质量优势。同时，从变动趋势而言，我们发现，在 22 年的样本期中，中间品或资本品出口质量指数整体存在缓慢上升趋势。这种上升趋势在 2000 年后较为明显。例如，代码为 5415 的激素类产品与代码为 5413 的抗生素类产品，2000 年出口质量指数均为 0.2660，而 2011 年出口质量指数都达到 1；代码为 7648 的电气类设备 2000 年出口质量指数为 0.3819，而 2011 年出口质量指数上升到 0.6147。这说明进入 21 世纪以来，中国的中间品或资本品出口质量指数确实有所提升。

3. 中国产品出口质量指数为 1 的占一定比例

在图 3-8 中，如果某种产品出口质量指数为 1，表明计算该年度该产品出口质量时，中国是参照国，即中国在这一产品上的出口额与出口伙伴国数量乘积在所有样本国中最大。中国产品出口质量指数的总样本数为 16129 个观测值，其值为 1 的样本数为 2838 个观测值，中国作为参照国对比衡量各国产品出口质量指数的比率为 17%。这反映了中国参与国际贸易的程度和其在国际贸易中的地位。

二　中国行业出口质量演变

我们在图 3-3 中已经给出中国 SITC 一分位十个行业出口质量指数变动趋势。通过图 3-3，我们可以看到中国在十个行业上的不同变化趋势。①中国在食品与活畜行业和粗材料行业上出口质量指数较高，总体维持在 1 左右，且波动幅度很小。它们总体变动趋势平稳，反映出在样本期间中国在这两个行业上总体技术创新不大，技术与生产较为固化。②饮料与烟草行业与没有进行归类的产品行业出口质量整体趋势向下，且波动幅度特别大，尤其是后者。没有进行归类的产

品行业出口质量最高为 2000 年的 3.1427，最低为 2006 年的 0.3477。③化学品及相关产品，主要以材料分类的制成品，机械与运输设备，杂项制品和矿物燃料、润滑剂及相关材料行业 1997 年之后整体呈现明显上升趋势，但出口质量指数比较低。④中国整体行业出口质量指数偏低，尽管有些行业呈上升趋势，但其绝对值仍然较低。

为了更进一步考察中国行业出口质量的变动趋势，我们画出了按照 BEC 分类方法划分的六个行业出口质量指数的变动趋势（见图 3 - 9）。通过图 3 - 9，我们可以看出：①中国各行业出口质量指数整体偏低，资本货物及其零配件长期维持在较低水平，1990—2000 年其出口质量指数只有 0.3 左右。②在发展趋势上，只有燃料和润滑剂行业与资本货物及其零配件行业出口质量呈现上升趋势，其他四个行业出口质量都处于下降趋势。③2008 年金融危机对运输设备及零配件行业出口质量影响巨大。2007 年该行业出口质量指数为 0.6129，但到 2008 年其出口质量指数只有 0.2131。这说明金融危机爆发后，需求不足，价格暴跌，通过价格机制对从价格中分离出的出口质量指数产生了影响。

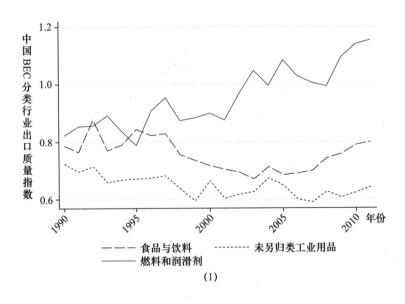

(1)

图 3 - 9　中国 BEC 一分位行业出口质量指数变化图

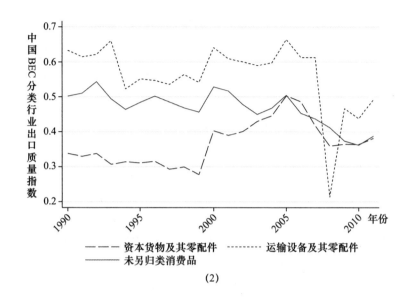

(2)

图3-9　中国 BEC 一分位行业出口质量指数变化图（续）①

资料来源：同图 3-8。

三　中国国家出口质量演变

通过对产品层面出口质量的汇总，可以得到中国出口质量指数。图 3-5 和表 3-2 显示了中国出口质量指数的变化趋势。我们可以看到，中国出口质量指数变动存在下列特点：①中国出口质量整体水平偏低。中国出口质量指数最高值为 1992 年的 0.6792，最低值为 2008 年的 0.4186。这与中国出口商品低价竞争策略有关。中国开拓国际市场的重要手段是价格竞争，使得在使用价格分解获得出口质量指数时，出口质量指数的结果容易受到价格的影响。②中国出口质量出现了两个波段性的增长，1999 年到 2005 年和 2008 年到 2011 年。与此相联系，在这两个时间段中都有一次金融危机，影响到世界贸易市场。这说明，世界市场需求萎缩，倒逼产品质量，中国企业开始提升

①　按照 BEC 一分位的分类标准，它包括七个行业，食品与饮料、未另归类工业用品、燃料和润滑剂、资本货物及其零配件、运输设备及其零配件、未另归类消费品、未另归类的货品。由于第七个行业指向不明确，因此没有进行出口质量指数计算。

技术水平，从而促进出口质量改善。因此，两次经济危机之后，中国都出现了出口质量的上升。③中国整体出口质量上升趋势不明显。在"中国制造"席卷全球的背景下，持续的低价只会伤害"中国制造"的声誉。如果不能及时提升中国出口质量，随着世界整体收入水平的上升以及中国制造成本的上升，中国将面临出口萎缩的局面。

第五节　本章小结

本章在 Feenstra 和 Romalis（2014）出口质量测算方法的基础上，构建了世界 196 个国家（地区）1990—2011 年国家、行业和产品三个层面出口质量指数。在研究过程中，我们发现：

（1）Feenstra 和 Romalis（2014）出口质量测算方法的优势。相较于其他基于价格分解的出口质量测算方法，除了考虑需求因素对出口质量的影响外，Feenstra 和 Romalis（2014）方法的特点在于从两个方面考虑了供给因素对出口质量的影响。一个是通过出口国 FOB 价格与距离的正相关，辨识供给方对出口质量的影响；另一个是通过边际出口国的零截断利润条件，辨识出口供给企业数量与商品出口质量之间的负相关关系。这使得各层次出口质量测算结果能够更好地反映产品质量的本质。

（2）产品层面出口质量的特点。①通过产品对外贸易中双边信息的加总可知，不同国家在同一种产品上具有不同的出口质量。这能够很好地反映国家间生产上的差异性，比较准确地反映产品的出口质量信息。同时，总体而言，初级产品出口质量指数偏低，中间品或资本品以及生活消费品出口质量指数偏高。②产品出口质量指数变动程度与出口该产品的国家数量有关。一种产品出口的国家数量越多，表示这种产品的生产越普遍，其出口质量越稳定，变动程度越小；反之，产品出口质量变动程度越大。

（3）行业层面出口质量的特点。①整体上，代表初级产品的行业出口质量指数偏低，而代表资本品或中间品的行业出口质量指数较高。这符合我们的经验判断。②不同行业出口质量的波动幅度和变动趋势不同。技术成熟类的初级产品行业出口质量的波动幅度较小，而资本密集型和技术密集型的资本品或生活消费品类行业出口质量指数变动幅度较大，反映出新技术的应用对其出口质量提升的促进作用。③行业出口质量显著受到金融危机的影响。行业平均出口质量在1997年前后均出现较大幅度的变动，说明金融危机会导致国际市场需求的萎缩，倒逼行业提升出口质量，提升市场竞争力。

（4）国家层面出口质量的特点。①中高收入国家（地区）出口质量普遍较高，而低收入国家出口质量较低。这符合我们的经验预期，反映了该方法在测量国家层面出口质量上的准确性。②整体出口质量上升趋势不明显，但存在国别差异。这反映了整体出口质量的提升并不是很大，与 Feenstra 和 Romalis（2014）的结论相吻合。但有些国家出口质量存在上升趋势，如日本、法国、韩国、澳大利亚、墨西哥、南非、巴西、尼日利亚等。③国家（地区）出口质量与收入水平之间存在正相关关系。通过全体样本分析，随着国家（地区）收入水平的提升，其生产的产品出口质量一般也比较高。这与当前的研究结论相一致。但两者之间的正相关关系存在国别差异，在高收入国家（地区）这种正相关关系很明显，而在中等收入国家和低收入国家这种关系并不明显。这说明一国（地区）发展水平的差异会对其出口质量产生重要影响。

（5）中国出口质量特点。①中国初级产品层面出口质量指数较高，但变动趋势平缓；中间品或资本品出口质量指数较低，但存在明显上升趋势。②由于中国参与国际贸易程度的加深，很多中国产品已成为双边国家产品出口质量测算时的基准产品。③中国行业出口质量体现了与产品层面出口质量相同的特点，初级行业出口质量指数较高，但变动趋势平稳，中间品或资本品行业出口质量指数较低，但上升趋势明显。④国家层面中国出口质量指数偏低，变动趋势不明显，但在1997年和2008年金融危机前后变动幅度较大。这反映了经济危机导致市场需求紧缩，形成对出口质量的倒逼机制，一定程度上促进了中国出口质量指数的提升。

第四章　出口质量演变的贸易增长效应

近十年来，随着国际贸易的研究重点由出口数量向出口质量转变，出口质量的提升对经济增长的影响成为学术界新的研究热点。在这些研究中，Flam 和 Helpman（1987）是研究产品质量对国际贸易影响的理论代表。Hausmann 等（2007）强调出口质量对经济表现的重要性。在实证上，产品质量的跨国和时间序列变化与企业的出口（Brooks，2006）、各国的技能溢价（Verhoogen，2008）、进口数量限制（Aw 和 Robert，1986）以及贸易模式（Schott，2004；Hallak，2006）等联系起来。质量增长对宏观经济增长的贡献也已经分别被 Grossman 和 Helpman（1991a）、Hummels 和 Klenow（2005）在理论和实证上进行了验证。过去二十多年来，中国 GDP 从 1990 年的 18774.3 亿元增长到 2013 年的 174810.44 亿元，增长了近 9 倍，一跃成为世界第二大经济体。与此同时，中国对外贸易总额也从 1990 年的 5560.1 亿元增长到了 2013 年的 258168.9 亿元，成为了世界上最大的货物贸易国。① 针对中国快速的对外贸易增长现象，吴福象和刘志彪（2009）提出了"中国贸易量增长之谜"，那么中国出口质量提升能否解答"中国贸易量增长之谜"？同时，国家在"十二五"规划中明确提出了"外贸发展从规模扩张向质量效益提高转变"的战略目标，并在"十三五"的规划中提出"推动外贸向优质优价、优进优出转变"，那么出口质量提升对贸易增长的促进作用能否在经验研究中得到验证？本章主要对上述问题进行探讨。

---

① 数据来自《中国统计年鉴》（2015），其中 GDP 数据采用了 1990 年不变价格，贸易数据采用当年价格。

第一节 产品出口质量影响贸易增长的机制

基于 Jaimovich 和 Merella（2012）模型，本节构建了出口质量影响出口贸易量的微观机制。假设在自由贸易的环境下，全世界由 J 个国家构成，每个国家 $j(j=1, 2, \cdots, J)$ 生产产品种类集合中的某些产品，该产品种类集合包括 N 种产品，每种产品 $i(i \in \{1, 2, \cdots, N\})$ 对应着一个唯一的质量 $q(q>1)$，并假设劳动是生产需要投入的唯一生产要素，令国家 j 生产商品 (i, q) 需要投入的劳动的数量为：

$$C_{iq}^{j} = \frac{\alpha^{j}(i) q^{\eta(i)}}{\kappa} \quad (\kappa>0) \tag{4.1}$$

其中，C_{iq}^{j} 为国家 j 生产产品 i 所需投入的劳动的数量，$\alpha^{j}(i)$ 是国家 j 生产产品 i 的生产技术因素，它是产品 i 的函数，并且随着国家的不同而改变；$\eta(i)$ 是产品 i 的成本的质量弹性，并假设 $\eta(i)>1$，即随着产品质量的提升，生产产品 i 的边际成本递增；κ 是世界综合生产力因素。接下来考察国家 j 中代表性消费者的效用函数。我们在 Jaimovich 和 Merella（2012）效用函数的基础上进一步引入不同国家对质量的偏好因素 γ，假设该代表性消费者的效用函数如下：

$$U = \sum_{i=1}^{N} q_{i}^{\gamma^{j}} \ln x_{i} \tag{4.2}$$

其中，x_{i} 为该消费者对商品 i 的消费数量，γ^{j} 是国家 j 的消费者对产品质量的偏好因素，且 $\gamma^{j} \geqslant 0$。假设每个消费者都只提供一单位劳动获得工资 w^{j}，为每个消费者唯一的收入来源。根据比较优势理论，在自由贸易情况下，世界市场上每种产品由生产成本最低的国家来生产，商品 (i, q) 的价格为 $p_{iq} = \min\{C_{iq}^{j} w^{j}\}$，即：

$$p_{iq} = \frac{\alpha(i) q^{\eta}(i)}{\kappa} (\kappa>0) \tag{4.3}$$

其中，$\alpha(i) = \min\{\alpha^{j}(i) \cdot w^{j}\}$（$j=1, 2, \cdots, J$）。则在全球市场上，消费者在某一产品 i 上的花费占其消费总额（即总收入 w）的份

额 $\beta_i = \dfrac{p_{iq} x_i}{w}$。

将式（4.3）代入上式得：$x_i = \dfrac{w\beta_i}{p_{iq}} = \dfrac{w\beta_i}{\kappa^{-1}\alpha(i) q_i^{\eta(i)}}$。

综上，由国家 j 中的单个消费者的效用最大化可得：

$$\max_{\beta_i, q_i^{r^j}} \left\{ \sum_{i=1}^{N} q_i^{r^j} \ln \dfrac{w\beta_i}{\kappa^{-1}\alpha(i) q_i^{\eta(i)}} \right\} \tag{4.4}$$

其中，约束条件为：$\sum_{i=1}^{N} \beta_i = 1, q_i \geqslant 1$。

构造关于 q_i，β_i 的拉格朗日函数：

$$L = \sum_{i=1}^{N} q_i^{r^j} \ln \dfrac{w\beta_i}{\kappa^{-1}\alpha(i) q_i^{\eta(i)}} - u\left(\sum_{i=1}^{N} \beta_i - 1 \right) - \lambda_i (q_i - 1) \tag{4.5}$$

其中，u，λ_i 为参数。

求解以上拉格朗日方程，对 β_i 求导得：

$$\dfrac{q_i^{r^j}}{\beta_i} - u = 0 \tag{4.6}$$

对 u 求导得：

$$\sum_{i=1}^{N} \beta_i - 1 = 0 \tag{4.7}$$

对式（4.6）两边求和得：

$$u = \sum_{i=1}^{N} q_i^{r^j}$$

结合式（4.6）与式（4.7），可以推出：

$$\beta_i = \dfrac{q_i^{r^j}}{\sum^{N} q_i^{r^j}} \tag{4.8}$$

在全球市场上，每种产品只由生产成本最低的国家生产，进口国对某出口国产品 i 的进口额（IM_i）即为进口国对 i 产品的消费量，因此，进口国对某出口国产品 i 的进口额（IM_i）与进口国消费总额 C 的比为：

$$\dfrac{IM_i}{C} = \dfrac{q_i^{r^j}}{\sum_{i=1}^{N} q_i^{r^j}} \tag{4.9}$$

令 $\sum_{i=1}^{N} q_i^{r^j} = Q$。设该进口国从某出口国共进口 M 种产品，从全球共进口 K 种产品 $(M < K < N)$。同样，可以得到进口国从该出口国其他产品的进口额与进口国消费总额 C 的比，并将这些式子两边求和得：

$$\frac{\sum_{i \in M} IM_i}{C} = \frac{\sum_{i \in M} q_i^{r^j}}{Q} \tag{4.10}$$

其中，$\sum_{i \in M} IM_i$ 即为进口国从该出口国的进口总额。$\sum_{i \in M} q_i^{r^j}$ 表示该出口国质量的加权值。同理，我们可以得到该进口国从其他每个国家的总进口占其消费的比重表达式，其与式（4.10）相似；将这些表达式相加并与式（4.10）相除，得到下式：

$$\frac{\sum_{i \in M} IM_i}{\sum IM_i} = \frac{\sum_{i \in M} q_i^{r^j}}{\sum_{i \in K} q_i^{r^j}} \tag{4.11}$$

其中，左式为该进口国从某出口国的进口额占其进口总额的比重，右式分子表示该出口国产品质量的加权值，分母为所有出口国产品质量的加权值。

对式（4.11）两边取对数，我们可以得到：

$$\ln \frac{\sum_{i \in M} IM_i}{\sum IM_i} = \ln \frac{\sum_{i \in M} q_i^{\gamma^j}}{\sum_{i \in K} q_i^{\gamma^j}} = \gamma^j \ln \frac{\sum_{i \in M} q_i}{\sum_{i \in K} q_i} \tag{4.12}$$

γ^j 是 j 国（进口国）的消费者对产品质量的偏好因素。借鉴 Hallak（2006）的假定：一国对产品质量的偏好取决于其人均收入水平。我们假设：

$$\gamma^j = k_1 \ln y^j \tag{4.13}$$

其中，y^j 为 j 国（进口国）的人均 GDP，$k_1 > 0$。

把式（4.13）代入式（4.12），我们可以得到：

$$\ln \frac{\sum_{i \in M} IM_i}{\sum IM_i} = k_1 \ln y^j \ln \frac{\sum_{i \in M} q_i}{\sum_{i \in K} q_i} \tag{4.14}$$

由此，我们得到如下的待验证的假设命题：

命题：出口国产品质量的相对水平和进口国人均收入水平的增长共同决定了进口国从该出口国的进口占其进口总量的比重变动。这意味着一国产品出口质量的提升对其出口到高收入进口国家的贸易促进作用更明显。

第二节　国家层面出口质量影响贸易增长的实证检验

一　模型设定与指标设定

1. 出口质量提升的贸易增长效应的初步验证

为了对出口质量提升影响贸易增长效应有一个初步认识，本节对137个国家1992—2011年的出口质量和人均GDP与出口贸易额之间的关系进行了简单的实证检验（见表4-1）。[1] 通过表4-1，我们发现：①不论样本包括哪些类型的国家，出口质量系数始终为正，说明样本国出口质量提升整体上对其出口贸易增长存在促进作用。②相比较而言，出口质量对出口贸易额的促进作用在中低收入国家不显著且较小，而在高收入国家这种促进作用显著且较大。这说明在不同发展阶段，出口质量演变的贸易增长效应存在差异。表4-1初步验证了出口质量演变的贸易增长效应的存在。为了进一步验证出口质量的贸易增长效应，我们在解释"中国贸易量增长之谜"的层面上探讨出口质量的影响。

---

① 本书按照世界银行2013年的标准，以人均国民收入（GNI）9000美元为分界线，把137个样本国分成了高收入国家和中低收入国家两类，137个具体样本国家名单见附录D。样本国出口质量数据来自第四章出口质量计算结果，样本国出口额与人均GDP数据来自世界银行WDI数据库。

表4-1　　　　　　　　　样本国出口质量与其对外贸易实证结果①

	(1) ln*exp*	(2) ln*exp*	(3) ln*exp*	(4) ln*exp*	(5) ln*exp*	(6) ln*exp*	(7) ln*exp*
Quality	0.0713 * (1.75)	0.0254 *** (2.63)	0.1315 ** (2.57)	0.0102 (0.17)	0.3068 (0.57)	0.0977 ** (2.51)	1.7583 *** (2.82)
ln*Y*		1.2279 *** (7.40)	1.2245 *** (7.36)	1.3373 *** (5.86)	1.3346 *** (5.94)	1.0738 *** (4.82)	0.8850 *** (3.83)
ln*Y* × *Quality*			0.0126 (0.50)		0.0414 (0.58)		0.1717 *** (2.72)
常数项	21.8493 *** (539.84)	11.1772 *** (7.78)	11.2089 *** (7.76)	20.3377 *** (294.23)	10.1630 *** (5.97)	12.7605 *** (6.01)	14.6112 *** (6.59)
时间效应	控制	控制		控制	控制	控制	控制
R^2	0.7660	0.8103	0.8104	0.7786	0.7795	0.8460	0.8541
F 或 Wald	67.50 [0.000]	83.07 [0.000]	80.53 [0.000]	42.72 [0.000]	42.22 [0.000]	59.03 [0.000]	93.89 [0.000]
Hausman 检验	144.77 [0.0000]	124.71 [0.0000]	128.14 [0.0000]	78.63 [0.0000]	79.45 [0.0000]	52.06 [0.0000]	58.55 [0.0000]
F 检验	1135.71 [0.0000]	900.10 [0.0000]	874.03 [0.0000]	639.36 [0.0000]	638.51 [0.0000]	1235.62 [0.0000]	1230.90 [0.0000]
估计方法	FE	FE	FE	FE	FE	FE	FE
样本数	2228	2228	2228	983	983	1245	1245
国家类型	全样本	全样本	全样本	中低收入 国家	中低收入 国家	高收入 国家	高收入 国家

注：系数值小括号里为 t 值或 z 值，中括号内为 p 值；***、**、*分别表示1%、5%和10%的统计显著水平，FE 表示固定效应，RE 表示随机效应。以下表格中相同的符号和字母如不作特别说明，含义相同，不再赘述。

2. 计量模型

借鉴 Jaimovich 和 Merella（2012）以及李小平等（2015b）的做法，根据式（4.14），设定如下计量模型分析中国出口质量对其出口量的影响：

———————

① 表中被解释变量 ln*exp* 表示国家出口额的对数，解释变量 ln*Y* 表示国家人均 GDP 的对数，*Quality* 表示国家出口质量。

$$Im_{kt} = \beta_0 + \beta_1 \ln Y_{kt} + \beta_2 Quality_t + \beta_3 \ln Y_{kt} \times Quality_t + \xi c_{kt} + \gamma_k + \tau_t + \mu_{jt}$$

$$(4.15)$$

其中，ln 指取对数；下标 k 表示国家（地区），t 表示年份；Im_{kt} 表示 t 时期 k 国从中国进口占其进口总额的比重；$\ln Y_{kt}$ 表示 k 国 t 时期的质量偏好，用人均 GDP 表示；$Quality_t$ 表示中国 t 时期标准化的出口质量；c_{kt} 表示控制变量；γ_k、τ_t、μ_{jt} 分别表示反映国家之间差异的国家效应、随时间变化的时间效应以及其他干扰项。在选取其他控制变量时，本节参考谷克鉴（2001）、盛斌和廖明中（2004）等的做法，选取了贸易距离、对中国的出口比重、多边阻力、贸易安排、进口国需求等变量作为控制变量。

（1）进口国收入水平。一般而言，随着一国收入水平的上升，其居民会产生更多样化的需求和对更高质量产品的偏好，在国际分工深入发展和国际合作高度融合的背景下，这会推动其进口的增长，尤其是较高质量产品进口的增长。因此，一国收入水平与其进口之间存在正相关关系。这里选择进口国人均 GDP 代表一国的收入水平。

（2）中国出口质量。从进口国的角度而言，中国出口质量表示进口国进口产品质量。从第三章的理论探讨中可以知道，随着一国出口产品质量的提升，其国际竞争力会得到增强，国际市场份额会相应扩大，会促进其贸易额的增加。同时，当进口国收入水平和质量偏好提升时，会强化这种国家出口质量提升促进其对外贸易增长的效应。因此，我们认为在实践中存在中国出口质量的提升会有效促进其对外贸易增长的现象，并且这种影响会因进口国消费者质量偏好的不同而发生一定变化。这里用第四章计算得出的国家层面的中国出口质量指数来表征中国出口质量变量。

（3）交互项。交互项是为了进一步捕捉进口国质量偏好对出口质量外贸增长效应的影响。按照理论分析，随着进口国收入水平的提升，其消费者将对进口产品质量提出更高要求，这会增强出口到该国的产品出口质量提升对贸易的促进作用。因而，进口国消费者的质量偏好会对一国出口质量的外贸增长效应起到强化作用。

（4）一国对中国的出口占其出口总额的比重。一个国家从中国进口的数量变化和其对中国出口的数量变化之间可能紧密相关，出口供给能力越大的国家往往具有越大的潜在进口能力，因此，如果一个国家向中国出口产品的比重增加，意味着这个国家与中国贸易关系的加强，那么该国从中国进口的潜在比重也会比较大。这里用一国对中国的出口额占其出口总额的比重（*Exp*）表示对中国出口数量的相对变化。

（5）一国的城镇化率。一国的城镇化水平可能会对该国从中国进口产生影响。城镇化是农村人口转化为城镇人口的过程，一般来说，这部分新增加的城市人口往往收入较低，而中国出口的消费品普遍具有物美价廉的特点，所以这部分新增加的城市人口很可能会更多地购买中国出口的商品；伴随着城镇化率的提高和城镇规模的扩大，必然要求提高综合配套设施，而中国是世界上最主要的通信设备等电子设备、通用设备和专用设备等出口国。① 因此，伴随着一国城镇化率的上升，该国在这些相关产业上从中国进口的数量很可能会相对增加。当然，如果一个国家的城镇化率已经很高，它对中国出口相关配套设备的影响将不明确。

（6）文化认同度。郭少棠（2005）认为，借助旅游地场景，旅游者会证明自己具有某种文化身份，形成认同感。通过旅游可以增进贸易双方的文化了解与认同，从而拉近双方的文化距离。贸易双方文化距离的远近是影响贸易额的重要因素（田晖和蒋辰春，2012）。通过到中国旅游，可以增加一个国家的消费者对中国的文化和品牌的认同，同时旅游人数的增加也能代表两国之间国际关系的改善，因而有利于中国产品向该国出口。这里用一国到中国旅游人口占其总人口的比重（*Travpop*）来表示该变量。

（7）距离变量。传统及扩展引力贸易模型中，双边国家的距离是影响国家间贸易量的重要因素（Tinbergen，1962）。通常距离的远近代表运输成本的高低，以及阻碍贸易发展的程度。双边国家距离越

---

① 2011 年，中国通用设备制造业和通信电子设备制造业的出口总额排名世界第一，专用设备制造业出口总额排名世界第三（参考《中国出口产业国际竞争力研究报告（2012）》，人民日报出版社）。

远，贸易中运输成本越高，则发生贸易的可能性越低；反之，则发生贸易的可能性越高。这里用中国北京与贸易国首都之间地理距离的对数（ln*dis*）以及是否接壤（*AJ*）来表示距离变量的影响。

（8）贸易协定与安排。当两国均属于某个贸易集团或存在贸易协定时，由于优惠贸易安排产生的贸易创造效应，相应双边贸易流量将会上升。这里用 *ASEAN*（东南亚国家联盟）和 *APEC*（亚太经济合作组织）变量来表示贸易协定对贸易流量的影响。

（9）多边阻力因素（*MRES*）。多边阻力因素体现一个国家与其所有贸易伙伴国之间的贸易成本，在与某国家贸易成本不变的情况下，多边阻力越大则越会推动与此国的双边贸易。按照 Kancs（2007）、Head 和 Mayer（2004）、钱学锋和熊平（2010）的做法，将多边阻力表述为双边贸易自由度的加权平均数，其权重是贸易对象的经济总量占总体的比重。多边阻力用公式表示为 $\theta_i^{-\gamma} = \sum_{j=1}^{N}(Y_j/Y)\phi_{ij}$，其中，$Y = \sum_{j=1}^{N} Y_j$，代表所有国家的 GDP，$Y_j$ 为 j 国的 GDP；贸易自由度 $\phi_{ij} = \sqrt{\dfrac{E_{ij}E_{ji}}{E_{jj}E_{ii}}}$，$E_{ij}$、$E_{ji}$ 分别表示 i 国与 j 国的双边贸易量，E_{ii}、E_{jj} 表示 i 国与 j 国的国内销售量，可利用各自国内总产出减去各自总出口获得。我们借鉴钱学锋和熊平（2010）的做法，采用相对多边阻力（*MRES*）来表示多边阻力因素，相对多边阻力由各国多边阻力值与中国多边阻力值相比计算得到。

3. 变量与数据说明

各变量数据主要来自历年《中国统计年鉴》、UN Comtrade 数据库、世界银行 WDI 数据库。其中，各国人均 GDP 为以 2005 年不变价美元计算的人均 GDP，这里用人均 GDP 来衡量一国消费者对进口产品质量的偏好。一般认为，人均收入越高的国家，其消费者对进口高质量产品的偏好越大。我们选择的是与中国存在双边贸易的 137 个国家 1992—2011 年的贸易数据为样本，零贸易现象较少。①

----

① 零贸易现象已经成为当前国际贸易研究需要重视的一个问题，但我们关注的重点在于出口质量的变化对对外贸易额的影响，而不是是否发生对外贸易。因此，零贸易的存在影响不大。

表 4 – 2   主要变量的描述性统计情况

变量	样本数	单位	均值	标准差	变量含义	预期符号
Im	2269	%	4.9894	0.0464	一国从中国进口额占其进口总额比重	
lnY	2269	—	8.902	1.2180	一国人均 GDP 对数	+
Quality	2269	—	0.5636	0.0522	中国标准化出口质量	+
lnY × Quality	2269	—	5.0164	0.8305	进口国人均 GDP 对数与中国标准化出口质量的交互项	+
Exp	2269	%	2.7182	6.0597	一国向中国出口额占其总出口额的比重	+
lndis	2269	—	8.523	0.5238	一国首都与中国北京绝对距离的对数	–
ASEAN	2269	—	0.0560	0.2299	是否为东南亚国家联盟成员	+
MRES	2183	—	0.3760	1.0018	相对多边阻力	
AJ	2269	—	0.0463	0.2101	是否与中国接壤	
APEC	2269	—	0.1371	0.3440	是否为 APEC 成员国	
CZ	2269	%	58.339	22.909	进口国城镇化率	– / +
Travpop	2269	%	0.5057	1.9259	一国到中国旅游人口占其总人口的比重	+

二 实证结果分析

在回归检验前，首先考察变量之间共线性是否严重。这里采用的是面板数据，而且数据量较大，而面板数据的优势就在于控制个体的异质性，减少共线性问题。出于谨慎考虑，我们仍然考察了各自变量的方差膨胀因子（VIF），发现其值均小于 3（见表 4 – 3）。因此，变量间应该不存在严重共线性问题。[①] 为控制模型的异方差，我们对主要变量采用了百分比与取对数的形式，来压缩方差。同时，在模型估计时，全部采用聚类稳健标准差得到 z 值或 t 值，消除异方差的干扰，从而保证结论的可靠性。

表 4 – 3   各自变量膨胀因子 VIF 值

变量	lnY	Quality	MRES	Exp	lndis	AJ	ASEAN	Travpop	CZ	APEC	均值
VIF 值	2.65	1.07	1.23	1.76	1.46	1.23	1.65	1.81	2.70	1.69	1.72

---

① 根据经验法则，如果最大的方差膨胀因子 VIF = max（VIF_1，VIF_2，…，VIF_n）≤ 10，则表明不存在严重多重共线性问题。

1. 全样本检验

表4-4报告了全样本回归分析结果。由表4-4可知，不论是否考虑控制变量以及动态变化，Quality 的回归系数显著为正，表明一个国家从中国进口额占其进口总额的比重显著地受到中国出口质量的影响，与预期相吻合。

表4-4中模型（1）初步考察了中国出口质量与其出口贸易之间的关系，从实证结果来看，两者显著正相关。模型（2）是基准模型，主要考虑了进口国收入水平、中国出口质量及两者的交互项对其从中国进口额占其总进口额比重的影响。为了进一步检验中国出口质量是否稳健地影响了一国从中国的进口额占其进口额比重，在回归模型（3）—模型（6）中，进一步引入了控制变量。估计结果显示，不论是否考虑其他随时间变化的变量或者不随时间变化的变量，进口国收入水平、中国出口质量及两者的交互项均有显著为正的回归系数，初步证实中国出口质量的提升能够促进对外贸易的结论是稳健的。

此外，无论采用什么样的模型分析方法，一国对中国的出口贸易占其全部出口贸易额的比重变量、到中国旅游人口比重变量、城镇化率变量、距离变量、APEC 变量以及 ASEAN 变量对因变量的影响基本与预期相符。这表明一国向中国出口比重越大，与中国的贸易联系越紧密，从中国的进口也会越多；通过到中国旅游可以促进外国消费者对中国的产品和国家文化的认同，改善国家关系，从而增加从中国的进口额；随着一国城镇化率的提高，新增的城镇人口对消费品的需求、城镇规模扩大对综合配套设施的需求随之增加，而中国产品在这些领域都具有强大的市场竞争力，因此出口数量也随之增加。ASEAN 和 APEC 代表贸易安排因素，它们对双边贸易流量有强烈的促进效应，这表明双边之间的贸易协定或贸易安排对相互之间的贸易具有显著促进作用。同时，按照传统贸易引力模型，贸易的发展与两国之间距离呈反比例关系，在模型（4）、模型（6）、模型（7）和模型（8）中距离变量 lndis 和 AJ 与理论预期符号相符，但不显著。之所以如此，可能有以下两方面的原因：一个是随着现代交通技术的逐渐发达，距离对国际贸易的阻碍作用越来越不明显；另一个是因变量相对指标的设定形式对距离变量影响存在一定扭曲。

按照预期，多边阻力变量应该与出口贸易之间存在正相关，表示其他条件不变，一国与其他国家在多边阻力增大的情形下，反而可能促进本国与其的贸易关系，但实际回归系数为负，与理论预期不符。这个实证结果与钱学锋和熊平（2010）的研究结论相同，但是与Anderson 和 Wincoop（2003）等 的 结 论 相 反。Anderson 和 Wincoop（2003）认为多边阻力与双边出口正相关。钱学锋与熊平（2010）发现，多边阻力在出口贸易增长的二元边际下对扩展边际的影响为正，但对集约边际的影响为负，而且中国的出口增长主要沿着集约边际实现，扩展边际所占比重较小。因此，当考虑中国出口贸易较大的集约边际影响时，多边阻力对因变量的影响可能为负。

国际贸易的动态变化特征意味着采用静态面板数据回归方法得到的结果可能有偏。因此，我们在静态面板分析的基础上再选择动态GMM 模型进行回归估计。动态差分模型的好处在于：第一，在模型回归方程中，可能遗漏的变量主要是 j 国与中国是否接壤，是否与中国有相同的语言、文化等一些不随时间变化而变化的变量，取差分后能够消除这些不随时间变化的变量和个体的非观测效应，从而能够较好地解决遗漏变量问题；第二，差分能够消除反向因果关系。表 4 - 4 的模型（7）和模型（8）报告了 SYS GMM 方法的估计结果，其中，AR（2）检验表明，所有的回归模型均不能拒绝模型没有二阶序列相关的原假设；Sargan 检验表明，所有的回归模型均不能拒绝所有工具变量都有效的原假设，因此这里的 SYS GMM 估计结果有效。从模型（7）和模型（8）的估计结果来看，不论是否考虑控制变量，在所有的估计模型中，进口国收入水平、中国出口质量及两者的交互项均有显著为正的回归系数，表明中国出口质量的相对水平和各国对产品质量的偏好共同影响各国从中国进口的相对水平，这和理论模型的结论一致。Im 的一阶滞后项在所有的估计模型中均具有显著为正的回归系数，可见前期的 Im 和当期的 Im 正相关，即一国从中国的进口存在着持续性和动态变化的特征。

表4-4 全样本回归分析结果

解释变量	(1) Im	(2) Im	(3) Im	(4) Im	(5) Im	(6) Im	(7) Im	(8) Im
Quality	0.2457*** (20.00)	0.8981*** (9.54)	0.8461*** (8.65)	0.8604*** (8.91)	0.2934*** (2.95)	0.8976*** (9.62)	0.1994** (2.40)	0.1982** (2.37)
lnY		0.0178** (2.46)	0.0196*** (2.74)	0.0216*** (3.11)	0.0655*** (5.38)	0.0267*** (3.63)	0.0115 (0.96)	0.0084 (0.68)
lnY×Quality		0.0318*** (3.38)	0.0364*** (3.95)	0.0373*** (4.05)	0.0284*** (2.65)	0.0413*** (4.66)	0.0206 (1.18)	0.0206 (1.12)
lndis				-0.0070 (-0.93)		-0.0033 (-0.46)	-0.0150 (-0.70)	-0.0119 (-0.62)
AJ				0.0107 (0.70)		0.0060 (0.43)	0.0413 (0.65)	0.0441 (0.68)
APEC				0.0356*** (2.80)		0.0328*** (2.61)	0.0267 (1.35)	0.0219 (1.06)
ASEAN				0.0101 (0.40)		0.0083 (0.31)	0.0272 (0.46)	0.0262 (0.48)
Exp			0.0017*** (3.48)	0.0016*** (3.36)	0.0022** (3.32)	0.0012** (2.45)	0.0020** (2.36)	0.0018** (2.00)
MRES			-0.0027*** (-2.56)	-0.0029*** (-2.63)	-0.0038** (-2.51)	-0.0024** (-2.20)	-0.0055 (-0.75)	-0.0053 (-0.81)
CZ					0.0044*** (5.86)	0.0001 (0.61)		-0.0002 (-0.43)
Transpop					0.0036* (1.95)	0.0044*** (3.00)		0.0015 (0.47)
L.Im							0.8324*** (12.21)	0.8340*** (13.83)

续表

解释变量	(1) Im	(2) Im	(3) Im	(4) Im	(5) Im	(6) Im	(7) Im	(8) Im
常数项	0.1884 (27.21)	0.5958*** (8.23)	0.5506*** (7.26)	0.6282*** (6.55)	-0.7722*** (-6.82)	0.6348*** (6.71)	0.2521 (1.13)	0.2103 (0.98)
时间效应	控制	控制	控制	控制	控制	控制	控制	控制
R^2	0.1489	0.6908	0.7080	0.7077	0.6120	0.7129	—	—
F 或 Wald	400.18 [0.0000]	699.73 [0.0000]	800.78 [0.0000]	977.25 [0.0000]	63.30 [0.0000]	1113.24 [0.0000]	4383.01 [0.0000]	7448.42 [0.0000]
Hausman 检验	33.59 [0.0141]	18.41 [0.5604]	3.18 [1.000]	16.56 [0.7874]	47.42 [0.0030]	—	—	—
Sargan							133.86 [0.9959]	132.04 [0.9971]
AR (1) 检验							-4.8378 [0.0000]	-4.8618 [0.0000]
AR (2) 检验							-1.1077 [0.2680]	-1.1098 [0.2671]
估计方法①	FE	RE	FE	RE	FE	RE	SYS GMM	SYS GMM
样本数	2269	2269	2183	2183	2183	2183	2029	2029

注：SYS GMM 表示系统 GMM 估计方法。在模型 (6) 和模型 (7) 的动态面板估计中，内生变量为 Quality，lnY 与 lnY × Quality，模型采用的工具变量是被解释变量的 2—6 阶滞后项，Quality，lnY 与 lnY × Quality 的 2—3 阶滞后项。

---

① Hausman 检验中无法采用聚类稳健标准差，导致其在检验异方差时，无法判断固定效应和随机效应孰优孰劣（陈强，2010）。因此，这里同时给出了采用聚类稳健标准差的固定效应和随机效应的回归结果。为了有一定的比较，还给出了 Hausman 检验后的结果。下文采用相同的处理方法。

2. 分国家类型检验

为了进一步检验不同人均收入水平国家是否在中国出口质量提升促进其对外贸易增长作用上具有差异性影响，我们对回归模型进行了分类检验，[①] 在表 4 - 5 中分别对这两类国家进行了回归分析。

通过比较不同收入类型国家的回归结果，可得到下列结论：第一，不论静态回归模型还是动态回归模型，中低收入国家样本中出口质量系数都比高收入国家样本大。这主要是由于中国出口质量相对水平整体上仍然偏低，产品质量比较适合满足那些与中国人均收入水平相似的中低收入国家的需求，所以中国出口质量的提升对出口到中低收入国家贸易的促进作用更大。第二，高收入进口国收入水平的提升对中国外贸的促进作用比中低收入进口国大。这反映了高收入国家强大的市场潜力。中低收入国家的交互项对中国外贸的影响要比高收入国家样本的交互项大。结合中国出口质量系数和进口国收入水平系数的表现，可以在交互项系数上观察到由于中国出口质量水平较低对其贸易造成的扭曲。尽管高收入国家具有较大的市场潜力，但由于中国出口质量水平整体偏低，当前中国出口质量的提升对贸易的促进作用只能主要体现在对中低收入国家市场的撬动上。

在控制变量中，多边阻力变量的回归系数为负，这与钱学锋和熊平（2010）的研究结论相同，说明中国的出口增长主要沿着集约边际实现，扩展边际所占的比重很小。因此，考虑到中国出口贸易主要受到集约边际的影响，多边阻力对因变量的影响可能为负。APEC 变量系数有变化，在总体样本中其系数为正，但在中低收入国家样本中其系数为负，而在高收入国家样本中其系数为正。产生这种现象的原因在于 APEC 成员国由不同收入类型样本国组成，当控制了国家的收入类型后，所含样本国家数量减少，在贸易惯性下可能导致其结果的不稳定。ASEAN 变量系数变化原因与 APEC 变量类似。其他变量系数的

①　具体国家分类结果见附录 D。

解释可以参考对全样本的分析。

表 4 - 5 不同收入类型国家样本的回归结果

解释变量	(1) Im	(2) Im	(3) Im	(4) Im	(5) Im	(6) Im	(7) Im
Quality	1.0269***	1.0253***	0.0471***	0.1112*	0.5235***	0.2013*	0.1895*
	(4.70)	(4.68)	(4.22)	(1.76)	(2.73)	(1.64)	(1.67)
lnY	0.0283	0.0369**	0.1263***	0.0735***	0.0186	0.0016	0.0085
	(1.49)	(2.08)	(1.23)	(4.66)	(0.02)	(0.02)	(0.23)
lnY × Quality	0.0418*	0.0471*	0.0128	0.0091	0.0458**	0.0215	0.0201
	(1.69)	(1.88)	(0.59)	(0.46)	(2.33)	(0.14)	(0.32)
lndis		0.0042			0.0158**	-0.0079	0.0043
		(0.28)			(2.12)	(-0.34)	(0.25)
AJ		0.0192			0.0191	-0.0430	0.0168
		(0.84)			(1.57)	(-0.88)	(0.47)
APEC		-0.0729***			0.0342***	-0.0221	0.0036
		(-4.65)			(3.25)	(-0.11)	(0.19)
ASEAN		0.1170***			-0.0466	0.0242	0.0174
		(6.17)			(-0.84)	(0.09)	(0.13)
Exp		0.0004		0.0026**	0.0037***	0.0026	0.0005
		(0.90)		(2.21)	(2.62)	(0.87)	(0.63)
MRES		-0.0059		-0.0042***	-0.0076***	-0.0241	-0.0037
		(-0.81)		(-2.72)	(-4.23)	(-0.86)	(-0.61)
CZ		0.0002		0.0033***	-0.0001	-0.0007	-0.0001
		(0.69)		(3.44)	(-0.08)	(-0.46)	(-0.15)
Travpop		0.0065***		0.0047	0.0062	0.0009	0.0006
		(6.09)		(1.16)	(1.41)	(0.15)	(0.06)
L.Im						0.7532***	0.9243***
						(11.09)	(4.72)
常数项	0.7185***	0.7083***	-1.1453	-0.9019***	-0.2390*	0.1434	0.0524
	(4.31)	(3.29)	(-6.78)	(-5.64)	(-1.76)	(0.19)	(0.13)
时间效应	控制	控制	控制	控制	控制	控制	控制

续表

解释变量	(1) Im	(2) Im	(3) Im	(4) Im	(5) Im	(6) Im	(7) Im
R²	0.6683	0.6810	0.5180	0.7069	0.6534	—	—
F 或 Wald	540.24 [0.0000]	2240.82 [0.0000]	58.71 [0.0000]	35.98 [0.0000]	327.87 [0.0000]	1879.74 [0.0000]	1954.34 [0.0000]
Hausman 检验	3.06 [1.0000]	2.29 [1.0000]	19.29 [0.0561]	58.10 [0.0001]	—		—
Sargan						53.90 [0.9989]	68.51 [1.0000]
AR (1) 检验						−3.8277 [0.0001]	−2.8639 [0.0042]
AR (2) 检验						−1.0703 [0.2845]	−0.63698 [0.5241]
估计方法	RE	RE	FE	FE	RE	SYS GMM	SYS GMM
样本数	995	933	1274	1250	1250	859	1170
国家类型	中低收入国家		高收入国家		中低收入国家		高收入国家

注: 模型 (6) 和模型 (7) 的动态面板估计中, 内生变量为 $Quality$、$\ln Y$ 与 $\ln Y \times Quality$, 模型采用的工具变量是被解释变量的 2—6 阶滞后项, $Quality$、$\ln Y$ 与 $\ln Y \times Quality$ 的 2—3 阶滞后项。

　　进一步地, 把国家类型按照与中国贸易量的大小进行分类, 把从中国进口占其进口总额的比重超过 5% 的国家称为贸易关系紧密国家, 把从中国进口占其进口总额的比重低于 5% 的国家称为贸易关系疏松国家。① 这样可以考察贸易惯性中出口质量提升的贸易增长效应。表 4-6 对这两类国家进行了实证检验。通过表 4-6 中模型 (1) —模型 (5) 可以发现: ①在与中国贸易联系疏松的国家中, 中国出口质量提升存在反向的贸易效应, 即随着中国出口质量的提升, 这些样本

――――――――

① 样本国从中国进口占其进口总额的比重由其样本期间的该比重的平均值表示。

国从中国的进口有减少趋势。产生这种现象的原因在于，由于与中国
贸易联系程度不高，这些国家的消费者对中国出口质量变动的弹性反
应较小，导致随着中国出口质量的上升，这些国家的进口可能不会增
加，甚至可能出现下降。②在与中国贸易联系程度紧密的国家中，中
国出口质量提升对外贸促进的正向效应得到验证。这与前面的实证结
果相印证，说明在与中国存在紧密贸易联系的样本国中，中国出口质
量的提升有利于进一步开拓市场，扩大市场份额。为了检验贸易联系
程度的不同设置是否会影响实证结果，在模型（6）和模型（7）中
以样本国从中国进口占其进口总额的比重是否达到4%为条件进行了
重新分类。通过模型（6）和模型（7）的结果可以看出，从中国进
口占其进口总额比重设置值的变化没有影响前面的分析结果。

表 4 - 6　　　　　　　不同贸易联系程度国家样本的回归结果

解释变量	(1) Im	(2) Im	(3) Im	(4) Im	(5) Im	(6) Im	(7) Im
Quality	-0.3273 ***	-0.3091 ***	0.0693	0.0104	1.0042 ***	-0.2745 **	0.9075 ***
	(-3.20)	(-3.67)	(0.26)	(0.04)	(6.24)	(-2.07)	(7.89)
lnY	0.0692	0.0432 **	0.2132 ***	0.1446 ***	-0.0089	0.0360 ***	-0.0099
	(6.28)	(4.35)	(9.57)	(6.10)	(-0.66)	(3.32)	(-0.97)
lnY × Quality	0.0272 **	0.0304 *	-0.0195	-0.0063	0.0171	0.0271 *	0.0201 *
	(2.52)	(3.38)	(-0.68)	(-0.25)	(1.21)	(1.96)	(1.87)
lndis					-0.0137		-0.0096
					(-1.51)		(-1.09)
AJ					0.0006		0.0075
					(0.04)		(0.60)
APEC					0.0135 ***		0.0165
					(0.98)		(1.37)
ASEAN					-0.0030		0.0010
					(-0.13)		(0.04)
Exp		0.0011 **		0.0019 **	0.0004	0.0011 **	0.0010 **
		(2.13)		(2.25)	(0.83)	(2.05)	(2.02)

续表

解释变量	(1) *Im*	(2) *Im*	(3) *Im*	(4) *Im*	(5) *Im*	(6) *Im*	(7) *Im*
MRES		-0.0033		-0.0023	0.0003	-0.0059*	-0.0001
		(-1.63)		(-1.29)	(0.26)	(-1.91)	(-0.07)
CZ		0.0035***		0.0053***	-0.0001	0.0025***	-0.0001
		(4.73)		(3.52)	(-0.30)	(2.68)	(-0.11)
Travpop		0.0123**		-0.0007	0.0031*	0.0121**	0.0032**
		(2.34)		(-0.32)	(1.90)	(2.06)	(2.04)
常数项	-0.5467***	-0.5525***	-1.7095	-1.4454***	0.8135***	-0.4481***	0.6920***
	(-5.29)	(-5.83)	(-8.38)	(-6.56)	(5.14)	(-4.01)	(5.40)
时间效应	控制	控制	控制	控制	控制	控制	控制
R^2	0.4862	0.6214	0.5760	0.6684	0.7929	0.5883	0.7828
F 或 Wald	73.47 [0.0000]	40.13 [0.0000]	89.05 [0.0000]	56.29 [0.0000]	4177.78 [0.0000]	26.32 [0.0000]	2372.50 [0.0000]
Hausman 检验	59.82 [0.0000]	35.75 [0.0580]	34.65 [0.0069]	34.64 [0.0309]	—	36.33 [0.0500]	33.88 [0.0869]
估计方法	FE	FE	FE	FE	RE	FE	RE
样本数	1472	1414	797	769	769	987	1196
国家类型	贸易关系疏松国家		贸易关系紧密国家			贸易关系疏松国家	贸易关系紧密国家

3. 稳健性检验

为进一步检验回归结果的可靠性，我们使用 Xu（2010）考虑产品异质性的出口复杂度作为出口质量的衡量指标，进行稳健性分析（见表4-7）。① 通过对比前文分析结果可以发现，出口质量与因变量显著正相关。同时，相对于高收入国家而言，中国出口质量在中低收入国家样本中的回归系数更大，这与分国家类型检验中的结论一致。

_____

① 出口复杂度的具体计算方法见附录 E。

表4-7　稳健性分析结果

解释变量	(1) Im	(2) Im	(3) Im	(4) Im	(5) Im	(6) Im	(7) Im	(8) Im	(9) Im
Quality	0.2680*** (19.96)	0.5565*** (5.00)	0.3379*** (2.62)	0.3217*** (15.25)	0.6070** (2.32)	0.5355* (1.90)	0.2583*** (13.13)	0.6788*** (2.65)	0.5512*** (2.67)
lnY		0.1231*** (2.56)	0.2108*** (3.70)		0.1426 (1.09)	0.2231 (1.55)		0.1894* (1.73)	0.2284*** (2.61)
lnY × Quality		0.0297** (2.48)	0.0324** (2.34)		0.0355 (1.10)	0.0444 (1.27)		0.0441* (1.68)	0.0466** (2.19)
lndis						0.0137 (0.67)			0.0122* (1.84)
AJ						0.0251 (0.85)			0.0129 (1.09)
APEC						-0.1285*** (-6.97)			0.0356*** (3.76)
ASEAN						0.1629*** (6.31)			-0.0472 (-0.92)
Exp			0.0021*** (3.29)			0.0022*** (2.65)			0.0034** (2.50)
MRES			-0.0038*** (-2.64)			-0.0161*** (-2.60)			-0.0063*** (-3.98)

续表

解释变量	(1) Im	(2) Im	(3) Im	(4) Im	(5) Im	(6) Im	(7) Im	(8) Im	(9) Im
CZ	-1.0582 (-19.06)		0.0039*** (5.53)			0.0004 (0.80)			-8.54e-06 (-0.03)
$Trapop$			0.0039** (2.18)			0.0037* (1.94)			0.0061 (1.48)
常数项		-2.2300*** (-5.01)	-2.2696*** (-4.35)	-1.2478*** (-14.91)	-2.3942** (-2.28)	-2.6128** (-2.20)	-1.0024*** (-12.94)	-2.8101*** (-2.64)	-2.6998*** (-3.12)
时间效应	控制	控制	控制	控制	控制	控制	控制	控制	控制
R^2	0.3256	0.6925	0.6173	0.6667	0.6687	0.4694	0.7369	0.7427	0.6624
F 或 Wald	398.54 [0.0000]	667.47 [0.0000]	64.79 [0.0000]	538.25 [0.0000]	531.21 [0.000]	1684.64 [0.0000]	339.34 [0.0000]	359.00 [0.0000]	423.65 [0.0000]
Hausman 检验	36.95 [0.0053]	15.72 [0.7339]	43.08 [0.0097]	17.67 [0.4773]	2.53 [1.0000]	2.38 [1.0000]	17.14 [0.3766]	16.79 [0.1522]	22.14 [0.5119]
估计方法	FE	RE	FE	RE	RE	RE	RE	RE	RE
样本数	2269	2269	2183	995	995	933	1274	1274	1250
样本类型	全样本			中低收入国家			高收入国家		

第三节 行业层面出口质量影响贸易
增长的检验

上一节主要是从国家（地区）层面验证出口质量提升对贸易增长的影响，但它无法准确把握不同行业出口质量变动产生的贸易影响。行业层面出口质量演变的贸易增长效应是否存在？不同行业出口质量演变的贸易增长效应是否一致？哪些行业出口质量演变的贸易增长效应较大？这对我们现实中的行业发展思路有何启示？为解决以上问题，并进一步考察出口质量演变的贸易增长效应，本节从行业层面把握出口质量变动对贸易影响的差异性。

一 模型设定与数据说明

1. 计量模型

$$Im_{kt,s} = \beta_0 + \beta_1 \ln Y_{kt} + \beta_2 Quality_{t,s} + \beta_3 \ln Y_{kt} \times Quality_{t,s} + \xi c_{kt} + \gamma_k + \tau_t + \mu_{jt} \tag{4.16}$$

其中，ln 指取对数；下标 k 表示国家（地区），t 表示年份，s 表示行业；$Im_{kt,s}$ 表示 t 时期 k 国在 s 行业上从中国进口占其 s 行业进口总额的比重；$\ln Y_{kt}$ 表示 k 国的质量偏好；$Quality_{t,s}$ 是中国在 t 时期 s 行业上的标准化出口质量；c_{kt} 表示控制变量；γ_k、τ_t、μ_{jt} 分别表示反映国家之间差异的国家效应、随时间变化的时间效应以及其他干扰项。控制变量的选择与国家层面相同。

2. 变量及数据说明

各变量的数据来源主要是历年《中国统计年鉴》、UN Comtrade 数据库、世界银行 WDI 数据库。其中，各国人均 GDP 为 2005 年不变价美元计算的人均 GDP，这里用人均 GDP 来衡量该国消费者对进口产品质量的偏好，一般认为，人均收入越高的国家，其消费者对进口高质量产品的偏好越大。本节选择了与中国存在双边贸易的 137 个国家1992—2011 年的贸易数据为样本，零贸易现象较少。同时由于我们关注的重点在于行业层面出口质量的变化对对外贸易额的影响，而不是发不发生对外贸易。因此，零贸易的存在对本研究的影响不大。

表 4 - 8 主要变量的描述性统计情况①

变量	样本数	单位	均值	标准差	变量含义	预期符号
Im	2269	%	7.5221	0.1371	一国在主要以材料分类的制成品业上从中国进口额占该行业进口总额的比重	
ln*Y*	2269	—	8.9018	1.2180	一国人均 GDP 对数	+
Quality	2269	—	0.8705	0.0926	主要以材料分类的制成品业上中国出口质量	+
ln*Y* × *Quality*	2269	—	7.7511	1.3762	进口国人均 GDP 与中国在主要以材料分类的制成品业上出口质量的交互项	+
Exp	2269	%	2.7182	6.0597	一国向中国的出口额占其总出口额的比重	+
ln*dis*	2269	—	8.523	0.5238	一国首都与中国北京绝对距离的对数	—
ASEAN	2269	—	0.0560	0.2299	是否为东南亚国家联盟成员	+
MRES	2183	—	0.3760	1.0018	相对多边阻力	+
AJ	2269	—	0.0463	0.2101	是否与中国接壤	+
APEC	2269	—	0.1371	0.3440	是否为 APEC 成员国	+
CZ	2269	%	58.339	22.909	进口国城镇化率	— / +
Travpop	2269	%	0.5057	1.9259	一国到中国旅游人口占其总人口的比重	+

二 实证结果分析

在回归检验前，首先考察变量之间共线性是否严重。我们采用的是面板数据，而且数据量较大，而面板数据的优势就在于控制个体的异质性，减少共线性问题。出于谨慎考虑，我们仍然考察了各自变量

---

① 主要变量的描述中 *Im*、*Quality* 以及 ln*Y* × *Quality* 等变量主要报告了 SITC（Rev. 3）一分位的十个行业中主要以材料分类的制成品业统计期间的数据。其他食品与活畜行业、饮料与烟草行业、粗材料行业、矿物燃料及润滑剂行业、动植物油脂行业、化学品行业、机械与运输设备行业、杂项制品行业和未列入其他分类的货物及交易九个行业的数据没有报告。

的膨胀方差因子（VIF），发现均小于3（见表4－9）。① 因此，变量间应该不存在严重共线性问题。为控制模型的异方差，对主要变量采用百分比与取对数的形式，来压缩方差。同时，在模型估计时，全部采用聚类稳健标准差得到z值或t值，消除异方差的干扰，从而保证结论的可靠性。为了便于比较，这里把SITC（Rev. 3）一分位的十个行业分成两类：第一类是初级产品行业，包括食品与活畜行业、饮料与烟草行业、粗材料行业、矿物燃料及润滑剂行业、动植物油脂行业五个行业。第二类是工业制品行业，包括化学品行业、主要以材料分类的制成品行业、机械与运输设备行业、杂项制品业和未列入其他分类的货物及交易五个行业。由于未列入其他分类的货物及交易行业针对性不强，将其排除。接下来，对这两类行业出口质量演变的贸易增长效应进行验证。

表4－9　　　　　　　　各自变量方差膨胀因子 VIF 值

变量	lnY	Quality	MRES	Exp	lndis	AJ	ASEAN	Travpop	CZ	APEC	均值
VIF 值	2.70	1.16	1.27	1.80	1.46	1.23	1.66	1.81	2.72	1.69	1.75

1. 初级产品行业检验

表4－10和表4－11报告了初级产品行业回归结果。由表4－10和表4－11可知，不管哪种初级产品行业或是否考虑控制变量，Quality 的回归系数均显著为正。这表明，在初级产品行业上，一个国家从中国进口额占其进口总额的比重上升显著地受到中国出口质量提升的影响，与理论预期以及本章第一节的实证分析结果相吻合。

同时，通过对表4－10和表4－11的分析，可以发现以下现象：①在总体样本中，中国不同行业出口质量演变的贸易增长效应有不同表现。在食品与活畜行业、饮料与烟草行业以及粗材料行业上有贸易效应不显著的情形，而且不同行业上中国出口质量系数有较大波动。例如，食品与活畜行业中国出口质量系数在中低收入国家样本中高达

---

① 这里考察的膨胀因子是主要以材料分类的制成品行业实证分析中各变量的值。

6.5937，而矿物燃料及润滑剂行业中国出口质量系数在中低收入国家样本中只有 0.3958，而饮料与烟草行业出口质量系数最低仅有 0.0034。这可能与中国资源禀赋和比较优势行业有关。样本期中，中国在五类初级产品行业上，除了第一类食品与活畜行业外，在其他四类行业上大多数都是贸易逆差，主要进口这些行业商品。① 这种情况尤其体现在第四类行业矿物燃料及润滑剂行业上。中国"富煤、贫油、少气"的能源结构决定了，随着中国经济的迅速增长，需要大量进口石油和天然气。中国在这些行业上不同的比较劣势使得其出口质量系数在这些行业上出现变化。②中国对不同收入类型国家出口质量演变的贸易增长效应有差异。在不同行业上，中国产品出口质量在中低收入国家样本中的系数普遍高于高收入国家样本中的系数。这与本章第一节中分收入类型国家样本的回归结果类似，再次印证了中国出口质量提升的贸易增长效应在中低收入国家中更为明显的结论。产生这种现象的原因可能在于，尽管在这些行业上中国出口质量有一定提升，但由于整体出口质量偏低，主要还是受中低收入国家消费者的青睐。在中国行业出口质量与进口国人均 GDP 的交互项变量系数上，也可以看到这种情形。该交互项系数有正有负，说明随着收入水平的提升，尽管中国产品出口质量也在提升，却出现了对中国产品出口反向效应。这也反映了中国在这些行业上整体出口产品质量偏低的事实。

控制变量结果与第一节类似。由于现代交通业的发达，距离对贸易的制约程度有所下降。这使得代表距离变量的 lndis 和 AJ 系数有正有负，但整体不显著。由于所包含样本的原因，同为贸易安排的 APEC 和 ASEAN 在不同收入类型国家中系数出现相反的变化。前者在中低收入国家中为负，而在高收入国家中为正；后者刚好相反。这是因为 APEC 中主要是高收入国家，而 ASEAN 中主要是中低收入国家。其他变量解释与第一节类似。

---

① 同时，这五类行业占中国货物贸易出口的比重都比较低。2011 年食品与活畜行业、饮料与烟草行业、粗材料行业、矿物燃料及润滑剂行业、动植物油脂行业出口占中国商品出口的比重分别为 2.66%、0.12%、0.79%、1.7%、0.03%。

表4－10

初级产品行业回归结果（1）

解释变量	(1) Im	(2) Im	(3) Im	(4) Im	(5) Im	(6) Im	(7) Im	(8) Im	(9) Im
Quality	0.0431 (1.04)	6.5937*** (8.06)	3.6616*** (8.35)	0.0034 (0.20)	0.7548*** (8.06)	0.0819** (2.24)	0.0933 (1.33)	1.4969*** (6.07)	0.0597 (0.71)
$\ln Y$	0.0891*** (8.54)	0.0062 (0.42)	0.0098 (1.25)	0.0855*** (8.67)	0.0101 (1.39)	0.0894*** (7.79)	0.0889*** (7.32)	0.0101 (0.60)	0.0808*** (5.54)
$\ln Y \times Quality$	0.0044 (0.99)	-0.0181 (-1.12)	-0.0029 (-0.54)	0.0015 (0.83)	-0.0013 (-0.33)	0.0093** (2.47)	0.0070 (0.92)	-0.0198 (-1.14)	-0.0028 (-0.33)
Indis		0.0047 (0.32)	-0.0021 (-0.33)		0.0047 (0.32)			0.0046 (0.31)	
AJ		0.0192 (0.84)	-0.0022 (-0.18)		0.0193 (0.85)			0.0193 (0.84)	
APEC		-0.0735*** (-4.74)	0.0435*** (5.33)		-0.0735*** (-4.76)			-0.0731*** (-4.70)	
ASEAN		0.1173*** (6.24)	-0.0456 (-1.51)		0.1174*** (6.25)			0.1171*** (6.21)	
Exp	0.0023*** (3.34)	0.0004 (0.97)	0.0021* (1.90)	0.0022*** (3.27)	0.0004 (1.01)	0.0026** (2.17)	0.0022*** (3.39)	0.0004 (0.96)	0.0026** (2.23)
MRES	-0.0037** (-2.36)	-0.0039 (-0.54)	-0.0032*** (-2.63)	-0.0041** (-2.56)	-0.0041 (-0.57)	-0.0046*** (-2.89)	-0.0037** (-2.49)	-0.0048 (-0.68)	-0.0042*** (-2.84)

续表

解释变量	(1) Im	(2) Im	(3) Im	(4) Im	(5) Im	(6) Im	(7) Im	(8) Im	(9) Im
CZ	0.0046*** (6.02)	0.0002 (0.67)	0.0001 (0.23)	0.0046*** (6.02)	0.0002 (0.71)	0.0034*** (3.53)	0.0044*** (5.86)	0.0002 (0.69)	0.0033*** (3.46)
Traxpop	0.0031* (1.69)	0.0064*** (6.00)	0.0043 (1.56)	0.0029* (1.65)	0.0065*** (5.91)	0.0044 (1.10)	0.0033* (1.86)	0.0065*** (6.08)	0.0050 (1.24)
常数项	-1.0238*** (-10.89)	-6.3036*** (1.86)	-3.5694*** (-8.68)	-0.9810*** (-11.13)	0.6398*** (3.80)	-1.0718 (-8.89)	-1.0380*** (-9.41)	-1.5823*** (-5.68)	-1.0137*** (-6.45)
时间效应	控制	控制	控制	控制	控制	控制	控制	控制	控制
R^2	0.6069	0.6828	0.7887	0.6111	0.6823	0.7114	0.6128	0.6836	0.7130
F 或 Wald	56.88 [0.0000]	2816.00 [0.0000]	1065.07 [0.0000]	60.04 [0.0000]	1614.92 [0.0000]	36.33 [0.0000]	64.96 [0.0000]	1108.23 [0.0000]	43.37 [0.0000]
估计方法	FE	RE	RE	FE	RE	FE	FE	RE	FE
Hausman 检验	73.78 [0.0000]	7.37 [0.9995]	50.63 [0.0012]	67.02 [0.0000]	5.33 [1.0000]	46.26 [0.0041]	62.61 [0.0000]	7.87 [0.9992]	40.20 [0.0204]
样本数	2183	933	1250	2183	933	1250	2183	933	1250
样本类型	行业总样本	中低收入国家	高收入国家	行业总样本	中低收入国家	高收入国家	行业总样本	中低收入国家	高收入国家
行业	食品与活畜行业			饮料与烟草行业			粗材料行业		

表 4 – 11　　　　　　　初级产品行业回归结果（2）

解释变量	（1） *Im*	（2） *Im*	（3） *Im*	（4） *Im*	（5） *Im*	（6） *Im*
Quality	0. 1126 **	0. 3958 ***	0. 3424 ***	0. 0370 *	2. 7664 ***	1. 5857 **
	(2. 05)	(3. 06)	(4. 24)	(1. 83)	(8. 10)	(8. 26)
ln*Y*	0. 0816 ***	0. 0136	0. 0269 **	0. 0865 ***	0. 0041	0. 0134 *
	(8. 13)	(0. 92)	(2. 48)	(8. 67)	(0. 51)	(1. 70)
ln*Y* × *Quality*	0. 0089	− 0. 0023	0. 0219 ***	− 0. 0032	− 0. 0106 *	0. 0051 **
	(1. 53)	(− 1. 50)	(2. 77)	(− 1. 46)	(− 1. 81)	(2. 40)
ln*dis*		0. 0039	− 0. 0030		0. 0044	− 0. 0024
		(0. 26)	(− 0. 46)		(0. 30)	(− 0. 38)
AJ		0. 0192	− 0. 0041		0. 0192	− 0. 0028
		(0. 84)	(− 0. 33)		(0. 84)	(− 0. 22)
APEC		− 0. 0716 ***	0. 0436 ***		− 0. 0724 ***	0. 0435 ***
		(− 4. 49)	(5. 35)		(− 4. 63)	(5. 31)
ASEAN		0. 1162 ***	− 0. 0484		0. 1166 ***	− 0. 0458
		(6. 08)	(− 1. 59)		(6. 17)	(− 1. 53)
Exp	0. 0019 ***	0. 0003	0. 0020 *	0. 0022 ***	0. 0004	0. 0021 *
	(3. 27)	(0. 70)	(1. 89)	(3. 35)	(0. 91)	(1. 90)
MRES	− 0. 0040 ***	− 0. 0071	− 0. 0034 ***	− 0. 0038 **	− 0. 0055	− 0. 0032 ***
	(− 2. 77)	(− 1. 00)	(− 2. 97)	(− 2. 52)	(− 0. 78)	(− 2. 71)
CZ	0. 0039 ***	0. 0002	0. 0001	0. 0044 ***	0. 0002	0. 0001
	(5. 45)	(0. 69)	(0. 32)	(5. 85)	(0. 72)	(0. 25)
Travpop	0. 0042 **	0. 0068 ***	0. 0047 *	0. 0033 *	0. 0066 ***	0. 0043
	(2. 47)	(6. 56)	(1. 74)	(1. 83)	(6. 22)	(1. 60)
常数项	− 0. 9421 ***	− 0. 3569 **	− 0. 3590 ***	− 0. 9956 ***	4. 2743 ***	2. 3906
	(− 10. 42)	(− 2. 08)	(− 3. 05)	(− 11. 03)	(7. 64)	(7. 46)
时间效应	控制	控制	控制	控制	控制	控制
R^2	0. 6341	0. 6896	0. 7945	0. 6136	0. 6863	0. 7896
F 或 Wald	73. 86	1245. 57	1081. 66	63. 38	1095. 98	1049. 55
	[0. 0000]	[0. 0000]	[0. 0000]	[0. 0000]	[0. 0000]	[0. 0000]
估计方法	FE	RE	RE	FE	RE	RE
Hausman 检验	42. 66	5. 56	23. 89	67. 02	10. 63	23. 96
	[0. 0000]	[1. 0000]	[0. 4678]	[0. 0000]	[0. 9914]	[0. 4058]

解释变量	(1) *Im*	(2) *Im*	(3) *Im*	(4) *Im*	(5) *Im*	(6) *Im*
样本数	2183	933	1250	2183	933	1250
样本类型	行业总样本	中低收入国家	高收入国家	行业总样本	中低收入国家	高收入国家
行业	矿物燃料及润滑剂行业			动植物油脂行业		

2. 工业制成品行业检验

表 4 - 12 和表 4 - 13 报告了工业制成品行业回归结果。由表 4 - 12 和表 4 - 13 可知，不管哪种工业制成品行业或是否考虑控制变量，*Quality* 的回归系数均显著为正。这也表明，在工业制成品行业中，一个国家从中国进口额占其进口总额的比重显著地受到中国出口质量的影响，与理论预期以及本章第一节的实证分析结果相吻合。

同时，通过对表 4 - 12 和表 4 - 13 的分析，可以发现以下现象：①中国工业制成品行业出口质量系数在不同行业上都比较显著，但存在大小的差异。在总体样本中，相比较而言，化学品行业和主要以材料分类的制成品行业出口质量系数比机械与运输设备行业和杂项制品行业出口质量系数要大。这说明在中国化学制品行业和主要以材料分类的制成品行业中，行业出口质量提升促进贸易增长的效应比较明显，反映了行业出口质量贸易增长效应在不同工业制成品行业中的差异性。②在不同收入国家，中国工业制成品行业出口质量贸易增长效应存在差异性。在中低收入国家样本中，行业出口质量系数较大，而在高收入国家样本中，行业出口质量系数较小。这说明中国行业出口质量贸易增长效应在不同收入类型国家有差异。这样的结果也反映了中国整体行业出口质量偏低的现实。③中国行业出口质量与进口国人均 GDP 交互项系数有正有负。按照理论预期，随着进口国收入水平的提升，进口国消费者会对高质量产品产生更多的偏好。当进口产品质量提升，满足了进口国消费者对高质量产品的偏好时，会有力促进出口国高质量产品出口额的增长。实证结果与理论预期存在一定偏差。产生这种偏差的原因在于中国出口质量提升的程度与进口国消费者随着收入提升对产品质量偏好程度的比较。若中国出口质量提升有限，甚至出现下降，而进口国消费者对产品质量偏好程度迅速增加，就会导致消费者把原来一部分对中国产品的消费转向对来自其他国家更高质量的产品的消费，产生出口质量的"挤出效应"。其他控制变量的解释参照前文。

中国工业制成品行业是中国货物贸易的主要部分。2011年，化学品行业、主要以材料分类的制成品行业、运输与设备行业和杂项制品行业出口额在整个中国货物贸易中所占的比重分别为6.04%、16.83%、47.55%、24.16%，合计达到94.58%。因此，工业制成品出口质量对贸易增长的影响更能代表中国出口质量演变的贸易增长效应。通过表4-10—表4-13可以看到，在行业总体样本中，相较于初级产品行业，工业制成品行业出口质量系数更为显著且更大。这反映了中国整体出口质量演变的贸易增长效应，随着中国出口质量的提升，它会有效促进出口贸易额的增加，与本章第一节国家层面的实证结果相符。

表4-12　　　　　　　　　工业制成品行业回归结果（1）

解释变量	（1）Im	（2）Im	（3）Im	（4）Im	（5）Im	（6）Im
$Quality$	0.2814***	0.6827***	0.6467***	0.3732***	1.4734***	1.1488***
	(2.61)	(2.97)	(2.85)	(2.66)	(4.21)	(4.03)
$\ln Y$	0.0785***	0.0261	0.0425**	0.0868***	0.0384	0.0489**
	(5.89)	(1.11)	(2.48)	(6.51)	(1.34)	(2.15)
$\ln Y \times$ $Quality$	0.0212*	-0.0409	-0.0446**	0.0287*	-0.0601	-0.0571**
	(1.82)	(-1.46)	(-1.92)	(1.92)	(-1.60)	(-2.09)
$\ln dis$		0.0039	-0.0030		0.0038	-0.0031
		(0.26)	(-0.48)		(0.26)	(-0.48)
AJ		0.0191	-0.0045		0.0192	-0.0044
		(0.83)	(-0.37)		(0.83)	(-0.36)
$APEC$		-0.0710***	0.0438***		-0.0714***	0.0434***
		(-4.39)	(5.44)		(-4.48)	(5.32)
$ASEAN$		0.1159***	-0.0489		0.1159***	-0.0491
		(6.01)	(-1.58)		(6.05)	(-1.59)
Exp	0.0021***	0.0003	0.0020*	0.0019***	0.0002	0.0020*
	(3.27)	(0.71)	(1.89)	(3.18)	(0.63)	(1.90)

续表

解释变量	(1) Im	(2) Im	(3) Im	(4) Im	(5) Im	(6) Im
MRES	−0.0034 **	−0.0083	−0.0034 ***	−0.0045 ***	−0.0072	−0.0034 ***
	(−2.54)	(−1.16)	(−2.97)	(−3.13)	(−1.02)	(−2.97)
CZ	0.0032 ***	0.0002	0.0001	0.0036 ***	0.0002	0.0001
	(4.77)	(0.66)	(0.32)	(5.22)	(0.63)	(0.33)
Travpop	0.0037 **	0.0068 ***	0.0049 *	0.0041 **	0.0069 ***	0.0049 *
	(2.27)	(6.77)	(1.81)	(2.54)	(6.84)	(1.81)
常数项	−0.9259 ***	−0.5009 **	−0.5366 **	−1.0308 ***	−1.1472 ***	−0.9277 ***
	(−7.85)	(−2.37)	(−2.52)	(−8.50)	(−4.07)	(−3.89)
时间效应	控制	控制	控制	控制	控制	控制
R^2	0.6389	0.6876	0.7945	0.6472	0.6894	0.7945
F 或 Wald	84.04	1539.99	1114.64	85.08	1635.91	1029.20
	[0.0000]	[0.0000]	[0.0000]	[0.0000]	[0.0000]	[0.0000]
估计方法	FE	RE	RE	FE	RE	FE
Hausman 检验	42.63	5.30	23.89	45.35	7.83	18.19
	[0.0109]	[1.0000]	[0.4678]	[0.0053]	[0.9992]	[0.7937]
样本数	2183	933	1250	2183	933	1250
样本类型	行业总样本	中低收入国家	高收入国家	行业总样本	中低收入国家	高收入国家
行业	主要以材料分类的制成品行业			化学品行业		

表 4 – 13　　　　　　　　工业制成品行业回归结果 (2)

解释变量	(1) Im	(2) Im	(3) Im	(4) Im	(5) Im	(6) Im
Quality	0.1121 **	0.4121 ***	0.3499 **	0.1843 **	0.4517 **	0.4737 ***
	(2.19)	(3.65)	(3.25)	(2.05)	(2.52)	(2.86)
lnY	0.0710 ***	0.0025	0.0156	0.0884 ***	0.0108	0.0332 **
	(6.73)	(0.25)	(1.60)	(6.39)	(0.57)	(1.97)
lnY × Quality	0.0083	−0.0114	0.0168	0.0166 *	−0.0240	−0.0331 **
	(1.51)	(−0.89)	(1.3)	(1.70)	(−1.07)	(−1.92)
lndis		0.0044	−0.0029		0.0042	−0.0029
		(0.30)	(−0.46)		(0.28)	(−0.45)

续表

解释变量	(1) *Im*	(2) *Im*	(3) *Im*	(4) *Im*	(5) *Im*	(6) *Im*
AJ		0.0192	-0.0039		0.0192	-0.0043
		(0.84)	(-0.32)		(0.84)	(-0.35)
APEC		-0.0724***	0.0437***		-0.0717***	0.0440***
		(-4.54)	(5.40)		(-4.43)	(5.54)
ASEAN		0.1167***	-0.0479		0.1164***	-0.0475
		(6.11)	(-1.57)		(6.07)	(-1.55)
Exp	0.0021***	0.0003	0.0021*	0.0022***	0.0003	0.0021**
	(3.33)	(0.89)	(1.91)	(3.38)	(0.86)	(1.91)
MRES	-0.0034**	-0.0062	-0.0036***	-0.0035**	-0.0075	-0.0038***
	(-2.52)	(-0.89)	(-3.05)	(-2.36)	(-1.04)	(-3.25)
CZ	0.0036***	0.0002	0.0001	0.0038***	0.0002	0.0001
	(5.26)	(0.66)	(0.29)	(5.14)	(0.70)	(0.25)
Travpop	0.0033*	0.0067***	0.0047*	0.0036**	0.0066***	0.0047*
	(1.93)	(6.49)	(1.74)	(2.04)	(6.43)	(1.75)
常数项	-0.8261***	-0.1829	-0.2153**	-0.9969***	-0.2768	-0.3815**
	(-8.58)	(-1.34)	(-2.03)	(-8.10)	(-1.54)	(-2.24)
时间效应	控制	控制	控制	控制	控制	控制
R^2	0.6284	0.6840	0.7923	0.6171	0.6849	0.7940
F 或 Wald	78.28	1527.33	1112.88	66.31	2074.03	1247.26
	[0.0000]	[0.0000]	[0.0000]	[0.0000]	[0.0000]	[0.0000]
估计方法	FE	RE	RE	FE	RE	RE
Hausman	52.30	5.03	26.61	46.45	3.98	23.97
检验	[0.0000]	[1.0000]	[0.3231]	[0.0039]	[1.0000]	[0.4631]
样本数	2183	933	1250	2183	933	1250
样本类型	行业总样本	中低收入国家	高收入国家	行业总样本	中低收入国家	高收入国家
行业	机械与运输设备行业			杂项制品行业		

3. 稳健分析

为了进一步验证出口质量行业层面贸易增长效应的稳健性，我们以按照 Hallak 和 Schott（2011）的方法测算的样本国行业出口质量代替本书中计算的行业出口质量进行检验。① 表 4-14 和表 4-15 是稳

———————

① 出口质量替代性指标具体计算方法请参考李小平等（2015b）。采用的样本期为 1999—2011 年，样本国相同。

健性分析结果。可以看到，在五个行业中整体上出口质量系数为正。这表明出口质量演变的贸易增长效应不因出口质量衡量方法的变化而变化，这样的结论是稳健的。需要注意的是，进口国人均 GDP 变量系数大部分为负，这表明随着收入水平的提升，进口国某行业从中国的相对进口额会下降。它反映了中国这些行业出口质量较低的情况。由于"挤出效应"的存在，随着进口国收入水平的提升，消费者开始越来越偏好于高质量产品，若中国产品出口质量提升程度较小，那么中国原先占有的进口国市场就会逐渐被其他产品出口质量较高的国家所挤占。因此，为了维持现有国际市场份额或进一步拓展海外市场，中国需要加快提升产品出口质量。

表 4 - 14 行业稳健性回归结果（1）

解释变量	(1) Im	(2) Im	(3) Im	(4) Im	(5) Im	(6) Im
$Quality$	9.936 ***	12.725 ***	4.987 ***	11.268 *	17.451	7.434 **
	(9.01)	(5.48)	(5.74)	(1.88)	(1.42)	(2.35)
$\ln Y$	-1.647 ***	-2.672 ***	3.964	-0.813 ***	-0.517	-0.659 *
	(-4.26)	(-2.57)	(1.64)	(-4.12)	(-0.94)	(-1.92)
$\ln Y \times$ $Quality$	-4.414 *	-4.961	-4.845 **	-2.565	-8.064	-1.192
	(-1.94)	(-0.85)	(-2.49)	(-0.29)	(-0.43)	(-0.26)
常数项	43.123 ***	74.845 ***	-26.738	42.903 **	60.828	28.194 **
	(3.78)	(3.46)	(-1.10)	(2.19)	(1.51)	(2.18)
时间效应	控制	控制	控制	控制	控制	控制
R^2	0.5583	0.5876	0.6744	0.4652	0.5057	0.4960
F 或 Wald	31.68 [0.0000]	3933.61 [0.0000]	27.09 [0.0000]	622.49 [0.000]	992.43 [0.000]	269.09 [0.000]
估计方法	FE	FE	FE	RE	RE	RE
样本数	1623	749	874	1616	744	872
样本类型	行业总样本	中低收入国家	高收入国家	行业总样本	中低收入国家	高收入国家
行业	主要以材料分类的制成品行业			化学品行业		

注：其他控制变量由于与前文类似，不再解释，下表类似。

表4-15

行业稳健性回归结果（2）

解释变量	(1) Im	(2) Im	(3) Im	(4) Im	(5) Im	(6) Im	(7) Im	(8) Im	(9) Im
$Quality$	0.520	0.702	1.310***	1.128	3.035	0.597	0.198**	0.392	0.050
	(1.43)	(0.85)	(4.03)	(0.83)	(1.02)	(0.95)	(2.02)	(1.47)	(1.00)
lnY	-0.443***	-0.233	-0.930*	-0.328**	-0.381	-0.206	-0.061	-0.003	0.067
	(-2.57)	(-0.71)	(-1.72)	(-2.33)	(-1.16)	(-0.89)	(-0.86)	(-0.03)	(0.97)
$lnY \times Quality$	-1.241	-8.871	5.220**	-4.429	-10.519	0.981	-0.490	-0.988	-0.097
	(-0.33)	(-1.11)	(2.32)	(-1.04)	(-1.15)	(0.50)	(-0.73)	(-0.67)	(-0.27)
常数项	29.746***	16.585*	40.734***	8.146*	9.802	4.201	4.616**	4.227	1.923
	(3.15)	(1.86)	(2.88)	(1.74)	(1.19)	(0.87)	(2.19)	(1.30)	(1.31)
时间效应	控制	控制	控制	控制	控制	控制	控制	控制	控制
R^2	0.5373	0.5419	0.6681	0.4825	0.5715	0.5099	0.4819	0.5315	0.5973
F或Wald	296.18 [0.000]	704.00 [0.000]	281.23 [0.000]	67.76 [0.000]	590.25 [0.000]	1589.27 [0.000]	82.96 [0.000]	221.80 [0.000]	197.13 [0.000]
估计方法	RE	RE	RE	RE	RE	RE	RE	RE	RE
样本数	1610	741	869	1464	639	825	1424	628	796
样本类型	行业总样本	中低收入国家	高收入国家	行业总样本	中低收入国家	高收入国家	行业总样本	中低收入国家	高收入国家
行业	食品与活畜行业			饮料与烟草行业			动植物油行业		

第四节 本章小结

利用第三章构建的中国国家层面和行业层面的出口质量指标，本章实证研究了两个层面出口质量的提升对中国对外贸易增长的促进作用。研究结果表明：①无论是在国家层面还是在行业层面，出口质量的提升都可以有效促进中国对外贸易的开展。区别在于，不同层面和不同样本中出口质量对中国对外贸易的促进作用不同。②在国家层面上，相较于高收入国家，中国出口质量的提升对促进中国向中低收入国家出口的作用更大。这反映了中国出口质量整体水平偏低，比较契合中低收入国家对产品质量的偏好层次。相较于与中国贸易关系不太紧密的国家，中国出口质量的提升更有利于促进向与中国保持紧密贸易联系的国家出口。这说明中国产品的质量需求弹性在与中国保持紧密贸易联系的国家中更高。③在行业层面，整体上出口质量对中国向中低收入国家出口更有促进作用。在不同行业上，出口质量对出口的促进作用不同。相较于初级产品行业，中国行业出口质量提升更有利于促进中国在工业制成品行业上的出口。本章从出口产品质量的角度解释了中国贸易伙伴国从中国进口贸易增长的原因，是继吴福象、刘志彪（2009）等众多学者之后对解释"中国贸易量增长之谜"的又一次有益尝试。

同时，在国家层面上也可以观察到，进口国收入水平的提升，会提高其对中国产品质量的需求，并强化其对进口商品质量的偏好。因此，通过进口国收入和进口商品质量之间的互动，两个因素共同促进了中国出口贸易的发展。在行业层面上，这种关系似乎存在较大的行业差异。

随着贸易伙伴国收入水平的提升或对高质量水平商品偏好的增强，中国出口贸易面临着新的挑战；中国现在大量商品出口仍然依赖于较低的价格对市场的冲击，而不是中国出口质量的提升。这是不可持续的，如果出口质量不能及时提升，随着中国各种生产要素价格的上涨和生态环境的制约，中国商品的出口贸易将会出现下降趋势。本章的研究结论表明了国家"十二五"规划提出的"加快转变外贸发展方式，推动外贸发展从规模扩张向质量效益提高转变、从成本优势向综合竞争优势转变"战略目标的紧迫性。因此，提升出口质量是我国外贸进一步发展的核心，也是中国从贸易大国向贸易强国转变的重要手段。

　　为了提升我国的出口质量，需要在以下方面努力：①利用比较优势，重点提升制造业出口质量。目前，我国仍处在重要的工业化时期，我国制造业"大"是优势，"强"是劣势，要利用"大"的优势，深挖科技潜力，结合国内外市场需要进行转型升级，向"精细化"产品发展，逐渐转变"强"上的劣势。这是制造业出口质量提升的重要途径。②延伸产业链条，提升所处环节利润。既要利用好国际分工，打开国际市场，又要向产业前端发展，掌握行业发展的趋势，成为质量标准的制定者。③提升国家产品质量标准，锻造优质产品的国家声誉。通过制定严格的国家产品质量标准，倒逼科技创新，可以培养我国优质产品的国家声誉，从而增加产品质量的赋值。

第五章　出口质量演变的行业增长效应

国家"十二五"规划明确提出了"外贸发展从规模扩张向质量效益提高转变"的战略目标，因此，研究中国出口质量的具体变化及其对经济的增长效应具有重大现实意义。一些学者已从中国的国家层面和地区层面对该问题做了相关实证研究（Felipe 等，2012；Jarreau 和 Poncet，2012），但很少有人从产业层面分析出口质量提升对经济增长的作用。而中国正处在向工业化迈进的重要时期，制造业的发展水平与层次是影响今后较长时期经济发展的重要因素。2003—2011 年，制造业创造的增加值占全国 GDP 的比重平均达到 34.5%，而且呈现持续上升势头。同时，中国政府提出要从"制造大国"向"制造强国"方向转变，本质上也反映了从"数量"向"质量"转变的逻辑。那么，出口质量演变的经济增长效应能否在中国产业层面得到体现？中国制造业出口质量的变化对行业增长有何作用？出口质量的提升能否支撑中国制造业从"大"向"强"转变？这是当前学术界要回答的重要问题。

根据 Jaimovich 和 Merella（2012）模型以及第四章对该模型的拓展，我们可以发现，各国之间生产率水平的相对差异，会导致其在提升商品质量水平能力上的差异，形成各国在不同质量水平商品上的相对比较优势。在不同质量水平商品上相对比较优势专业分工模式的驱动下，不同国家会出现不同的收入增长。这形成了本章的理论假设：出口质量的改变会通过比较优势的驱动影响出口贸易，从而影响收入增长。本章主要从行业角度实证检验该理论假设。

第一节　中国制造业出口质量演变与
行业增长

本节主要研究中国制造业 1990—2011 年 28 个行业出口质量的变迁，力求通过对出口质量演变的分析，发现中国制造业出口质量变迁的规律。同时，构建中国制造业出口质量演变与其行业增长的实证模型。第二节对两者关系给出具体的实证结果。

一　中国制造业出口质量的演变

1. 中国制造业出口质量的数据集结

本章在第四章所计算的中国 SITC（Rev. 2）四分位产品层面出口质量的基础之上，按照盛斌（2002）的方法对中国制造业出口质量数据进行集结。盛斌（2002）是按照 SITC（Rev. 3）对制造业在三分位上进行集结，而第四章所计算的是各国 SITC（Rev. 2）四分位产品层面上的出口质量数据。因此，首先，需要把 SITC（Rev. 2）四分位产品出口质量转化为 SITC（Rev. 3）四分位产品出口质量。其次，把转化来的 SITC（Rev. 3）四分位产品出口质量集结为 SITC（Rev. 3）三分位产品出口质量。最后，按照盛斌（2002）的方法以各产品出口额占整个行业出口额比重为权数，将 SITC（Rev. 3）三分位产品出口质量汇总为中国 28 个制造业出口质量。

SITC（Rev. 2）与 SITC（Rev. 3）之间的转化标准来自联合国网站。它们是在五分位基础上对这两个统计标准的相应代码进行匹配。SITC（Rev. 2）有 1832 个五分位代码，而 SITC（Rev. 3）有 3121 个五分位代码。这就造成两个统计标准的代码之间存在一对多或多对一的情形，例如 SITC（Rev. 3）代码为 89972 的产品可以对应于 SITC（Rev. 2）代码为 72848、72849、89972、89992 的产品，而 SITC（Rev. 2）代码 01189 的产品可以对应于 SITC（Rev. 3）代码为 01291、01292、01299、03635、03639 的产品。这就存在代码所代表产品的出口质量数据分割和合并的问题。本书采用了三种方法进行一对多或多对一的数据分割合并处理，最后选择了以平均值的方式进行数据处理。① 通过对 SITC（Rev. 2）与 SITC（Rev. 3）转化标准代码进行分解和利用盛斌（2002）中国制造业 SITC（Rev. 3）三分位集结的方法，得到附录 F。附录 F 中 SITC（Rev. 2）四分位合计 860 个代码，包括 332 个重复代码和 528 个独立代码。利用第四章所计算的中国 SITC（Rev. 2）四分位产品层面出口质量以产品出口额在整个行业中出口份额所占的份额为权重，按照 SITC（Rev. 3）三分位对应的中国制造行业合成为 28 个行业的出口质量（具体代码对应关系见附录 F）。

集结后的中国制造业出口质量如表 5 - 1 所示，测度的年份为1990—2011 年，为了显示的简洁性，表 5 - 1 中只展示了 1990 年、1995 年、2000 年、2005 年和 2011 年 5 个年份的数据。同时，提供了整个测度期间各行业出口质量的平均值。为了能够对整个中国制造业出口质量有一个宏观的认识，进一步以各行业出口额占整个制造业出口额的比例为权重，汇总出整个制造业 28 个行业的出口质量，见图 5 -1。

表 5 -1　　　　　　　　中国制造业 28 个行业出口质量

行业	1990 年	1995 年	2000 年	2005 年	2011 年	平均值
食品加工和制造业	0.949	1.103	1.074	0.943	0.975	0.977
饮料制造业	1.057	0.754	1.107	0.584	0.531	0.776

---

① 三种数据处理的方式分别是：①删除一对多或多对一情形的代码，在 SITC（Rev. 3）三分位产品的出口质量的汇总中忽略这些代码的出口质量。②重复计算一对多或多对一情形的代码，对于 SITC（Rev. 2）中一个代码对应于 SITC（Rev. 3）中多个代码的情形，对 SITC（Rev. 3）中多个代码赋予对应的 SITC（Rev. 2）中同一代码的出口质量值。对于 SITC（Rev. 2）中多个代码对应于 SITC（Rev. 3）一个代码的情形，对 SITC（Rev. 3）中这一个代码赋予 SITC（Rev. 2）中多个代码的平均值。③以平均值的方式进行出口质量数据的分割和合并。对于 SITC（Rev. 2）中一个代码对应于 SITC（Rev. 3）中多个代码的情形，用 SITC（Rev. 2）中这一个代码出口质量除以对应于 SITC（Rev. 3）中多个代码的数量，然后用平均值赋予 SITC（Rev. 3）中的多个代码。对于 SITC（Rev. 2）中多个代码对应于 SITC（Rev. 3）中一个代码的情形，对 SITC（Rev. 3）中这一个代码赋予 SITC（Rev. 2）中多个代码的平均值。我们使用这三种方法对 SITC（Rev. 3）三分位产品出口质量进行了计算，发现尽管计算得到的出口质量之间有变化，但总体产品出口质量的排序不变。

续表

行业	1990 年	1995 年	2000 年	2005 年	2011 年	平均值
烟草加工业	0.533	0.463	0.637	0.677	0.636	0.632
纺织业	0.752	0.771	0.933	0.985	0.985	0.878
服装及其他纤维制品制造业	0.448	0.583	1.000	1	0.999	0.826
皮革、毛皮、羽绒及其制品业	0.325	0.721	0.908	0.985	0.977	0.805
木材加工及木、竹、藤、棕、草制品业	0.685	0.949	1.039	0.971	0.957	0.942
家具制造业	0.483	0.863	0.784	0.977	0.999	0.848
造纸和纸制品业	0.785	0.670	0.665	0.927	0.962	0.790
印刷和记录媒介复制业	0.581	0.574	0.556	0.903	0.934	0.708
文教、体育用品制造业	0.272	0.723	0.953	0.971	0.982	0.814
石油加工及炼焦业	0.895	0.931	0.947	1.015	1.200	1.003
化学原料和化学制品制造业	0.883	0.960	0.940	0.844	0.937	0.869
医药制造业	0.369	0.316	0.358	0.529	0.554	0.431
化学纤维制造业	0.887	1.249	1.722	1.034	0.920	1.144
橡胶制品业	0.586	0.557	0.723	0.728	0.641	0.637
塑料制品业	0.363	0.779	0.767	0.937	0.951	0.778
非金属矿物制品业	0.581	0.799	0.995	1.007	0.973	0.848
黑色金属冶炼及压延加工业	0.903	0.984	1.129	0.856	0.989	0.918
有色金属冶炼及压延加工业	0.789	0.946	1.003	0.896	0.924	0.885
金属制品业	0.332	0.422	0.551	0.889	0.964	0.653
通用设备制造业	0.271	0.725	0.811	0.834	0.825	0.738
专业设备制造业	0.367	0.458	0.596	0.562	0.625	0.507
交通运输设备制造业	0.240	0.739	0.834	0.901	0.901	0.761
电器机械及器材制造业	0.505	0.723	0.766	0.890	0.890	0.781
电子及通信设备制造业	0.390	0.745	0.664	0.958	0.965	0.782
仪器仪表及文化、办公用机械制造业	0.423	0.426	0.514	0.884	0.894	0.607
其他制造业	0.663	0.792	0.793	0.911	0.945	0.821

资料来源：同表 3 - 1。中国制造业出口质量采用本节介绍方法由笔者计算所得。

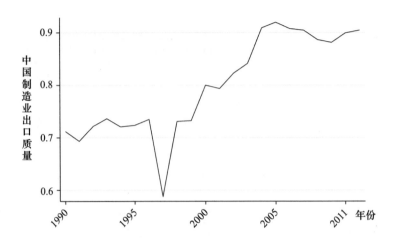

图 5 - 1　中国制造业出口质量 1990—2011 年变动图

资料来源：同表 5 - 1。

2. 中国制造业出口质量的演变

图 5 - 2 是 1990—2011 年中国制造业 28 个行业出口质量变迁图。通过表 5 - 1 和图 5 - 1、图 5 - 2 可以看到，中国制造业及各行业出口质量的演变存在下列特点：

（1）整体上中国制造业出口质量上升趋势明显。

从图 5 - 1 中我们可以看到，在样本期间，中国制造业整体上保持了较为明显的上升趋势，尤其是在 1997 年之后。中国制造业出口质量 1990 年为 0.712，经过 7 年较为平缓的发展，1997 年突然下降到 0.588，然后保持了上升趋势，最高达到 2005 年的 0.92，此后是一段平缓的变动。纵向来看，中国制造业整体出口质量得到了很大提升，说明中国制造业技术水平提高，创新能力增强。从中国制造业出口质量的绝对值来看，中国制造业出口质量尽管有较大提升，但还是比较低，反映出中国制造业还有很大的提升空间，应该进一步增强制造业的创新能力。

从图 5 - 2 来看，27 个行业出口质量保持了上升趋势，只有饮料制造业出现下滑趋势。它的出口质量从 1992 年的 1.057 降到 1997 年的 0.542，又上升到 2000 年的 1.107，但到 2011 年又下降到 0.531，表现为剧烈的波动和整体下降的趋势。分时间段来看，2001 年前，中国制造业各行业出口质量上升趋势特别明显，而 2001 年后，各行业出口质量呈现较为平稳的波动。这说明，在经济发展的不同阶段，中国制造业出口质量变动具有不同特征。在早期阶段，由于整体出口质量水平不高，依靠简单的工序创新，中国制造业各行业出口质量在经济的高速发展过程中实现快速提升。随着时间的推移，出口质量提升所需要的创新更为复杂，这时候，由于配套的创新环境、创新体系和生产综合能力的缺失，其似乎面临提升的瓶颈，出现平缓的变动。

（2）不同行业出口质量波幅差别较大。

化学纤维制造业出口质量 1997 年最低，只有 0.363，1999 年最高，为 1.91，但之后又迅速回落到 1 左右，在这种震荡中，出口质量最大相差 1.547。化学原料及化学制品制造业出口质量样本期间 1997 年最低，为 0.638，而 1995 年为 0.96。在样本期间，该行业出口质量差距只有 0.322，整体变动很平缓。这反映出不同行业在国际市场中竞争力的变化以及自身技术水平的变化程度。波幅较大说明该行业国际市场竞争激烈，出口质量在不断变化。波幅较小可能有两个原因：一个是该行业可能是垄断性较强行业，较高的壁垒会阻碍竞争；另一个是该行业可能由于自身的竞争无力，长期处于较平稳的位置。

同时，从表 5 - 1 中，通过比较 1990 年和 2011 年各行业的出口质量数据，我们也可以看到，经过 22 年的发展，不同行业出口质量的上升幅度有较大差异。27 个出口质量有上升趋势的行业中，有 6 个行业出口质量上升幅度低于 0.103，有 21 个行业出口质量上升幅度明显，例如文教、体育用品制造业出口质量从 0.272 上升到 0.982，塑料制品业出口质量从 0.363 上升到 0.951，还有金属制品业、通用设备制造业、交通运输设备制造业、电子及通信设备制造业等行业，出口质量上升幅度都超过 0.5。这说明，随着经济的发展，中国在一些资本密集度和技术密集度比较高的行业上出口质量出现了较大幅度的提升。

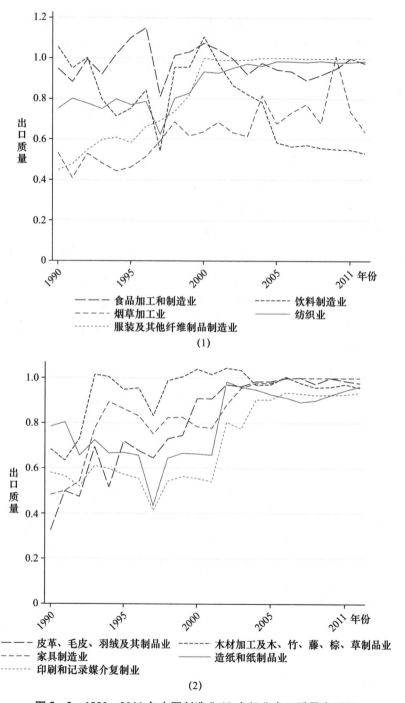

图 5 – 2　1990—2011 年中国制造业 28 个行业出口质量变迁图

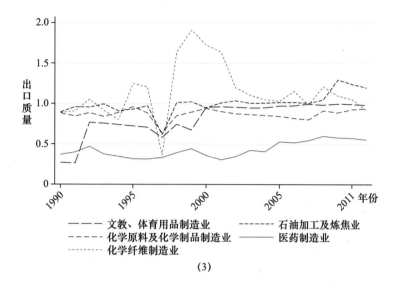

(3)

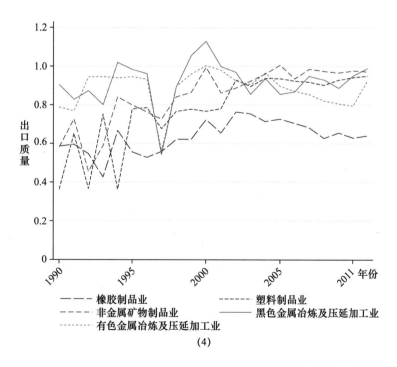

(4)

图 5 - 2　1990—2011 年中国制造业 28 个行业出口质量变迁图（续）

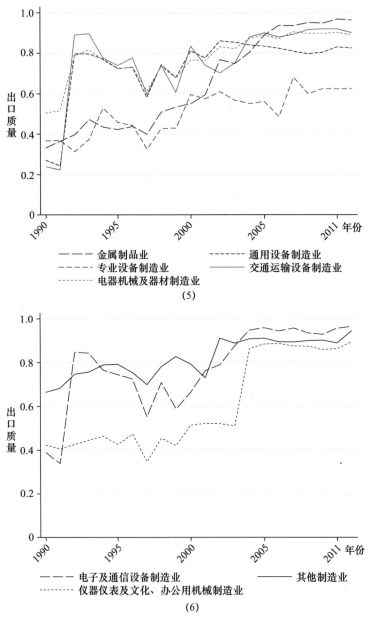

图 5 - 2　1990—2011 年中国制造业 28 个行业出口质量变迁图（续）

资料来源：同图 5 - 1。

3. 制造业出口质量与行业增长

我们对中国 1990—2011 年中国制造业的出口质量和行业增长之

间的关系进行了初步探讨。在图 5 - 3 中，对制造业各行业的出口质量与行业人均增加值对数之间关系进行了散点与拟合分析。通过拟合，我们可以看到，无论是全体样本还是分样本（轻工业样本和重工业样本），中国制造业出口质量提升和行业增长之间均存在稳定的正相关关系。相较于轻工业而言，这两者的关系在重工业中表现得更为明显。这说明，随着技术的积累和创新能力的提升，尽管投入成本在上升，但由于市场竞争力的增强，中国制造业出口质量提升会有效促进行业增长。

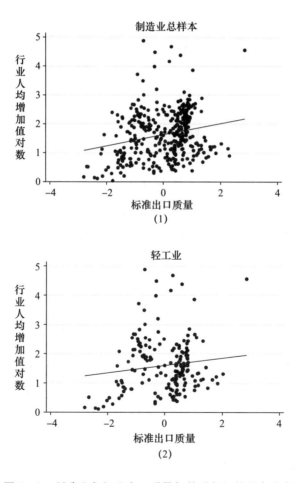

图 5 - 3　制造业各行业出口质量与其增长间的散点分布

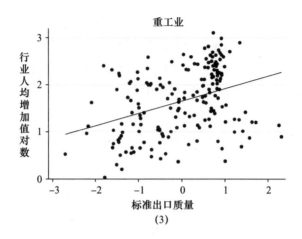

图 5 - 3　制造业各行业出口质量与其增长间的散点分布（续）①

资料来源：中国制造行业增长指标来源于《中国统计年鉴》与《中国工业统计年鉴》，行业出口质量由笔者整理计算所得。

二　计量模型及指标设定

1. 计量模型

本部分借鉴 Poncet 和 de Waldemar（2013）与李小平等（2015a）的实证分析模型，在考虑物质资本强度、人力资本、技术潜力、贸易开放度等变量的基础上，探讨制造业出口质量的提升对行业增长的影响，具体模型如下：

$$Y_{i,t} = \alpha_0 + \beta Quality_{i,t} + \gamma Contr + \eta_i + \mu_t + \varepsilon_{i,t} \qquad (5.1)$$

其中，Y 代表制造业的行业增长，i 表示 26 个制造行业中的某一行业②，t 代表年份；$Quality$ 是制造业出口质量变量，$Contr$ 是控制变量，分别指物质资本强度、人力资本、技术潜力、贸易开放度、国有企业比重、企业规模等因素的综合影响，η、μ、ε 分别表示反映各部门制造业差异的个体效应、随时间变化的时间效应与其他干扰项。主要变量的描述性统计情况如表 5 - 2 所示。

---

① 轻重工业分类标准见附录 G。

② 由于数据的原因，我们把中国 28 个制造行业中的其他制造业剔除，通用设备制造业与专用设备制造业合并，设立机械制造业。因此，制造业中 28 个行业变为 26 个行业。

表 5 - 2　　　　　　　　　　主要变量的描述性统计情况

变量	定义	单位	样本	均值	标准差	最小值	最大值
PG	制造业人均增加值的对数	—	364	1.6275	0.8226	0.0319	4.8812
Quality	标准化制造业出口质量[①]	—	364	$-5.28e-08$	0.9659	-2.8073	2.8430
PFA	人均固定资产存量对数	—	364	1.8086	0.7096	0.2857	3.5491
RD	人均研发投入对数	—	364	6.7857	1.2419	3.4437	9.0707
HR	工资相对比率	—	364	1	0.4967	0.3045	2.2445
ZO	制造业开放度	%	364	32.16	0.1711	0.07	87.13
GE	国有企业比重	%	364	34.75	1.3618	0.29	99.35
ES	平均企业规模	亿元	364	0.4114	1.6489	0.0301	17.747

（1）制造行业增长。我们参考陈勇和李小平（2006）的做法，采用制造业的工业增加值表示每年的产出数据。在具体的数据形式上，用各行业不变价格工业增加值除以全部职工年平均人数的对数来表示行业增长指标。

（2）制造业出口质量。该数据采用前文制造业出口质量的计算结果。

（3）物质资本强度。这里采用各制造业的人均固定资产存量表示物质资本强度。一般来说，资本密集型产业拥有更多的机器设备和更先进的技术水平等。但是，资本密集型产业技术水平越高是否一定越好？林毅夫和张鹏飞（2006）提出了适宜技术的问题，认为一个国家最适宜（优）的技术结构内生决定于这个国家的要素禀赋结构。对于发展中国家而言，资本密集型产业可能并没有采用发展中国家的最适宜技术，并不能为发展中国家带来更高的利润水平。这里以不变价固定资产存量与全部职工年平均人数的比值的对数表示物质资本强度。

（4）技术潜力。技术是经济发展的动力，也是行业发展的重要驱动力。内生增长理论认为技术进步是经济增长的最终源泉（Romer，

① 出口质量的标准化方式采取了各行业样本期间出口质量减样本期间均值，然后除以样本期间方差的方式。标准化后不改变各行业出口质量历年的排序。

1990）。这里主要以制造业各企业历年内部科研投入与全部职工年平均人数比值的对数作为技术的替代变量。考虑到它影响效果的滞后性，称之为"技术潜力"。考虑到技术潜力发挥作用需要一段时间，对行业增长的当期影响不大，其主要作用在于对行业增长的长期促进作用。

（5）人力资本。人力资本是指劳动者的知识水平、个人能力和基本技能等。一般认为，人力资本是经济增长的动力之一；一个企业的人力资本水平越高，意味着该企业的效率越高，竞争力越强。但是人力资本的估算却比较困难（朱平芳和朱先智，2007）。这里采用 Cole 等（2005）的做法，用行业的职工工资水平与各行业的平均工资之比来表示人力资本。

（6）贸易开放度。对于中国而言，贸易开放度经常被作为一种促进国家产品结构向高质量升级的有力工具而反复使用。从一般意义上而言，外国投资企业生产的产品，质量比东道国国内企业原来出口的产品质量要高，所以对增长有直接促进作用（Iacovone 和 Javorcik，2010；Wang 和 Wei，2010）。但也有一些学者认为，如果缺少配套机制，对外开放与吸引外资对中国经济的提升作用不大（Poncet 和 de Waldemar，2013）。这里用制造业中"三资企业"的工业总产值与其所属行业的工业总产值之比来表示制造业开放度，表明"三资企业"参与制造业的程度。

（7）国有企业比重。不同所有制企业的效率和利润水平可能不同；一般认为，相对于国有企业来说，非国有企业的管理机制更灵活，其适应市场变化的能力更强，盈利能力也更强。因此，行业中的国有企业比重越大，其经济增长水平可能越低。刘小玄（2000）发现，中国工业行业的所有制结构对其效率有明显的影响：私营个体企业的效率最高，三资企业、股份和集体企业次之，国有企业效率最低。姚洋和章奇（2001）与张军等（2009）也发现非国有企业比国有企业的技术效率更高。但是，随着国有企业比重的增加，就会产生规模效应，从而对行业增长起到促进作用。因此，该指标对行业增长的影响可能为正，也可能为负，主要取决于国有企业比重增加带来的规模效应等正效应与机制僵化、垄断等负效应的比较。这里以国有及国有控股工业总产值占国有及规模以上非国有工业总产值之比表示国有企业比重。

（8）企业规模。新贸易理论认为，规模经济是经济增长的重要动力。企业的规模越大，越可能获得规模经济的好处，可以发挥固定单位产出需要更少的生产成本的优势，从而增强其盈利能力。姚洋和章奇（2001）发现，大企业比中小企业的效率更高；不同区域对企业的技术效率有显著的影响。这里以行业的不变增加值与行业的企业个数之比表示企业规模。

2. 数据处理

经验研究部分关于中国制造业的工业增加值、总产值、年末平均职工人数、三资企业工业总产值等数据主要来源于历年《中国统计年鉴》和《中国工业统计年鉴》，时间跨度为 1998—2011 年，这两个数据来源与计算产业出口质量依据的《国际贸易标准分类》（SITC Rev. 3）在制造业的划分上是不同的。[①] 为此，我们按照《国际贸易标准分类》方法对制造业进行了合并处理，农副食品加工业与食品制造业数据合并，设立食品加工和制造业；通用设备制造业与专用设备制造业合并，设立机械制造业；工艺品及其他制造业以及废弃资源和废旧材料回收加工业由于归类不明确，且统计年度不连续，没有使用其数据，最后得到 26 个行业的制造业。国内的所有价格数据统一采取陈勇和李小平（2006）的方法以 1990 年为基期进行平减处理。

第二节　实证结果分析

在实证回归之前，首先考察样本中各自变量的膨胀因子 VIF 值，

[①] 按照《国民经济行业分类》（GB/T 4754 – 2002），制造业分为 30 个行业，而《国际贸易标准分类》中制造业分为 28 个行业。按照《国民经济行业分类》（GB/T 4754 – 2011），制造业分为 31 个行业，但它的实施是从 2012 年才开始的，不在样本统计期间。

结果 VIF 值都小于 5（见表 5 - 3），说明各个自变量间共线性问题在控制范围以内。① 在进行实证分析前，需检验样本面板数据是否平稳，为此，对所有相关变量进行单位根检验。根据 Levin - Lin - Chu（LLC）、Im - Pesaran - Shin（IPS）和 Augmented Dickey - Fuller（ADF）三种面板单位根检验结果（见表 5 - 4），所有变量均为平稳、去均值平稳。因此，可以将所有变量视为平稳变量。除了考虑制造业出口质量变量外，我们在实证分析中逐步加入了不同控制变量进行回归分析。

表 5 - 3　　　　　　　　总样本中各自变量的膨胀因子 VIF 值

变量	Quality	PFA	HR	RD	ZO	GE	ES	Mean VIF
VIF 值	1.12	4.25	2.04	2.56	2.28	3.45	1.49	2.46

表 5 - 4　　　　　　　　　面板单位根检验结果

变量	LLC	IPS	ADF	结论
PG	− 2.3889 ***	− 2.2246 ** dm	97.0958 *** dm	平稳
Quality	− 33.2384 ***	− 1.8435 **	142.52 ***	平稳
PFA	− 5.2317 *** dm	− 2.4361 ***	83.063 *** dm	平稳
RD	− 7.5286 ***	− 3.6423 ***	104.049 ***	平稳
HR	− 28.1317 *** dm	− 1.731 * dm	114.341 *** dm	平稳
ZO	− 1.8968 ** dm	− 1.2668 * dm	112.964 ***	平稳
GE	− 9.7904 ***	− 8.0952 *** dm	97.2829 ***	平稳
ES	− 31.3775 ***	− 1.730 * dm	229.742 *** dm	平稳

注：***、**、*分别代表在1%、5%、10%的显著水平下拒绝变量不平稳的原假设，dm 表示去均值。

一　总体样本模型估计

表 5 - 5—表 5 - 7 是对制造业出口质量提升与行业增长之间关系的总体分析。由表 5 - 5—表 5 - 7 可知，不论是静态模型、动态模型

① 根据经验原则，如果最大的方差膨胀因子 VIF = max（VIF$_1$，VIF$_2$，…，VIF$_n$）≤ 10，则表明不存在多重共线性问题。

还是工具变量模型，尽管存在显著性大小上的差异，但行业出口质量与行业增长之间都保持了正相关关系。这符合理论预期，说明行业创新能力的增强和行业出口质量的提升会增强该行业的市场竞争力，有效促进其增加值的提高。

1. 静态分析

表5－5中的模型是静态分析模型，首先，模型（1）中单独考察了出口质量和行业增长之间的关系，出口质量系数显著为正，初步验证了出口质量和行业增长之间呈正相关关系。其次，我们在模型（2）—模型（4）中增加了不同类型的控制变量，观察出口质量系数的变化。制造业开放度与国有企业比重是此消彼长的变量。一个行业中外商生产的产品总值占全行业产品总值的比重越大，意味着该行业的开放度越大，说明国有企业在这个行业中生产的产品总值所占比重越小。为了减少共线性风险，不将这两个变量同时放入模型。因此，在模型（4）和模型（3）中，分别增加制造业开放度和国有企业比重变量。我们可以看到，尽管出口质量系数有所缩小，但与行业增长之间关系仍然显著为正。这进一步说明了出口质量和行业增长之间正相关的稳健性。

控制变量系数基本符合预期。人均固定资产存量对数、工资相对比率和人均研发投入对数分别代表物质资本强度、人力资本和技术潜力。这三个指标与行业增长显著正相关，说明尽管存在林毅夫和张鹏飞（2006）所提出的适宜技术问题以及技术潜力的滞后问题，但实证结果支撑了传统经济理论认为资本、劳动力与技术能够促进行业增长的结论。制造业开放度变量系数为正，与预期一致。制造业开放度的提升会引进更多的竞争因素，增强行业经营的活力，促进行业增长。平均企业规模变量系数出现相反的变化，说明我国制造业中通过行业集聚产生的规模效应并不明显。这是因为，企业在规模越来越大，享受规模效应好处和协同效应加深的同时，一些管理僵化、信息不畅、调整缓慢的弊端就会逐渐显现。这些大规模运营的弊端会对冲规模集聚带来的良好效应，使得企业规模变量对行业增长的影响出现不一致。国有企业比重变量系数为负，说明国有企业比重的下降会促进行业增长。这与张军等（2009）发现相较于国有企业，非国有企业的技术效率更高的结论一致。

表 5 - 5 静态分析回归结果

解释变量	（1）PG	（2）PG	（3）PG	（4）PG
Quality	0.0355*	0.0123*	0.0147*	0.0181**
	(1.98)	(1.82)	(1.89)	(2.37)
PFA		0.3821***	0.4782***	0.4662***
		(2.84)	(2.91)	(3.04)
HR		0.6997***	1.2298***	1.2221***
		(17.85)	(6.14)	(6.32)
RD		0.2879***	0.0517	0.0560
		(7.31)	(1.17)	(1.27)
ZO				0.3454
				(0.97)
ES			0.0021	-0.0004
			(0.31)	(-0.07)
GE			-0.1557	
			(-0.97)	
常数项	0.6264***	-1.7177***	-0.8554***	-1.0146***
	(14.18)	(-6.90)	(-4.40)	(-4.27)
时间效应	控制	控制	控制	控制
R^2	0.9341	0.9646	0.9650	0.9652
F 或 Wald	115.38 [0.0000]	951.52 [0.0000]	1709.83 [0.0000]	2926.80 [0.0000]
Hausman 检验	0.69 [0.4074]	4.04 [0.1324]	81.00 [0.0000]	58.07 [0.0000]
模型	RE	RE	FE	FE
样本	364	364	364	364

2. 动态分析

本期的行业增长会成为下期行业增长的基础，也就是说，当期生产的增加，会在下期成为新的投入，从而促进下期的增长。因此，我们进一步探讨了前期人均工业增加值增长对当期该值的影响，结果见

表5-6。前期人均固定资产存量不仅对同期行业增加值的增长有影响，对当期行业增长也可能有促进作用。因此，表5-6的模型（5）和模型（6）中增加了滞后一阶的行业人均固定资产存量，考察其对当期行业增长的影响。同时，RD 作为代表技术潜力的变量，它的影响可能不仅仅是在当期，因此模型（5）和模型（6）中也加入了其一阶滞后项，考察研发投入滞后项的影响。

表5-6　　　　　　　　　　动态分析结果

解释变量	（1）PG	（2）PG	（3）PG	（4）PG	（5）PG	（6）PG
Quality	0.0033 *	0.0036 *	0.0031 *	0.0041 *	0.0029 *	0.0031 *
	(1.77)	(1.82)	(1.96)	(1.79)	(2.01)	(1.69)
PFA		0.0679 *	0.0725	0.0754 *	0.3251 *	0.3106 ***
		(1.72)	(1.84) *	(1.95)	(2.00)	(3.97)
HR		0.1041 ***	0.0911 **	0.0982 ***	0.0613	0.0601 **
		(4.16)	(2.60)	(4.08)	(1.66)	(2.23)
RD		0.0232 ***	0.0241 ***	0.0247 ***	0.0189 **	0.0198 ***
		(2.83)	(3.07)	(3.24)	(2.43)	(2.85)
ZO			-0.0953		0.0153	
			(-0.71)		(0.11)	
ES			0.0015	-0.0005	0.0031 ***	0.0018
			(1.68)	(-0.33)	(3.34)	(1.08)
GE				0.1171		0.0738
				(1.40)		(0.94)
常数项	0.1949 ***	-0.0097	0.0071	-0.0857	-0.0263	-0.0745
	(16.01)	(-0.12)	(0.10)	(-0.85)	(-0.27)	(-0.61)
L.PG	0.9656 ***	0.8453 ***	0.8528 ***	0.8636 ***	0.8759 ***	0.8851 ***
	(123.08)	(34.30)	(28.75)	(31.74)	(23.17)	(28.20)
L.PFA					0.2748 ***	0.2529 ***
					(3.59)	(3.25)
L.RD					0.0085	0.0088
					(0.91)	(1.03)
时间效应	控制	控制	控制	控制	控制	控制

续表

解释变量	(1) PG	(2) PG	(3) PG	(4) PG	(5) PG	(6) PG
R^2	0.9865	0.9882	0.9883	0.9884	0.9890	0.9891
F 或 Wald	7918.55 [0.0000]	4148.22 [0.0000]	6544.31 [0.0000]	7249.56 [0.0000]	9735.04 [0.0000]	3069.60 [0.0000]
Hausman 检验	19.10 [0.0001]	55.52 [0.0000]	60.41 [0.0000]	56.17 [0.0000]	40.00 [0.0000]	47.18 [0.0000]
模型	FE	FE	FE	FE	FE	FE
样本	338	338	338	338	338	338

通过表 5 - 6，我们可以看到，在动态中前期行业增长都对下期行业增长存在显著的正影响。这反映出生产经营的惯性和连续性，不同时期生产经营活动的综合和交叉形成了连续性的行业变动。同时，不管是否加入控制变量，行业出口质量都对行业增长有显著为正的影响，只不过相比较静态分析结果，系数较小。控制变量的系数也存在这样一个趋势，即相较于静态分析结果，变量系数都明显变小。这说明，在动态中，考虑前期影响因素的情况是对各当期影响因素作用大小的一种纠正。制造业开放度在模型（3）和模型（5）中出现相反的系数变化，但都不显著。产生这种情形的原因可能在于，一般情况下贸易开放度会促进行业增长，但同时也会输入世界性的经济波动，影响行业的增长。因此，制造业开放度变量的符号出现相反的变化。其他控制变量系数符号的解释可以参考静态分析。需要注意的是行业固定资产和研发投入一阶滞后项对行业增长的影响。在模型（5）和模型（6）中，我们可以看到，前期固定资产对下期行业增长存在显著的促进作用。这说明固定资产投资会对行业增长形成长期的正向影响。这与我国以投资推动经济增长的经济实践相吻合。研发投入的滞后项系数不显著，但都保持了正符号。这一结果在一定程度上反映了当期行业研发投入由于技术积累对下期行业增长的促进作用。之所以不显著，可能的原因在于，中国创新环境不配套、科研转化率低影响了科研成果对行业增长的促进作用。

3. 内生性问题

考虑到可能存在的内生性问题，一个行业的出口质量可能会影响其每年的增加值，反过来，行业增加值的增长和创新能力的增强又可以潜在地提升其出口质量。行业出口质量与增加值之间的相互影响使得实证估计结果的测定可能会存在偏误。为了使检验结论更具稳健性，进一步采用两步 GMM 法进行回归，结果见表 5 - 7。我们可以看到，在表 5 - 7 中，所有的 Hausman 检验都拒绝了出口质量不存在内生性的原假设。因而，使用两步 GMM 方法处理内生性问题很有必要。这里采用传统的做法，以内生变量或其他变量的滞后项作为工具变量（连玉君等，2008），选择了行业出口质量的滞后项作为工具变量，并分别以 Cragg - Donald Wald F 统计值来检验工具变量是否为弱工具变量、以 Kleibergen - Paap rk LM 统计值来检验工具变量识别不足问题、以 Hansen J 统计值来检验工具变量的过度识别问题。在工具变量个数多于内生变量个数的情况下，使用 GMM 模型回归可以保证面板数据估计的有效性（陈强，2010）。我们可以看到，在表 5 - 7 的模型中工具变量都通过了检验，说明所选择的工具变量有效可靠。

从表 5 - 7 中所有模型来看，在两步 GMM 模型设定下行业出口质量与行业增长之间仍然保持了高度正相关，且系数相比静态模型分析变得更大。这进一步说明了出口质量的提升对制造业增长的促进作用。同时，在控制了内生性问题之后，行业出口质量系数变大说明静态模型对出口质量对行业增长的作用存在一定的低估。控制变量与静态模型分析结果基本相符，其解释可以参考静态分析结果。本研究的实证模型结果与现有文献的结论基本一致。比如 Hausmann 等（2007）认为，经济复杂度越高的国家或地区，其经济发展水平越高；Poncet 和 de Waldemar（2013）认为，中国经济复杂度越高的城市，其经济发展也越快；Jarreau 和 Poncet（2012）也得出类似结论。

二　分类检验估计

以上分析主要针对制造业总体样本，事实上不同类型制造业受出口质量的影响可能存在差异。为了进一步分析出口质量对不同类型制造业增长的影响，我们把制造业按照不同标准分成轻型制造业和重型

表 5 – 7　　　　　　　　　2STEP GMM 模型回归结果

解释变量	(1) PG	(2) PG	(3) PG	(4) PG
Quality	0.0601***	0.0321***	0.0332***	0.0324***
	(3.43)	(2.66)	(2.73)	(2.63)
PFA		0.5595***	0.5345***	0.5532***
		(9.82)	(9.59)	(9.42)
HR		1.1242***	1.1121***	1.1075***
		(9.75)	(9.25)	(9.15)
RD		0.0118	0.0182	0.0140
		(0.64)	(0.97)	(0.75)
ZO			0.1931	
			(1.18)	
ES			0.0033	0.0042
			(0.90)	(1.11)
GE				-0.0245
				(-0.29)
时间效应	控制	控制	控制	控制
R^2	0.9277	0.9640	0.9642	0.9641
F 或 Wald	255.17[0.0000]	437.88[0.0000]	465.64[0.0000]	438.83[0.0000]
Hausman 检验	43.53[0.0000]	37.67[0.0003]	39.90[0.0005]	49.43[0.0000]
Kleibergen – Paap rk LM	54.553 [0.0000]	53.313 [0.0000]	53.253 [0.0000]	55.649 [0.0000]
Cragg – Donald Wald F	101.346[19.93]	99.157[19.93]	98.027[19.93]	94.632[19.93]
Hansen J	1.164[0.2807]	0.005[0.9439]	0.0001[0.9937]	94.632[0.9300]
模型	2STEP GMM	2STEP GMM	2STEP GMM	2STEP GMM
样本	312	312	312	312

注：模型中 Quality 为内生变量，其工具变量全部为 Quality 的一阶和二阶滞后项。Cragg – Donald Wald F 统计值括号里的值为弱工具变量检验的 10% 水平标准值。

制造业、同质性制造业和异质性制造业、不同技术类型制造业，进行了实证分析。

1. 轻重行业分类实证分析①

表5-8中模型（1）—模型（3）是轻工业回归结果，模型
（4）—模型（6）是重工业回归结果。通过表5-8可以看到，出口
质量对重工业增长有显著影响，对轻工业增长影响相对较小。这也可
以通过图5-3看出，在图5-3中，轻工业行业出口质量与行业增长
散点图的拟合线平缓，而在重工业样本中刚好相反。图5-3中，重
工业样本的拟合线较轻工业样本陡峭，说明尽管不论哪种样本中行业
出口质量提升都对行业增长有明显促进作用，但似乎重工业出口质量
提升才是拉动整个制造业增长的重要原因。之所以产生这样的结果，
可能是因为重工业品种较为单一，出口质量的提升对强化市场竞争力
具有重要作用，因而出口质量变化对其行业增长影响较大。而轻工业
品种多样，产品差异化是其重要竞争手段，深挖质量潜力反而处于次
要地位，从而影响了出口质量对其行业增长的作用。该现象给我们的
启示是：重工业要注重提升产品出口质量，而轻工业要想增强市场竞
争力，在创新的方向上要产品创新和工序创新并重。

表 5 - 8 　　　　　　　　　轻重行业分类回归结果

解释变量	(1) PG	(2) PG	(3) PG	(4) PG	(5) PG	(6) PG
$Quality$	0.1250*	0.0079*	0.0039*	0.2628***	0.0105*	0.0147*
	(1.69)	(1.72)	(1.98)	(2.65)	(1.89)	(1.85)
PFA		0.4491***	0.3287*		0.2251	0.0377
		(3.27)	(1.87)		(1.19)	(0.23)
HR		0.7219***	0.6294***		0.7217***	0.6142***
		(13.91)	(9.88)		(4.87)	(7.58)
RD		0.2186	0.1816***		0.3111***	0.3552*
		(4.48)	(3.77)		(4.07)	(5.13)
ZO		0.4209			1.4569**	
		(0.85)			(2.25)	

① 具体轻重工业的分类方法基于《轻重工业划分办法》（国家统计局，2006），具体
分类结果见附录 G。

续表

解释变量	(1) *PG*	(2) *PG*	(3) *PG*	(4) *PG*	(5) *PG*	(6) *PG*
ES		0.0103 ***	0.0271 ***		0.2011	0.4209
		(4.19)	(4.15)		(0.38)	(1.07)
GE			−0.8998 **			−0.6486 **
			(−2.38)			(−2.22)
常数项	1.6008 ***	−1.3701 ***	−0.5271	1.6541 ***	−2.2985 ***	−1.5247 ***
	(7.30)	(−4.10)	(−1.04)	(16.93)	(−8.37)	(−3.86)
R²	0.3218	0.9419	0.9510	0.1724	0.9337	0.9265
Hausman 检验	0.00	41.18	57.08	0.00	17.27	8.95
	[1.0000]	[0.0000]	[0.0000]	[1.0000]	[0.0083]	[0.1764]
时间效应	控制	控制	控制	控制	控制	控制
模型	RE	FE	FE	RE	RE	RE
样本数量	182	182	182	182	182	182
样本类型	轻工业样本			重工业样本		

2. 不同差异化程度行业实证分析

参考 Rauch（1999）的做法，我们在 SITC 三分位和四分位水平上把不同类型商品集结为严格和宽松两个层面上的同质性和异质性行业（见附录 H）。对不同层面同质性和异质性制造行业出口质量与行业增长的关系进行回归分析，结果见表 5 - 9。由表 5 - 9 可知，不管是在严格层面上对制造行业进行同质性和异质性划分，还是在宽松层面上对其进行划分，行业出口质量与行业增长之间都保持了正相关关系。而且，不管在哪种层面上对制造行业进行同质性和异质性分类，异质性行业出口质量的系数都要比同质性的行业系数大。这说明，在竞争过程中，异质性行业更为重视质量因素在竞争中的作用，而该类型行业出口质量的提升也更有利于行业的增长。因此，在这类行业中出口质量对行业增长的作用明显。同质性行业由于产品的同质性，差异不大，在一定程度上弱化了质量在竞争中的作用。因此，这类行业中出口质量对行业增长的作用不太显著且作用较小。控制变量中，国有企业比重变量系数为负，符合理论预期，说明不管是在同质性还是异质性行业中，降低国有企业比重、增强行业竞争力活力都会有效促进行业增长。其他控制变量见静态分析中的解释。

表 5 - 9　　　　　　　　　不同差异化程度行业回归结果

解释变量	(1) PG	(2) PG	(3) PG	(4) PG	(5) PG	(6) PG	(7) PG	(8) PG
Quality	0.0031 * (1.78)	0.0053 (0.24)	0.0047 ** (2.27)	0.0218 * (1.73)	0.0131 (0.54)	0.0098 (0.40)	0.0141 * (1.78)	0.0274 * (1.97)
PFA	0.4449 *** (3.42)	0.3633 ** (2.42)	0.1443 (0.97)	0.0053 (0.09)	0.4991 *** (3.27)	0.4098 ** (2.18)	0.3041 ** (3.01)	0.1542 (1.52)
HR	0.6890 *** (9.10)	0.6029 *** (10.02)	0.7954 *** (9.29)	0.6879 *** (19.53)	0.6790 *** (8.70)	0.6208 *** (9.12)	0.7426 *** (12.29)	0.5828 *** (13.93)
RD	0.2429 *** (5.00)	0.2047 *** (3.96)	0.3861 *** (12.03)	0.4955 *** (12.91)	0.2319 *** (4.37)	0.1937 *** (3.60)	0.3137 *** (7.76)	0.3628 *** (7.65)
ZO	0.3321 (0.55)		1.7261 *** (5.89)		- 0.0534 (- 0.88)		1.9062 *** (6.99)	
ES	0.0126 * (1.74)	0.0276 *** (3.79)	- 0.2661 (- 1.43)	0.0754 (0.79)	0.0128 (1.53)	0.0256 ** (2.87)	- 0.1011 (- 0.58)	0.2668 (1.16)
GE		- 0.9981 ** (- 2.36)		- 0.0342 (- 0.24)		- 0.8710 * (- 1.94)		- 0.5325 * (- 1.77)
常数项	- 1.6213 *** (- 5.49)	- 0.8075 (- 1.63)	- 2.7528 *** (- 8.24)	- 2.6148 *** (- 8.46)	- 1.5388 *** (- 4.69)	- 0.8451 (- 1.53)	- 2.5378 *** (- 8.09)	- 1.6927 *** (- 5.41)
时间效应	控制	控制	控制	控制	控制	控制	控制	控制
R^2	0.9239	0.9341	0.9696	0.9568	0.9168	0.9260	0.9631	0.9490
F 或 Wald	8255.15 [0.0000]	4107.67 [0.0000]	380.65 [0.0000]	1838.97 [0.0000]	1025.15 [0.0000]	8345.84 [0.0000]	249.70 [0.0000]	1624.53 [0.0000]
Hausman 检验	32.93 [0.0000]	74.00 [0.0000]	15.71 [0.0034]	2.30 [0.8900]	28.31 [0.0000]	50.63 [0.0000]	14.13 [0.0069]	6.77 [0.3430]
模型	FE	FE	FE	RE	FE	FE	FE	RE
样本数量	252	252	112	112	182	182	182	182
样本类型	同质性行业		异质性行业		同质性行业		异质性行业	
	宽松标准分类				严格标准分类			

3. 不同技术类型行业实证分析

OECD（2003）依据《国际标准产业分类》（ISIC，3.0），按照研发密度将制造业分成了高技术、中高技术、中低技术和低技术四个层次。本书按照这四个层次进行了制造业的匹配（具体见附录 I）。考虑到各组样本量均衡的问题，我们把经过匹配的 SITC（Rev.3）制造业分类中高技术制造业与中高技术制造业进行了合并，归类为新的高技术制造业，剩下两个层次的制造业分别对应中等技术制造业和低技术制造业。经过整理后，制造业按照研发密度被划分成了高技术、中等技术和低技术三个层次。表 5 - 10 中模型（1）—模型（2）是低技术制造业回归结果，模型（3）—模型（4）是中等技术制造业回归结果，模型（5）—模型（6）是高技术制造业回归结果。

表 5 - 10　　　　　　　不同技术类型产品的回归结果

解释变量	(1) PG	(2) PG	(3) PG	(4) PG	(5) PG	(6) PG
$Quality$	0.0008	0.0154	0.0057 ***	0.0062 **	0.0025	0.0194
	(1.03)	(0.77)	(3.19)	(2.19)	(0.12)	(0.94)
PFA	0.4049 **	0.2661	0.0035	0.0262	0.0718	0.1107 ***
	(2.53)	(1.48)	(−0.01)	(0.11)	(0.54)	(3.28)
HR	0.7448 ***	0.6079 ***	0.6737 ***	0.5700 ***	0.8658 ***	0.6270 ***
	(12.26)	(8.51)	(4.96)	(5.12)	(13.72)	(18.17)
RD	0.2043 ***	0.1411 ***	0.2805 ***	0.2725 ***	0.3678 ***	0.5039 ***
	(3.61)	(3.19)	(3.82)	(3.36)	(10.19)	(11.47)
ZO	0.4555 **		0.8752		1.8694 ***	
	(0.77)		(1.64)		(5.76)	
ES	0.0101 **	0.0345 ***	1.1743	1.2419 *	− 0.3841 *	0.1495 **
	(3.02)	(6.31)	(1.37)	(1.70)	(− 2.1)	(2.38)
GE		− 1.5655 ***		− 0.6590 **		− 0.1239
		(− 4.81)		(− 2.29)		(− 1.20)
常数项	− 1.1967 ***	− 0.0202	− 1.5642 ***	− 0.9427 **	− 2.5754 ***	− 2.8033 ***
	(− 3.27)	(− 0.05)	(− 3.53)	(− 2.52)	(− 8.91)	(− 8.09)
R^2	0.9387	0.9585	0.9147	0.9158	0.9726	0.9591

续表

解释变量	（1）PG	（2）PG	（3）PG	（4）PG	（5）PG	（6）PG
F 或 Wald	360.37 [0.0000]	9271.36 [0.0000]	2762.85 [0.0000]	1152.30 [0.0000]	383.79 [0.0000]	1591.19 [0.0000]
Hausman 检验	82.79 [0.0000]	65.42 [0.0000]	6.67 [0.1545]	8.33 [0.2148]	23.94 [0.0001]	2.73 [0.8417]
时间效应	控制	控制	控制	控制	控制	控制
模型	FE	FE	RE	RE	FE	RE
样本	154	154	112	112	98	98
技术类型	低技术		中等技术		高技术	

表 5 - 10 表明，在不同技术类型制造行业中，出口质量都会对行业增长产生促进作用，但只有中等技术制造行业的系数显著且较大。这与我国当前具有一定技术优势的制造行业的现实相吻合。它说明，在我国制造行业中，低技术行业和高技术行业出口质量的竞争优势并不明显，即使在一定程度上提升产品出口质量，也不会对行业竞争力产生重要影响，从而显著促进行业增长。在中等技术制造行业中，我国具有一定质量竞争上的优势，提升产品出口质量会显著增强产品市场竞争力，从而促进行业增长。控制变量的解释可以参考静态样本分析中的说明。

三　稳健性估计

为了使得中国制造行业出口质量提升能够促进行业增长的结论更为稳健，将采用 Tacchella 等（2013）与 Hausmann 和 Hidalgo（2010）的方法计算的出口复杂度作为出口质量的替代变量进行回归分析①，

---

① 对于出口质量和出口复杂度之间的关系，学术界讨论较多，有的认为两者无法相互替代，有的认为两者可以相互替代。例如，李坤望和王有鑫（2013）认为，出口产品质量有两种衡量方法，一种是产品出口复杂度，另一种是产品出口单位价值。笔者认为，两者尽管不能完全相互替代，但可以部分相互替代。出口质量是显性概念，它可以让消费者体验；出口复杂度是隐性概念，它体现为生产的技术与能力。一般而言，出口质量比较的是同一种产品，而出口复杂度比较的是不同产品。尽管两者有所不同，但随着时间推移，同一种产品出口复杂度的提升通常伴随着出口质量的提高。因此，由于两者在时间变化中的同步性，笔者使用行业出口复杂度作为行业出口质量的替代变量。这两种出口复杂度计算方法见李小平等（2015a）。

结果见表 5 – 11。在表 5 – 11 中，模型（1）—模型（3）是采用 Tac-chella 等（2013）的方法衡量的出口质量，模型（4）—模型（6）是采用 Hausmann 和 Hidalgo（2010）的方法衡量的出口质量。[①]

表 5 – 11　　　　　　两种不同方法衡量出口质量的静态分析

解释变量	(1) PG	(2) PG	(3) PG	(4) PG	(5) PG	(6) PG
Quality	0.0773	0.0853 **	0.0606 *	6.5959 ***	4.2307 ***	5.1499 ***
	(1.43)	(2.42)	(1.70)	(9.51)	(3.34)	(4.05)
PFA		0.3550 ***	0.3946 ***		0.3999 ***	0.4765 ***
		(5.87)	(6.46)		(2.98)	(3.58)
HR		0.5494 ***	0.4868 ***		0.6407 ***	0.5537 ***
		(16.70)	(16.39)		(13.02)	(13.80)
RD		0.1056 ***	0.1165 ***		0.2113 ***	0.2330 ***
		(5.09)	(5.52)		(4.94)	(5.37)
ZO		0.7182 ***			0.9535 **	
		(3.98)			(2.13)	
ES		0.0097	0.0123 *		0.0087	0.0122 **
		(1.37)	(1.68)		(1.65)	(2.35)
GE			– 0.0012			– 0.0040
			(– 0.20)			(– 1.20)
常数项	0.3656 ***	– 0.9754 ***	– 0.8788 ***	– 27.2890 ***	– 19.3860 ***	– 23.1679 ***
	(2.96)	(– 6.76)	(– 6.03)	(– 9.27)	(– 3.73)	(– 4.41)
时间效应	控制	控制	控制	控制	控制	控制
R²	0.859	0.951	0.948	0.868	0.936	0.932
F 或 Wald	2038.943	909.213	865.641	400.753	4778.052	8533.244
	[0.0000]	[0.0000]	[0.0000]	[0.0000]	[0.0000]	[0.0000]
Hausman 检验	0.91	67.62	125.23	0.00	60.35	116.46
	[0.6344]	[0.0000]	[0.0000]	[1.0000]	[0.0000]	[0.0000]
模型	RE	FE	FE	RE	FE	FE
样本	364	364	364	364	364	364

---

① 这两种方法计算结果的区别见李小平等（2015a）。

1. 静态分析

通过表 5 - 11 我们可以看到，不管是 Tacchella 等（2013）衡量的出口质量还是 Hausmann 和 Hidalgo（2010）计算的出口质量，都与行业增长之间保持了显著的正相关关系。差异在于前者计算的出口质量系数较小，而后者计算的出口质量系数较大。产生这种现象的原因在于，这两者由于计算方法有较大差异，得到的结果一个发散，一个收敛，而且结果的绝对值差距较大，从而造成系数大小的变化。控制变量相较于前面的分析结果，都更符合预期，而且显著性更强。这些都说明了前文分析结果的稳健性。

2. 内生性问题

为了控制出口质量的内生性问题，以 Tacchella 等（2013）与 Hausmann 和 Hidalgo（2010）计算的出口质量的滞后项为工具变量，进行两步 GMM 回归分析（见表 5 - 12）。从表 5 - 12 中我们可以看到，不管哪种方法衡量的出口质量，其系数都有明显下降。这说明，在控制了出口质量的内生性问题后，Tacchella 等（2013）与 Hausmann 和 Hidalgo（2010）衡量的出口质量系数对行业增长作用的解读会更准确。尽管控制变量有些不显著，但变量符号都符合预期。

表 5 - 12　　　　　多种方法衡量出口质量的 GMM 分析

解释变量	(1) *PG*	(2) *PG*	(3) *PG*	(4) *PG*	(5) *PG*	(6) *PG*
Quality	0. 0554*	0. 0537***	0. 0410*	1. 8061*	1. 2684*	1. 3426*
	(1. 69)	(2. 58)	(1. 87)	(1. 74)	(1. 80)	(1. 85)
PFA		0. 5664**	0. 5717***		0. 2433**	0. 2580**
		(8. 94)	(8. 87)		(2. 32)	(2. 48)
HR		1. 1211***	1. 1205***		0. 2085***	0. 1816***
		(9. 63)	(9. 53)		(3. 36)	(2. 74)
RD		0. 0218	0. 0204		0. 0546**	0. 0569**
		(1. 10)	(1. 02)		(2. 08)	(2. 11)
ZO		0. 2170			0. 2728	
		(1. 20)			(1. 53)	

续表

解释变量	(1) *PG*	(2) *PG*	(3) *PG*	(4) *PG*	(5) *PG*	(6) *PG*
ES		0.0012 (0.33)	0.0032 (0.88)		0.0105*** (3.01)	0.0132*** (4.19)
GE			−0.0977 (−1.08)			−0.0988 (−0.78)
R²	0.9271	0.9638	0.9636	0.9227	0.9357	0.9355
F 或 Wald	262.91 [0.0000]	461.89 [0.0000]	433.75 [0.0000]	1024.39 [0.0000]	640.46 [0.0000]	625.49 [0.0000]
时间效应	控制	控制	控制	控制	控制	控制
Kleibergen − Paap rk LM	24.789 [0.0000]	27.461 [0.0000]	26.580 [0.0000]	67.836 [0.0000]	46.188 [0.0000]	46.432 [0.0000]
Cragg − Donald Wald F	69.229 [19.93]	56.972 [19.93]	65.212 [19.93]	24.737 [22.30]	23.339 [22.30]	22.422 [22.30]
Hansen J	0.143 [0.7053]	0.006 [0.9365]	0.000 [0.9258]	1.852 [0.3962]	1.738 [0.4193]	1.968 [0.3739]
模型	2 STEP GMM	2 STEP GMM	2 STEP GMM	2 STEP GMM	2 STEP GMM	2 STEP GMM
样本	312	312	312	260	260	260

注：模型中 *Quality* 为内生变量，模型（1）—模型（3）中工具变量为 *Quality* 的一阶和二阶滞后项，模型（4）—模型（6）中工具变量为 *Quality* 的二阶、三阶、四阶滞后项。Cragg − Donald Wald F 统计值中括号里的值为弱工具变量检验的 10% 水平标准值。

第三节　本章小结

诸多文献研究了国家层面和地区层面出口质量对经济增长的促进作用，但鲜有人从行业角度研究出口质量演变的经济增长效应。本章从中国制造业出口质量指标的构建入手，实证研究了行业层面出口质量的提升对行业增长的促进作用，在研究的角度上有一定的创新性。通过实证分析，得到以下结论：

首先，关于中国制造业出口质量的演变。第一，整体来看，中国制造业出口质量上升趋势明显，经过多年的技术积累，中国在制造业出口质量上有很大提升。第二，分行业来看，28 个制造行业中，尽管上涨幅度有大有小，但 27 个行业保持了上升趋势，只有饮料制造业出口质量呈下降趋势。这说明了中国工业化的成绩。第三，在中国制造业出口质量提升的过程中，资源型和劳动密集型行业（例如，食品加工和制造业，烟草加工业，纺织业，木材加工及木、竹、藤、棕、草制品业等）与传统资源型重工业（例如，石油加工及炼焦业、黑色金属冶炼及压延加工业、有色金属冶炼及压延加工业等）出口质量提升幅度较小，而技术及资本密集型的机械制造业、运输设备制造业、电子及通信设备制造业出口质量提升幅度较大。这深刻表明，经过多年的技术引进、消化、吸收和创新，中国在一些高端技术行业上进步很快，从最初的简单加工，到开始生产更具竞争力的产品。第四，自2005 年以来，中国制造业各行业出口质量提升开始出现瓶颈。这是因为，我国制造业出口主要以加工贸易为主，在整个国际分工的生产链条中处于"微笑曲线"上较低的位置，决定了我国制造业在国际市场竞争中只能处于被动地位。随着整个制造业体量的增大，我国制造行业出口质量提升的成本会进一步上升，而国际市场激烈的竞争和竞争中的被动地位使得提升出口质量的成本无法得到弥补，从而限制了企业提升出口质量的动力。

其次，关于行业出口质量对行业增长的促进作用。第一，按照理论预期，出口质量作为生产率的一个维度，一方面，它的产生需要一定成本投入；另一方面，它又会带来利润的增加。企业需要衡量的是在预算约束下利润最大时投入多少成本提升产品的出口质量。在实证分析中，不管采取什么样的方法，结果都稳健地证明行业出口质量能够有效促进行业的增长。这说明中国制造业出口质量提升带来的行业增长效应要大于投入成本的上升。第二，相较于轻工业，在重工业上行业出口质量提升对行业增长的促进作用更为明显。第三，相较于同质性行业，在异质性行业中出口质量提升对行业增长的促进作用更为明显。第四，相较于低技术行业和高技术行业，在中等技术行业上出口质量提升对行业增长的促进作用更为显著。

本章主要从产业层面研究中国出口质量的提升对经济增长的影响，进一步的实证研究工作可以从以下两个方面展开：第一个方面是从区域层面研究出口质量的影响。中国区域经济发展很不平衡，沿海地区发展较快，而内陆地区发展缓慢。中国不同发展水平的地区经济增长是否均受到出口质量的影响，以及影响程度如何，是值得研究的问题。第二个方面是从微观企业层面研究出口质量的影响。例如，可以从企业所有权、所属地区、从事产业等多个层面验证出口质量的影响。对于第一个方面，已有少量研究，值得采用新的出口质量的测量方法进一步探讨其影响。囿于数据的可得性，第二个方面的研究还很匮乏，值得深入探讨。

国家在"十三五"规划的建议中提出了"完善对外贸易布局，创新外贸发展模式"，"推动外贸向优质优价、优进优出转变"的战略。因此，为提升行业出口质量，政府应该在以下方面多多努力：①从多层面、多渠道注重扶持高新技术的发展，在进行产品创新的同时鼓励企业进行工艺创新，促使行业生产出优质优价的产品；②出台相关配套政策，对各种资源进行供给侧改革，鼓励在生产中增加高等级生产要素（人才、知识、信息等）的比例，提供创造能力向现实工艺创新转化的条件，创造发挥出口质量提升对经济增长的促进作用的条件；③注意产品和产业升级以满足更高的需求，避免遭遇发展的停滞性陷阱；④针对不同行业出口质量变迁的特点，有区别、有针对性地采取差异化政策。

第六章　出口质量演变的经济波动抑制效应

理解经济波动的来源一直是经济学追求的重要目标。长期以来，关于经济波动来源的研究主要关注供给、需求、技术或劳动力的冲击（Kydland 和 Prescott，1982；Aiyagari、Christiano 和 Eichenbaum，1992；陈昆亭和龚六堂，2004）。最近，一些对经济波动来源的研究开始转向行业关联和转移（Acemoglu 等，2012；Gabaix，2011；Burren 和 Neusser，2013；欧阳艳艳，2013）、金融深化（Mallick，2014；王国静和田国强，2014）、政策影响（Aisen 和 Veiga，2013；黄赜琳和朱保华，2015）和制度因素（Duncan，2014；袁申国等，2011）。这反映出对经济波动来源的研究出现从直接影响因素和宏观视角向间接影响因素和微观视角转化的趋势。同时，在 2008 年世界性金融危机的影响下，外部冲击对经济波动的影响再次受到重视，例如国际贸易（Di Giovanni 和 Levchenko，2012；Parinduri，2012）、国际金融（Fogli 和 Perri，2015；梅东州和赵晓军，2015）以及经济的跨国联动效应（梅东州和赵晓军，2015；欧阳志刚，2013）。区别于以上研究，本章以能力理论为基础，构建出口质量演变影响经济波动的理论机制，探讨出口质量演变影响经济波动的途径与方法。

第一节　出口质量演变经济波动抑制效应的理论分析

一　经济波动研究文献综述

经济波动是经济学界长期研究的一个课题。在研究内容上，早期的研究偏重于从宏观的经济要素冲击的角度探讨经济波动的根源，近期对经济波动根源的研究开始转向微观层面与间接要素冲击。在研究方法上，现在对经济波动的研究主要采用 RBC 或 DSGE 方法，模拟分析货币政策（Christiano 等，2005；许伟和陈斌开，2009）、财政政策（Gali 等，2005；王文甫和王子成，2012）、技术冲击（Ireland，2003；王君斌和王文甫，2010）和开放经济（Obstfeld 和 Rogoff，1995；黄志刚，2011）对经济波动的影响。

　　早期经济波动的多元观点认为，微观企业或独立部门的冲击引发重大经济波动的概率很小，微观经济中的特质性波动会被逐渐分散化，因此不会对宏观经济产生重大影响，来自一些部门的正冲击总会被来自其他部门的负冲击所中和（Lucas，1977）。这与 2008 年经济危机所显示出的行业对经济波动的影响不符。在深入研究微观经济主体对经济波动影响的基础上，Bak 等（1993）认为，由于供给关系的联系和非凸性技术，来自个体部门的许多小而独立的冲击对总体经济产生的影响难以被消除和忽略。同时，Carvalho（2010）认为，在生产中每个代表部门均需要一定数量的关键投入，它们在共同部门目标的作用下形成经济中的节点。这些节点影响着跨部门的生产决策，从而导致总体经济波动。针对不同部门波动产生的影响，Acemoglu 等（2012）提出了级联效应（Cascade Effect），发现当经济体变得更加分散时，整体经济波动性的大小由经济体的内部联系网络结构来决定，而且，他们认为，某一个部门在经济体中的异质性和关联度越高，其对整体经济周期波动的影响就越大。Gabaix（2011）提出"粒状"假说，证明不同公司对经济产生冲击的能力不同，一些较大的公司对总产出有着重大的贡献，这种公司层面的异质性冲击可能会演变为总体冲击。通过分析国别间经济波动差异性的来源，Koren 和 Tenreyro（2007）与 Tapia（2012）发现发展中国家存在较高经济波动的一个重要解释是它们在高波动性部门的生产上更专业。这一研究结论也得到了一些文献的佐证（Hausmann 等，2007；Costinot，2009）。微观力量对经济波动的冲击越来越受到重视。

　　同时，现在对经济波动来源的研究也拓展到了金融深化、外部冲

击、政策性变动和制度因素上。Beck 等（2001）发现通过发展金融
中间品可以降低经济波动性。Mallick（2014）进一步发现，私人信贷
的发展可以抑制经济的周期性波动，但不会抑制长期波动。王国静和
田国强（2014）也发现金融部门是驱动中国经济周期波动的最主要力
量。在外部冲击上，Fogli 和 Perri（2015）通过对经合组织 1970—
2012 年经济总体波动性变化的研究，发现发达国家外部失衡是其中长
期经济波动的重要影响因素。通过对中美两国互斥资产异质性的研
究，梅东州和赵晓军（2015）发现，在金融市场不完备的情况下，外
部冲击对本国经济波动的影响会加大。对于政策性变动引起的经济波
动，黄赜琳和朱保华（2015）发现财政收支冲击能够解释 70% 以上
中国经济波动的特征事实，政府支出冲击加剧中国实体经济波动，而
税收冲击对经济波动的影响不显著。饶晓辉和刘方（2014）也发现政
府生产性支出能够解释 23% 的总产出波动。在制度因素上，Duncan
（2014）发现新型市场经济体的较高波动性与它自身的制度质量有关。
它的产生机制是：当一国制度质量较低时，它吸引外资的能力降低，
同时财富效应将导致劳动供给的增加、工资的降低和通胀的消失。当
中央银行通过降低利率刺激经济发展时，将导致名义利率与产出的负联
动。Evrensel（2010）发现，在控制腐败和征收风险的基础上，提升政
府的效率和消费能降低经济波动。袁申国等（2011）模拟了在不同汇
率制度下金融加速器对经济波动的不同影响，发现固定汇率下金融加速
器效应强于浮动汇率。孙宁华和曾磊（2013）研究了间歇式制度创新
对中国经济波动的影响，发现量化后的中国制度变迁的测度指标可以
解释产出周期波动的大部分，并且这种制度冲击会持续较长时间。

　　通过这些研究可以发现，对经济波动来源的研究主要集中在部门
层面和各种显性影响因素层面。那么，一个国家或地区中一些隐性
的、不可交易的投入品，例如，一些共同的生产技能、基础设施、管
理等，对经济波动是否也有影响？目前这方面的研究文献很少。
Krishna 和 Levchenko（2013）以产品的复杂度（复杂度用生产产品时
投入的中间品数量来衡量）为核心，构建了一个解释比较优势、复杂
度和经济波动相结合的理论模型，发现复杂度越高的产品，其部门产

出波动性越低；反之，则部门产出波动性越高。这在一定程度上可以反映隐性的不可交易品对经济波动的影响，但不够全面。Hausmann 和 Hidalgo（2010）提出的能力理论（Theory of Capabilities）与 Hausmann 和 Kinger（2007）提出的产品空间理论（Theory of the Product Space）进一步推进了这一研究趋势。他们认为，能力是衡量一个国家或地区中不可交易的投入品数量的指标，不同国家拥有的能力数量不同，生产的产品中包含的能力数量也会不同；不同产品对一个国家经济增长的作用不同，一国的经济增长可以看作生产（或出口）包含了更多能力的产品的过程。这意味着国家通过拥有不同数量的能力，创造出不同的产品结构，对其经济增长和波动产生影响。最近，一系列文献已经证明了一个国家或地区拥有较多的能力对经济增长具有促进作用（Hausamnn 和 Hidalgo，2010；Felipe 等，2012；Jarreau 和 Poncet，2012）。同时，李小平等（2015a）研究了中国制造业行业层面出口质量演变的经济增长效应。如果出口质量的提升对经济增长有影响，那么出口质量的变动应该也会对经济波动产生影响。实际情形是不是这样？本章对此进行了探讨。

二　理论框架

1. 国家能力理论

为了解释国家出口产品的多样性和出口产品的普遍性之间的关系，Hausmann 和 Hidalgo（2010）提出了能力理论。他们假设在生产产品时需要大量投入品，这些投入品包括可流动的正常投入品（例如资本、劳动等）和不可交易的大量产品（例如无形的技能、基础设施、管理等），后一种投入品被称为能力（Capability）。如同自然资源一样，每个国家拥有的能力是不同的，只能生产那些已经具备所必需能力的产品。拥有能力的数量决定了一个国家生产产品的多样性。不同国家拥有的能力在数量上和性质上不同，所以不同的产品需要的能力在数量上和具体性质上也是有差异的。一种产品需要能力的数量决定了生产这种产品的难易程度。需要能力越少的产品越容易生产，那么出口这种产品的国家越多，也就意味着这种产品越普遍；反之，则这种产品越独特。这样自然得到一个结论：具有较多能力的国家能生产多样化的产品，而需要较多能力的产品生产只适用于少数国家。

2. 国家能力的测量①

能力是不可观测的要素，没有直接的方法对它进行度量。借鉴 Hausmann 和 Hidalgo（2010）与 Tacchella 等（2013）的方法，我们可以通过国家和产品矩阵间接测量能力的大小。假设：①产品生产是具体能力的联合；②国家只有部分能力，而没有全部的能力；③国家只有拥有所需的能力时才能生产出产品。根据这些假设，本节定义国家—能力和产品—能力矩阵：如果国家 c 有能力 a，则 $C_{ca}=1$，否则为 0；如果产品 p 需要能力 a，则 $P_{pa}=1$，否则为 0。这里用 M_{cp} 矩阵连接产品和国家：$M_{cp}=C_{ca}\odot P_{pa}$。如果国家 c 生产产品 p，则 $M_{cp}=1$，否则为 0。我们把所有这些矩阵（C_{ca}，P_{pa}，M_{cp}）解释为连接国家和它们拥有能力、连接产品和它们所需能力、连接国家和它们生产或出口产品的双向网络。

为了弄清楚国家—能力、产品—能力和国家—产品等矩阵之间的关系，对它们定义如下：

$$\tilde{F}_c^{(n)} = \sum_p M_{cp} Q_p^{(n-1)} \tag{6.1}$$

$$\tilde{Q}_p^{(n)} = \frac{1}{\sum_c M_{cp} \dfrac{1}{F_c^{(n-1)}}} \tag{6.2}$$

$$F_c^{(n)} = \frac{\tilde{F}_c^{(n)}}{\langle \tilde{F}_c^{(n)} \rangle_c} \tag{6.3}$$

$$Q_p^{(n)} = \frac{\tilde{Q}_p^{(n)}}{\langle \tilde{Q}_p^{(n)} \rangle_p} \tag{6.4}$$

$$K_c^{(n)} = \sum_a C_{ca} \tag{6.5}$$

$$K_p^{(n)} = \sum_a P_{pa} \tag{6.6}$$

---

① 国家出口质量是反映一国拥有能力多少的一个指标。一个国家拥有的能力数量越多，意味着这个国家生产较高出口质量产品的可能性越大，也就意味着该国出口质量越高。为了能够进行对比，本节介绍了按照 Tacchella 等（2013）方法计算的出口质量。它与第四章计算国家出口质量的方法有所区别。在本章实证分析部分，使用本节以及第四章介绍的方法衡量出口质量，探讨了其与经济波动之间的关系。

其中，p 代表产品，c 代表国家，a 代表能力，n 代表迭代次数。$\widetilde{F}_c^{(n)}$ 表示 c 国初期运用自己拥有的能力生产或出口的产品种类数量，$\widetilde{Q}_p^{(n)}$ 表示具有能力生产或出口 p 产品的国家数量的倒数，$F_c^{(n)}$ 表示 c 国有能力生产或出口产品数量占全部国家有能力生产或出口产品数量平均值的比例，$Q_p^{(n)}$ 表示具有能力生产或出口 p 产品的国家数量的倒数占所有产品生产或出口国家数量倒数均值的比重，$K_c^{(n)}$ 表示 c 国拥有能力的数量，$K_p^{(n)}$ 表示生产或出口 p 产品需要的能力数量。这里把 $\widetilde{F}_c^{(n)}$ 与 $\widetilde{Q}_p^{(n)}$ 的初始值 $F_c^{(0)}$ 与 $Q_p^{(0)}$ 都假设为 1，所以式（6.1）和式（6.2）也可以写成：

$$\widetilde{F}_c^{(n)} = \sum_p M_{cp} \tag{6.7}$$

$$\widetilde{Q}_p^{(n)} = \frac{1}{\sum_c M_{cp}} \tag{6.8}$$

假设 $C_{ca}=1$ 的可能性是 r，等于 0 的可能性是 $1-r$；$P_{pa}=1$ 的可能性是 q，等于 0 的可能性是 $1-q$。首先，计算具有 $K_c^{(n)}$ 能力的 c 国生产或出口产品的平均种类数量，通过加总所有需要一定数量能力的产品数量可以得到该值。这一过程可以用公式表述如下：

$$\overline{F_c^{(n)}} = \sum_{x=0}^{N_a} \pi(c(K_c^{(n)}) \rightarrow p(K_p^{(n)}=x)) N_p(K_p^{(n)}=x) \tag{6.9}$$

其中，$\pi(c(K_c^{(n)}) \rightarrow p(K_p^{(n)}=x))$ 代表具有 $K_c^{(n)}$ 能力的国家 c 出口一件需要 $K_p^{(n)}=x$ 能力的产品 p 的可能性。需要 x 能力的产品种类数量由 $N_p(K_p^{(n)}=x)$ 表示。

计算特定国家的 $\overline{F_c^{(n)}}$ 时，我们假定国家拥有的能力数量是既定的，等于 $K_c^{(n)}$。这意味着该国拥有能力的可能性 r 的实现等于它拥有能力的数量与所有能力的数量之比，即 $K_c^{(n)}/N_a$。具有 $K_c^{(n)}$ 能力的国家生产或出口一件需要 $K_p^{(n)}=x$ 能力的产品 p 的可能性由该国具有的该产品所需所有能力的可能性给定。如式（6-9）所示，一国具有的能力是独立的随机变量，一国生产一件需要 x 能力的产品的可能性由下式给定：

$$\pi(c(K_c^{(n)}) \rightarrow p(K_p^{(n)} = x)) = \left(\frac{K_c^{(n)}}{N_a}\right)^x \qquad (6.10)$$

产品需要一种能力的概率为 q，一件产品需要 x 能力的概率可以由二次项分布给定。因此：

$$N_p(K_p^{(n)} = x) = N_p \binom{N_a}{x} q^x (1-q)^{N_a - x} \qquad (6.11)$$

将式（6.10）和式（6.11）代入式（6.9），可以得到具体形式：

$$\overline{F_c^{(n)}} = N_p \sum_{x=0}^{N_a} \left(\frac{K_c^{(n)}}{N_a}\right)^x \binom{N_a}{x} q^x (1-q)^{N_a - x} \qquad (6.12)$$

可以用二次项理论或牛顿二次项化简为：

$$\overline{F_c^{(n)}} = N_p \left(q \frac{K_c^{(n)}}{N_a} + (1-q)\right)^{N_a} \qquad (6.13)$$

显而易见，从式（6.13）可以证明一国生产产品的期望数量是它所有的能力数量的单调递增函数。

$$\frac{\mathrm{d} \overline{F_c^{(n)}}}{\mathrm{d} \tilde{K}_c^{(n)}} = q N_p \left(q \frac{K_c^{(n)}}{N_a} + 1 - q\right)^{N_a - 1} \geqslant 0 \qquad (6.14)$$

在式（6.14）中，只有一国拥有所有能力（$K_c^{(n)} = N_a$）和产品需要所有能力（$q = 1$）时，等式才成立。这说明一国的多样性水平随着它拥有能力数量的增加而平均地增加。

命题1：如果一个国家能够生产较多的产品种类，意味着这个国家所拥有的不可直接观测的能力数量较多。

产品中能力的独特性可以通过出口该产品的国家的平均数量得到。我们用公式表述如下：

$$\overline{F_p^{(n)}} = 1 / \sum_{x=0}^{N_a} \pi(c(K_c^{(n)} = x) \rightarrow p(K_p^{(n)})) N_c(K_c^{(n)} = x) \qquad (6.15)$$

其中，$N_c(K_c^{(n)} = x)$ 是有 x 能力的国家数量，$\pi(c(K_c^{(n)} = x) \rightarrow p(K_p^{(n)}))$ 是具有 x 能力国家生产需要 $K_p^{(n)}$ 能力产品的可能性。我们可以假定商品所需能力在一定时期内不变，即 $K_p^{(n)}$ 不变。类似于国家产品多样性，我们把产品独特性代入二元模型。随机选择一个国家，其能够出口需要 $K_p^{(n)}$ 能力的产品的可能性由该国具有这种商品所需的每

个 $K_p^{(n)}$ 能力的可能性给定：

$$\pi(c(K_c^{(n)}=x)\to p(K_p^{(n)}))=\left(\frac{x}{N_a}\right)^{K_p^{(n)}} \tag{6.16}$$

可以近似地认为：

$$\pi(c(K_c^{(n)}=x)\to p(K_p^{(n)}))=r^{K_p^{(n)}} \tag{6.17}$$

假定 $N_c(K_c^{(n)}=x)$ 由 N_c 倍的一个二项分布 $N_c(K_c^{(n)}=x)\sim N_cB$ (N_a, r) 给定，而且 $r^{K_p^{(n)}}$ 来自对式（6.15）的加总。同时，$r^{K_p^{(n)}}$ 不依赖于被加数 x。因此，可以把式（6.15）化简为如下形式：

$$\overline{F_p^{(n)}}=1/N_c r^{K_p^{(n)}} \tag{6.18}$$

由于 $0\leqslant r\leqslant 1$，显而易见，一件产品的特殊性是它所需能力数量的增函数以及出口国家数量的减函数。

命题 2：能够生产某种产品的国家数量越多，这种产品越普遍，所包含的能力数量越低。

3. 能力对经济波动的影响

借鉴 Krishna 和 Levchenko（2013）模型，假设一个经济体由无数产品组成，生产每个产品需要数量不等的不同能力，并且生产每个产品对能力的需求符合列昂惕夫函数性质。

$$Q_x=\min(C(1), \cdots, C(x)) \tag{6.19}$$

其中，Q_x 表示某国家或地区投入 x 种能力生产的产品数量，$C(x)$ 表示能力 x 的投入数量。假设这些能力能够结合在一起用于生产的概率是 θ^x，即使这些能力具备但无法结合起来用于生产的概率为 $1-\theta^x(\theta\in(0, 1))$。假设不同种类能力在生产中具有同等地位且对称地进入生产函数，当概率为 θ^x 时，每种能力最终产出为 $1/x$；当概率为 $1-\theta^x$ 时，产出为零。每种能力产出的变动可以用 $(1/x)^2\theta^x(1-\theta^x)$ 表示。能力与产出变动的关系可以用下式表示：

$$\frac{d}{dx}\text{var}\left[\frac{\theta^x(1-\theta)^x}{x^2}\right]=\frac{\theta^x}{x^2}\left[\ln\theta(1-2\theta^x)-\frac{2}{x}(1-\theta^x)\right]$$

因为 $\theta\in(0, 1)$，且 $x\geqslant 1$，所以 $\theta^x\in(0, 1)$。当 $\frac{1-2\theta}{1-\theta}\ln\theta<2$ 时，$\frac{1-2\theta^x}{1-\theta^x}\ln\theta<2$。

对 $f(\theta) = \dfrac{1-2\theta}{1-\theta}\ln\theta$ 函数进行微分，$\dfrac{\mathrm{d}f(\theta)}{\mathrm{d}\theta} = \dfrac{1}{\theta} - \dfrac{(1-\theta)+\ln\theta}{(1-\theta)^2}$。当 $(1-\theta)+\ln\theta < 0$ 时，$f(\theta)$ 函数单调递增。

由于 $\lim\limits_{\theta\to 0}(1-\theta+\ln\theta) = -\infty$，$\lim\limits_{\theta\to 1}(1-\theta+\ln\theta) = 0$，且 $\dfrac{\mathrm{d}}{\mathrm{d}\theta}(1-\theta+\ln\theta) = \left(-1+\dfrac{1}{\theta}\right) > 0$，$\forall\,\theta\in(0,1)$，所以在 $\theta\in(0,1)$ 区间 $(1-\theta)+\ln\theta$ 是单调递增函数，且 $(1-\theta)+\ln\theta < 0$。因此 $f(\theta)$ 函数单调递增。在 $\theta\in(0,1)$ 区间，只需知道 $\theta\to 1$ 时的函数值，即可知道其最大值。利用洛必达法则，可以得到：

$$\lim_{\theta\to 1}\left[\frac{1-2\theta}{1-\theta}\ln\theta\right] = \lim_{\theta\to 1}(1-2\theta)\lim_{\theta\to 1}\left[\frac{\ln\theta}{1-\theta}\right] = (-1)\lim_{\theta\to 1}\left[\frac{\ln\theta}{1-\theta}\right]$$

$$= -\lim_{\theta\to 1}\left(\frac{1/\theta}{-1}\right) = 1$$

因此，$\dfrac{\mathrm{d}}{\mathrm{d}x}\mathrm{var}\left[\dfrac{\theta^x(1-\theta)^x}{x^2}\right] < 0$。

命题 3：随着能力的增加，经济产出波动性下降。同时产出的波动也与能力成功组合的概率有关。

第二节　国家能力的测量

一　国家能力的测量

本节利用上一节中式（6.1）—式（6.6）来测量各国能力数量（为了和理论称谓有所区别，以下把能力的测量结果称为出口质量），所使用的数据来自 UN Comtrade 数据库 1998 年到 2011 年间 103 个国家（地区）按照《国际贸易标准分类》（SITC Rev.3）三分位分类的 260 种产品的出口数据。[1]

---

[1]　UN Comtrade 数据库中统计国际贸易的国家和地区数量为 292 个，剔除由于多种因素导致重复统计的国家和地区以及一些群岛，并且考虑到样本期中统计量的可得性与连续性，本节最终确定了 103 个国家（地区）作为样本国家（地区），具体国家（地区）名单见附录 J。

　　根据国家出口质量的计算结果，表 6－1 中罗列了 103 个国家（地区）中出口质量最高和最低的各 20 个国家。通过表 6－1 可以发现，出口质量比较低的国家主要是一些人均收入较低的发展中国家，但也有一些经济结构单一的人均收入较高的发达国家，例如卡塔尔、沙特阿拉伯、冰岛等。出口质量比较高的国家中意大利居首，中国第二，奥地利和捷克的排名居然超过了美国，泰国的排名也在英国和韩国之前。这是令人有些意外的结果。但这些国家出口产品确实多样，2011 年，意大利在 260 种 SITC（Rev. 3）三分位产品中有 124 种产品具有比较优势，中国有 105 种出口产品具有比较优势，奥地利有 110 种出口产品具有比较优势，捷克有 94 种出口产品具有比较优势，泰国有 86 种出口产品具有比较优势，美国有 83 种出口产品具有比较优势，德国有 115 种出口产品具有比较优势。从产品多样性反映能力多

表 6－1　　　　　2011 年 103 个国家（地区）中出口质量
最低和最高的 20 个国家

出口质量最低的 20 个国家				出口质量最高的 20 个国家			
国家	复杂度	国家	复杂度	国家	复杂度	国家	复杂度
马尔代夫	0.0342	玻利维亚	0.2420	瑞典	1.7160	西班牙	2.0344
阿塞拜疆	0.0602	牙买加	0.2460	瑞士	1.7288	荷兰	2.0627
苏里南	0.0630	巴拉圭	0.2641	韩国	1.7358	美国	2.3997
中非共和国	0.0885	冰岛	0.2716	英国	1.7623	捷克	2.4597
卡塔尔	0.0965	埃塞俄比亚	0.2763	泰国	1.7831	法国	2.5819
沙特阿拉伯	0.0997	科特迪瓦	0.2837	土耳其	1.8116	日本	2.7447
阿曼	0.1143	厄瓜多尔	0.2917	葡萄牙	1.8198	奥地利	2.7591
布隆迪	0.1774	哥伦比亚	0.3040	丹麦	1.9196	德国	3.0958
尼日尔	0.1968	赞比亚	0.3366	芬兰	1.9561	中国	3.1053
伯利兹	0.2130	挪威	0.3430	波兰	2.0164	意大利	3.3544

　　资料来源：UN Comtrade 数据库。

少来看，这样的计算结果与理论预期相吻合。[①]

表 6-2 是 2011 年 260 种产品出口质量的结果中排名最高和最低的 30 种产品。由表 6-2 可知，排名比较低的是主要 SITC（Rev. 3）分类标准中一分位食品与活畜、粗材料和矿物燃料分类中的产品，而排名比较高的是主要以材料分的类制成品、机械与运输设备以及杂项制品分类中的产品。[②] 这反映了初级产品出口质量较低，深加工型产品出口质量较高的特点。这与我们的经验感受相符。[③]

二 出口质量与经济波动之间的关系

出口质量是衡量经济体包含能力数量多寡的变量。一般而言，出口质量越高，代表这个经济体中包含的能力数量越多，生产中不同能力之间替代选择越多，由于能力的数量变化产生的波动性就会越低；反之，则这个经济体中包含的能力数量较少，不同能力之间替代可能性降低，能力的数量变化就可能产生较大的波动。因此，按照理论预期，出口质量与产出波动之间存在负相关。下面在经验上验证国家出口质量与其波动性之间的这种关系。图 6-1 描述了它们之间的关系。这里用 1998—2011 年 97 个国家（地区）真实人均 GDP 的标准差表示经济的波动性，用前文计算结果中 2011 年出口质量表示图 6-1 中出口质量指标。在图 6-1（1）中我们可以看到，随着样本国（地区）

---

① 这里要注意两个问题。a. 出口质量的计算过程中，一件产品包含能力的多少是由出口该产品的国家数量来间接反映的，出口该产品的国家越多，意味着这种产品越简单，包含的能力数量越少；反之，这种产品包含的能力越多。但在现实中由于资源禀赋或经济结构调整等，存在这么一种可能，即一种产品生产的国家很少，不是因为它很复杂，需要具有较多的能力，而是因为它很简单，考虑到比较优势，很多国家选择不生产。这就会形成能力统计上的偏差。b. 现实中能力具有异质性，在不同国家不同时期能力的作用会不同，而本节能力的测量方法中假设了能力的同质性。因此，可能测量结果会和现实之间存在一定差异。

② SITC（Rev. 3）一分位包括十大类产品，分别是食品与活畜，饮料与烟草，粗材料，矿物燃料、润滑剂及相关材料，动植物油，化学品及有关产品，主要以材料分类的制成品，机械与运输设备，杂项制品和没有进行归类的产品。

③ 我们也注意到，有些产品测算得到的出口质量超出预期。例如，261 代表纺织纤维中的蚕丝，出口质量最高，达到 9. 1361；633 代表软木制品，出口质量居然达到 3. 3606；16 代表的肉及食用杂碎和可供食用的肉和杂碎的粉，出口质量也有 2. 1507。尽管如此，整体上出口质量的排名仍然与现实经验感受相符。

表 6 – 2　　2011 年 260 种产品中出口质量最低和最高的 30 种产品

出口质量最低的 30 种产品						出口质量最高的 30 种产品					
产品[①]	出口质量	产品	出口质量	产品	出口质量	产品	出口质量	产品	出口质量	产品	出口质量
36	0.1403	288	0.1868	112	0.2283	894	1.9058	712	2.1660	731	2.5552
334	0.1420	81	0.1967	54	0.2316	743	1.9141	267	2.2084	774	2.6120
34	0.1444	931	0.1988	343	0.2402	541	1.9176	751	2.2204	735	2.6136
35	0.1567	46	0.2035	47	0.2414	722	2.0268	759	2.2479	724	2.8795
282	0.1662	122	0.2037	71	0.2457	232	2.0677	882	2.4072	728	2.9541
61	0.1666	421	0.2039	247	0.2478	752	2.0820	675	2.4134	748	3.0047
57	0.1717	579	0.2150	74	0.2486	286	2.1216	725	2.4337	677	3.2920
37	0.1776	273	0.2181	223	0.2523	746	2.1453	884	2.4529	633	3.3606
333	0.1802	971	0.2224	91	0.2642	16	2.1507	525	2.5143	871	8.4564
248	0.1842	111	0.2238	58	0.2732	726	2.1656	733	2.5501	261	9.1361

资料来源：UN Comtrade 数据库。

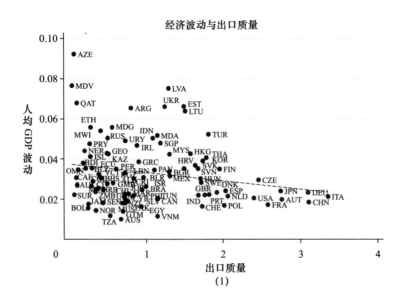

图 6 – 1　　经济波动、国民收入与出口质量

---

① 这里的产品代码是 SITC（Rev. 3）三分位产品的代码。

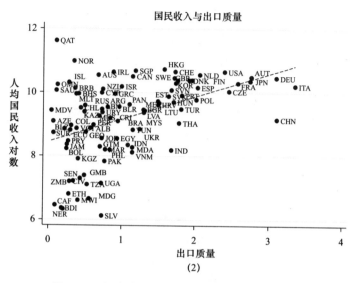

图 6 - 1　经济波动、国民收入与出口质量（续）

资料来源：经济波动测量数据来源于 Penn World Table（8.0），出口质量与多样性来源于本章出口质量的计算。

出口质量的提升，其经济波动有下降趋势，在图 6 - 1（2）中我们可以看到，出口质量比较高的国家（地区）主要是一些中高收入国家（地区）。因而，国家（地区）经济的波动性与其发展水平有关，收入比较高的国家（地区）出口质量比较高，经济波动较小；反之，经济波动性较大。这与 Lucas（1988）及 Krishna 和 Levchenko（2013）的结论一致。

根据第一节理论可以知道，出口质量可以衡量一个国家（地区）具有能力的数量，一国（地区）出口质量越高，其经济中拥有各类不同能力的数量越多，能够创造生产的产品种类越多；反之，一国（地区）出口质量偏低，预示着其经济中能力匮乏，能够生产的产品种类就会偏少。同样，一个国家（地区）生产产品种类的多样性也代表了其出口质量。在图 6 - 2（1）中我们可以看到，经济波动与代表出口产品种类数量多少的经济多样性之间呈负相关。① 这进一步验证了经

① 经济多样性衡量各国（地区）生产并出口不同种类产品数量。产品层面是 SITC（Rev. 3）三分位中的 260 种产品。各个国家（地区）出口产品种类数量只统计 RCA 指数大于 1 的产品种类。

济波动性与出口质量之间的关系。同时，在产品层面上，产品出口质量越高，需要的各种不同的能力越多，具备这些能力的国家（地区）越少，能够生产这类产品的国家（地区）越少；反之，产品出口质量越低，需要具备的能力越少，能够生产的国家（地区）越多。在图 6-2（2）中，这种关系比较明显。

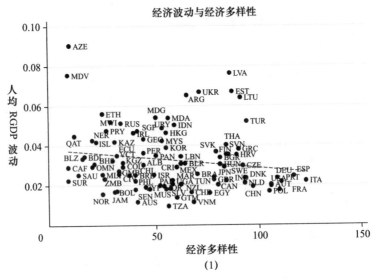

（1）

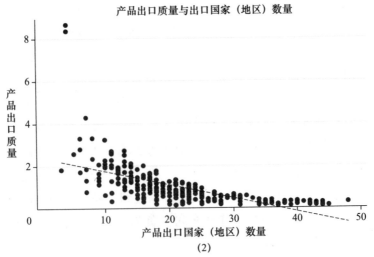

（2）

图6-2 经济波动、经济多样性与产品出口质量

资料来源：同图 6-1。

　　为了进一步验证出口质量的数据和波动性的关系，我们用行业层面的数据进行了散点拟合分析。图 6 - 3 是 103 个国家（地区）制造业波动与其出口质量的关系，我们可以看到两者呈负相关关系。[①] 这进一步验证了前文的理论发现。

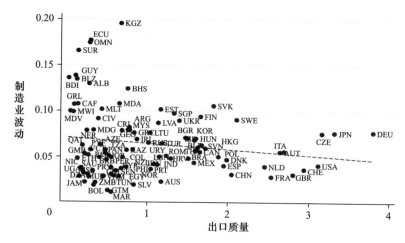

图 6 - 3　103 个国家（地区）制造业波动与出口质量关系

资料来源：世界各国制造业波动数据来源于 UNSD 数据库中按照 2005 年不变美元价格和 ISIC（D 类）标准统计数据，各国出口质量来源于笔者计算。

第三节　出口质量演变经济波动抑制 效应的实证分析

一　模型设定与数据说明

1. 模型设定

为了对上述经验分析进行确认，借鉴 Krishna 和 Levchenko（2013）

---

　　① 世界各国制造业波动的数据根据联合国统计司（UNSD）按照 2005 年不变美元价格和 ISIC 标准统计的世界各国制造业数据（ISIC 标准中 D 类）计算而来，样本期间为 1998—2013 年。其中，中国在样本期间 ISIC 制造业数据（D 类）不全，只有自 2005 年以来的数据，这里用《中国统计年鉴》中数据进行补充。

比较优势、复杂度和波动性的研究，本节设立如下实证模型，检测国家出口质量提升与其经济波动之间的关系：

$$Y = \alpha + \beta Quality + \gamma Cont + \varepsilon \tag{6.20}$$

其中，Y 表示用不同方法测度的经济波动；$Quality$ 表示出口质量；$Cont$ 表示控制变量，主要包括资本波动、个人消费波动、政府购买波动、进口波动和出口波动等；ε 表示干扰项。

（1）经济波动项。

本节采用国家人均 GDP 的波动来衡量国家经济波动项。现有研究中，对于经济波动的具体测度，可以采用实际增长率标准差的方式表示经济波动幅度（Di Giovanni 和 Levchenko，2012），也可以采用对实际产出的自然对数滤波的方式，通过去趋势化得到经济的真实走势后计算标准差，以测量经济波动（Calderon 和 Schmidt – Hebbel，2008）。为了验证经济波动项的稳定性，我们采用了这两种测量方法来描述经济波动，其中把滤波的测量方法作为稳健分析中的经济波动衡量因素。

在衡量经济波动时，为了得到面板数据，我们借鉴洪占卿与郭峰（2012）的做法，从 1998 年开始，计算间隔一定年度的经济波动，到 2011 年每个样本国家（地区）共得到三个标准差的经济波动值。[①] 在用滤波衡量经济波动时，我们采用了 HP 滤波的形式。[②]

（2）出口质量与控制变量。

这里采用了前文国家（地区）出口质量指标的计算结果。按照前文理论分析，出口质量的提升应该与经济波动项负相关。一个国家（地区）产品出口质量的提升意味着产品中包含的能力数量增加，能力之间替代性增强，所以随着能力数量的增加、出口质量的提升，单个能力造成的经济波动在减少。

这里对控制变量采用和经济波动项相同的处理方式。按照传统宏

---

① 经济波动间隔计算方法：1998—2002 年，2003—2007 年，2008—2011 年。

② 为了保证结果的可靠性，减少由于频数选择随意性造成的统计偏误，我们分别采用 smooth 为 6.25、50 和 100 时的情形进行去趋势化处理，得到真实经济波动趋势，用于回归分析。实证分析结果类似，为了节约空间，在文中只报告了 smooth 为 50 的实证结果。

观经济理论，一个经济体的产出波动与其最终的个人消费、政府购买、资本形成和进出口需求有关。因此，我们选择了资本波动、个人消费波动、政府购买波动、进口波动和出口波动五个变量作为控制变量。

2. 数据说明

各国（地区）人均 GDP 波动数据主要由 Penn World Table（8.0）中以 2005 年不变美元价格统计的 GDP 和人口数计算而来。出口质量由来自 UN Comtrade 数据库 1998 年到 2011 年间 103 个国家（地区）按照《国际贸易标准分类》（SITC Rev. 3）的 260 种产品的出口数据计算而来。[①] 控制变量波动数据由来源于 UNSD 数据库中以 2005 年不变美元价格统计的各变量数据计算而来。经过整理，最后得到由 97 个国家（地区）组成的数据库（样本国家见附录 J）。主要变量说明和描述性统计见表 6-3。

表 6-3 　　　　　　　　　　主要变量说明和描述性统计

变量	变量含义	观察值	平均值	标准差	最小值	最大值
$VGDP$ I [②]	人均 GDP 波动	97	0.0327	0.0158	0.0095	0.0904
$VGDP$ II	人均 GDP 波动	97	0.0249	0.0128	0.0047	0.0691
$Quality$	出口质量	97	1.0405	0.8515	0.0213	3.7999
$Vconsum$	个人消费波动	97	0.0435	0.0485	0.0051	0.3798
$Vexport$	出口波动	97	0.0994	0.1110	0.0211	1.0949
$Vimport$	进口波动	97	0.1055	0.0409	0.0370	0.2349
$Vcapital$	资本波动	97	0.1527	0.0997	0.0408	0.5992
$Vgovern$	政府购买波动	97	0.0559	0.0547	0.0071	0.2625

① 通过这种方法可以计算得到 1998—2011 年的出口质量，我们在实证回归中使用了 1998 年的出口质量。为了保证结果的稳健性，我们还采用整个样本期间出口质量的平均值的形式进行了分析，实证结果相似。为了节省空间，这里只报告了使用 1998 年出口质量的实证结果。

② $VGDP$ I 是采用真实人均 GDP 增长率标准差衡量的经济波动，$VGDP$ II 是采用人均 GDP 对数 HP 滤波标准差衡量的经济波动。

二 实证回归结果分析

1. 模型有效性检验

在进行回归分析之前，首先，要对变量之间的相关性、共线性问题进行检验。其次，为了控制异方差可能导致建立在样本标准差基础上的假设检验的有偏，我们在回归中全部采用了稳健性标准误回归。

表 6 - 4 各变量相关性分析

解释变量	VGDP I	Quality	Vconsum	Vexport	Vimport	Vcapitl	Vgovern
VGDP I	1	− 0.0924 **	0.6205 ***	0.4078 ***	0.6556 ***	0.5921 ***	0.3467 **
Quality	− 0.1764 **	1	− 0.4710 ***	− 0.3112 **	− 0.4314 ***	− 0.4966 ***	− 0.6343 ***
Vconsum	0.2691 *	− 0.3178 ***	1	0.5424 ***	0.6846 ***	0.6334 ***	0.7386 ***
Vexport	0.1238	− 0.2068 **	0.2451 **	1	0.5376 ***	0.3892 ***	0.5430 ***
Vimport	0.6293 ***	− 0.4406 ***	0.4105 ***	0.4057 ***	1	0.7687 ***	0.5093 ***
Vcapital	0.3845 ***	− 0.4470 ***	0.4717 ***	0.3377 ***	0.6835 ***	1	0.5134 ***
Vgovern	0.2015 **	− 0.4880 ***	0.5673 ***	0.4031 ***	0.4103 ***	0.5139 ***	1

注：表的右上部分是 Spearman 相关性分析，左下部分是 Pearson 相关性分析；右上角的 * 、 ** 、 *** 分别代表原假设为不相关的显著性水平低于 10% 、5% 和 1% 。

从表 6 - 4 中，可以得到两个信息：第一，被解释变量和解释变量之间存在显著相关性，这些解释变量可以用来解释被解释变量的变动。第二，解释变量之间也存在显著相关性，甚至在 Spearman 相关性分析中最高达到 0.7687 的水平，这会不会形成严重共线性问题，从而影响到实证结果的可靠性？为此，我们进一步考察了各自变量的膨胀因子 VIF 值。从表 6 - 5 中我们可以看到，样本中各自变量的膨胀因子 VIF 值都小于 3，说明自变量之间存在的共线性问题在控制范围以内。[①]

---

① 按照经验分析，如果最大的方差膨胀因子 $VIF = \max (VIF_1, VIF_2, \cdots, VIF_n) \leqslant 10$，则表明不存在严重共线性问题。

表 6 – 5　　　　　　　　　各自变量的膨胀因子 VIF 值

变量	Quality	Vconsum	Vexport	Vimport	Vcapital	Vgovern	VIF 平均值
VIF 值	1.54	1.60	1.31	2.10	2.21	2.03	1.80

首先，我们进行了截面分析，考察在整个样本期间各自变量对经济产出波动的影响，结果见表 6 – 6。其次，为了提高估计的精度和控制个体的异质性，进一步构造面板数据，考察自变量对经济产出波动的影响，结果见表 6 – 7。

2. 基准回归分析

通过表 6 – 6 和表 6 – 7 的全样本回归结果，我们可以看到，无论是在截面分析中还是在面板分析中，全样本时出口质量与经济波动之间均呈现显著负相关关系。这印证了理论预期，即随着能力数量的增加和出口质量的提升，一个国家的产出波动趋于下降。同时，我们还可以看到，不论是在哪种回归类型中，控制变量中进口波动与经济波动显著正相关。这说明在开放经济下，一个国家的经济波动要受到进口波动的较大影响。其他控制变量在不同样本类型和回归类型中出现了较大变化。个人消费波动与经济波动之间实证结果都不显著，甚至出现符号相反的情形，说明实际情形中个人消费波动对经济波动的影响具有不确定性。在资本波动和政府购买波动上也存在这种情况，但在回归结果更为准确和可靠的面板回归中，资本波动与经济产出波动显著正相关。这说明在一定程度上整个社会投资的波动对经济波动存在正向影响。出口波动也具有这一类似影响，只不过在面板回归中有些不显著。

3. 分样本检验

为了进一步检验不同人均收入水平的国家是否具有差异性特征，需要对回归模型进行分类检验。我们按照世界银行 2013 年的标准，以人均国民收入（GNI）9000 美元为分界线，把 97 个样本国家（地区）分成了高收入国家（地区）和中低收入国家（地区）两类（具体分类结果见附录 J），并分别对这两类国家（地区）进行了回归分析（见表 6 – 6、表 6 – 7），发现相对于中低收入国家（地区）而言，高收入国家（地区）的出口质量与其经济波动负相关更加明显。中低

表 6 - 6 截面样本回归结果

解释变量	(1) VGDP I	(2) VGDP I	(3) VGDP I	(4) VGDP I	(5) VGDP I	(6) VGDP I
Quality	-0.0033^{**} (-2.50)	-0.0027^{**} (-2.39)	-0.0011 (-0.16)	0.0026 (0.57)	-0.0056^{***} (-3.94)	-0.0016^{*} (-1.84)
Vconsumer		0.0168 (0.27)		-0.0451 (-1.14)		0.0245 (0.81)
Vexport		0.0227^{**} (2.16)		0.0287^{**} (2.65)		0.1367^{**} (2.01)
Vimport		0.2939^{***} (5.71)		0.3643^{***} (3.82)		0.1936^{***} (2.74)
Vcapital		-0.0059 (-0.29)		-0.0046 (-0.18)		-0.0017 (-0.03)
Vgovern		0.0034 (0.10)		0.0318 (0.63)		-0.0505 (-0.76)
常数项	0.0361^{***} (14.28)	0.0011 (0.27)	0.0329^{***} (7.23)	-0.0073 (-1.14)	0.0411^{***} (11.93)	0.0078 (1.11)
F	6.23 $[0.0143]$	9.98 $[0.0000]$	0.03 $[0.8701]$	5.21 $[0.0006]$	15.53 $[0.0002]$	8.54 $[0.0000]$
R^2	0.1311	0.4360	0.007	0.4471	0.1230	0.5424
观察值	97	97	42	42	55	55
不同国家类型	全样本		中低收入国家 （地区）样本		高收入国家 （地区）样本	

收入国家（地区）在两者负相关上不太显著，甚至出现正相关的情形。按照前文的理论，我们知道，随着能力的增加，经济产出波动性下降，但同时产出波动也与能力成功组合的概率有关。教育、合约执行力、制度、社会基础设施等条件的约束，可能会导致能力组合概率上的差异。高收入国家（地区）在这些方面比中低收入国家（地区）更有优势，所以可能会导致能力对波动性影响出现国家（地区）差

异。最近一些学者论述了贸易制度（Bas 和 Strauss – Kahn，2015）、合约执行力（Krishna 和 Levchenko，2013）和司法质量（Wang 等，2014）等因素对产品出口或产品出口质量的影响。这也印证了国家（地区）环境的差异会导致其出口质量的变化，从而影响到其对产出波动作用差异的结论。

表 6 – 7　　　　　　　　　　　面板回归结果

解释变量	(1) VGDP I	(2) VGDP I	(3) VGDP I	(4) VGDP I	(5) VGDP I	(6) VGDP I	(7) VGDP I
Quality	– 0. 0054 *** [– 3. 04]	– 0. 0003 * [– 1. 87]	– 0. 0023 [– 0. 49]	– 0. 0068 [– 1. 47]	– 0. 0035 [– 0. 74]	– 0. 0068 *** [– 3. 04]	– 0. 0021 [– 0. 44]
Vconsumer		– 0. 0297 [– 1. 48]	– 0. 0347 [– 1. 49]		– 0. 0033 [– 0. 17]		– 0. 0247 [– 1. 21]
Vexport		0. 0011 [0. 07]	0. 0148 [0. 88]		0. 0031 [0. 28]		0. 1396 *** [3. 14]
Vimport		0. 1881 *** [6. 33]	0. 1755 *** [4. 56]		0. 1087 *** [2. 58]		0. 2354 *** [4. 42]
Vcapital		0. 0336 ** [2. 04]	0. 0392 ** [2. 18]		0. 0277 * [1. 77]		0. 0152 [0. 34]
Vgovern		0. 0036 [0. 16]	0. 0222 [0. 89]		– 0. 0046 [– 0. 17]		0. 0901 *** [3. 29]
常数项	0. 0343 *** [11. 58]	0. 0067 [1. 55]	0. 0078 [1. 12]	0. 0330 *** [7. 23]	0. 0147 ** [2. 04]	0. 0379 *** [8. 85]	– 0. 0053 [– 1. 47]
F 或 Wald	9. 23 [0. 0024]	70. 08 [0. 0000]	8. 07 [0. 0000]	2. 16 [0. 1413]	22. 92 [0. 0008]	9. 27 [0. 0023]	324. 10 [0. 0000]
R^2	0. 0796	0. 2932	0. 3024	0. 0632	0. 1988	0. 1508	0. 5278
Hausman 检验	0. 17 [0. 6787]	7. 17 [0. 3051]	—	0. 73 [0. 3914]	4. 31 [0. 6352]	0. 01 [0. 9073]	2. 48 [0. 8707]
观察值	291	291	291	126	126	165	165
模型	RE	RE	FE	RE	RE	RE	RE
样本	全样本			中低收入国家 （地区）样本		高收入国家 （地区）样本	

关于控制变量：在高收入国家（地区）样本中，政府购买波动与经济产出波动显著正相关，在一定程度上反映了高收入国家（地区）政府行为对经济波动性的影响。其他控制变量的解释可参考基准回归分析中的解释。

4. 稳健性分析

（1）经济波动不同衡量方法的稳健性分析。

我们使用样本国人均 GDP 对数 HP 滤波的标准差作为经济波动的替代指标进行了稳健性回归（见表6-8、表6-9），发现不论是在截面回归中，还是在面板回归中，出口质量都表现出了与经济波动的负相关。在不同收入类型国家（地区）样本中，这种关系有所变化。在中低收入国家（地区）样本中，出口质量与经济波动的负相关不显著，且在截面回归中有正相关的情形；在高收入国家（地区）样本中，出口质量与经济波动的负相关能够得到确认，尽管也存在不显著的情形。同时，从估计准确度更高的面板回归结果来看，不论在什么样的情形下，出口质量与经济波动之间的关系都表现为负相关。这印证了前文分析结果的稳健性。

控制变量与基准分析回归结果类似，进口波动不论在哪种情形下都表现为与经济波动的显著正相关，反映了世界经济融合背景下，输入性风险对经济波动的影响。资本波动与经济波动正相关，但不显著。其他控制变量系数符号以及显著性都有较大变化。从系数估计更为良好的面板回归结果看，出口波动与经济波动正相关，而个人消费波动与经济波动负相关。政府购买波动对经济波动的影响出现国别上的差异，在中低收入国家（地区）与经济波动负相关，而在高收入国家（地区）与经济波动正相关。这反映了经济发展的不同阶段，政府支出变化对经济波动的差异性影响。

（2）行业层面。

为了进一步检验结果的稳健性，我们使用各国制造业产出波动数据按照上述方法进行了回归。从表6-10中可以发现，不论是截面回归还是面板回归，不论是总体样本回归还是分国家类型回归，出口质量都与行业产出波动呈现负相关。这进一步验证了理论预期，随着能力的增加，即出口质量的提升，产出波动有下降趋势。这些回归结果的差异在于，中低收入国家（地区）样本的回归结果比高收入国家（地区）

表 6 - 8   经济波动不同衡量方法的截面回归结果①

解释变量	(1) VGDPⅡ	(2) VGDPⅡ	(3) VGDPⅡ	(4) VGDPⅡ	(5) VGDPⅡ	(6) VGDPⅡ
Quality	-0.0021* (-1.89)	-0.0025** (2.44)	-0.0029 (-0.49)	0.0003 (0.07)	-0.0035*** (-3.13)	-0.0007 (-0.46)
Vconsumer		-0.0085 (-0.39)		-0.0842 (-1.36)		0.0060 (0.25)
Vexport		-0.0194** (-2.07)		-0.0210** (-2.04)		0.1129* (1.68)
Vimport		0.2358*** (5.67)		0.2487*** (3.58)		0.1759*** (2.67)
Vcapital		0.0085 (0.44)		0.0174 (0.70)		0.0138 (0.30)
Vgovern		0.0088 (0.26)		0.0300 (0.72)		0.0001 (0.00)
常数项	0.0271*** (12.93)	0.0006 (0.20)	0.0258*** (6.55)	-0.0003 (-0.06)	0.0304*** (11.02)	6.48e-07 (0.00)
F	3.59 [0.0613]	11.17 [0.0000]	0.24 [0.6274]	4.49 [0.0018]	9.80 [0.0028]	8.29 [0.0000]
R^2	0.0196	0.4135	0.0067	0.3639	0.0734	0.5797
观察值	97	97	42	42	55	55
不同国家类型	全样本		中低收入国家 （地区）样本		高收入国家 （地区）样本	

---

①　经济波动、个人消费波动、资本波动、政府购买波动和进出口波动项通过对相关变量的对数形式进行 HP 滤波后，对波动项计算标准差得到。我们首先对全样本期（1998—2011 年）相关变量 HP 滤波波动项进行标准差计算得到截面回归分析数据，其次按照1998—2002 年、2003—2007 年、2008—2011 年的时间间隔对相关变量 HP 滤波波动项计算标准差得到面板分析数据。同时，分别采用了 6.25、50、100 三个 HP 波动频率，发现实证结果比较相似，为了节省空间，这里只报告波动频率为 50 的分析结果。

表 6 – 9   经济波动不同衡量方法的面板回归结果

解释变量	(1) VGDP II	(2) VGDP II	(3) VGDP II	(4) VGDP II	(5) VGDP II	(6) VGDP II	(7) VGDP II
Quality	-0.0026 ** (-1.96)	-0.0018 * (-1.80)	-0.0023 (-0.70)	-0.0061 (-1.55)	-0.0035 (-1.04)	-0.0029 *** (-2.61)	-0.0023 * (-1.76)
Vconsumer		-0.1312 (-0.59)	-0.0162 (-0.56)		-0.0066 (-0.15)		-0.0105 (-0.41)
Vexport		0.0018 (0.12)	0.0217 (1.15)		0.0026 (0.21)		0.1067 *** (4.13)
Vimport		0.1844 *** (7.60)	0.1882 *** (5.83)		0.1133 *** (3.48)		0.2224 *** (5.34)
Vcapital		0.0311 ** (1.98)	0.0303 (1.59)		0.0352 ** (2.32)		0.0049 (0.15)
Vgovern		-0.0203 (-0.92)	-0.0018 (-0.06)		-0.0291 (-1.20)		0.0381 (1.59)
常数项	0.0276 *** (13.17)	0.0022 (0.73)	0.0037 (0.72)	0.0280 *** (7.90)	0.0106 ** (2.20)	0.0295 *** (12.93)	-0.0060 ** (-1.97)
F 或 Wald	3.84 [0.0501]	114.51 [0.0000]	19.25 [0.0000]	2.42 [0.1201]	38.34 [0.0000]	6.83 [0.0090]	182.258 [0.0000]
R^2	0.0263	0.4149	0.4312	0.0047	0.6049	0.0557	0.210
Hausman 检验	0.00 [0.9770]	11.42 [0.0763]	—	0.00 [0.9509]	9.09 [0.1686]	0.08 [0.7820]	8.92 [0.1783]
观察值	294	294	294	129	129	165	165
模型	RE	RE	FE	RE	RE	RE	RE
样本	全样本			中低收入国家 (地区) 样本		高收入国家 (地区) 样本	

样本的回归结果更为显著，且系数绝对值更大。产生这种结果的原因可能在于高收入国家（地区）已经完成或基本完成了工业化，制造业产出占整个经济产出的比例不高，所以出口质量对其影响较小；而中低收入国家（地区）仍然处在以工业发展为主的阶段，所以出口质量对其制造业的影响较大。

表 6 - 10　　　　　　　　　各国制造业波动回归结果

解释变量	(1) OUTPUT[①]	(2) OUTPUT	(3) OUTPUT	(4) OUTPUT	(5) OUTPUT	(6) OUTPUT
Quality	- 0. 0070 * （- 1. 76）	- 0. 0052 （- 1. 51）	- 0. 0308 ** （- 2. 52）	- 0. 0184 ** ［- 2. 39］	- 0. 0026 （- 0. 58）	- 0. 0028 ［- 0. 63］
常数项	0. 0726 *** （10. 48）	0. 0592 *** （9. 81）	0. 0849 *** （8. 07）	0. 0647 *** ［7. 56］	0. 0663 *** （7. 45）	0. 0574 *** ［6. 89］
F 或 Wald	3. 09 ［0. 0819］	2. 29 ［0. 1304］	6. 36 ［0. 0157］	5. 72 ［0. 0167］	0. 33 ［0. 5672］	0. 40 ［0. 5269］
R^2	0. 0256	0. 0141	0. 0747	0. 0760	0. 0075	0. 0251
Hausman 检验		0. 70 ［0. 4037］		0. 89 ［0. 3454］		2. 47 ［0. 1161］
观察值	97	291	42	126	55	165
模型	OLS	RE	OLS	RE	OLS	RE
样本	全样本		中低收入国家 （地区）样本		高收入国家 （地区）样本	

资料来源：UNSD。

（3）不同出口质量测度方法的稳健性检验。

不同出口质量的测度方法可能也会对实证结果产生较大的影响。为了验证出口质量测度方法的不同会不会影响前面分析结论的可靠性，采用第四章测度出口质量的方法，对其进行验证。通过表 6 - 11 我们可以看到，在全样本中，即使采用不同的出口质量衡量方法，也没有影响出口质量与经济波动之间的负相关关系。这说明了出口质量提升会抑制经济波动结论的稳健性。一个国家（地区）出口质量的提

_____

① 在 OLS 的截面模型中，OUTPUT 代表 97 个样本国家（地区）制造业在 1998—2011 年的产出波动，用制造业增加值增长率的标准差衡量；在 RE 的面板模型中，OUTPUT 代表 97 个样本国家（地区）制造业按照表 6 - 7 的方法构造出的面板产出波动。同时，我们也采用了 HP 滤波的方式对制造业产出波动进行衡量，得出的结果与增长率标准差衡量波动结果类似，为了节省空间，这里不再赘述。

升，会增强其产品抵抗市场风险的能力，从而产生较为平稳的经济波动。在以不同国家（地区）样本进行检验时，我们可以看到在高收入国家（地区）样本中出口质量系数显著为负，中低收入国家（地区）样本中尽管出口质量系数绝对值更大，但在面板回归中出现了系数为正的情形。这意味着，高收入国家（地区）由于整体出口质量较高，出口质量对经济波动的抑制作用更加明显，而中低收入国家（地区）由于自身出口质量水平较低，尽管出口质量提升对于经济波动有一定的抑制作用，但这种作用不太明显。

表 6 – 11 不同出口质量测度方法回归结果①

解释变量	(1) VGDP Ⅱ②	(2) VGDP Ⅱ③	(3) VGDP Ⅱ	(4) VGDP Ⅱ	(5) VGDP Ⅱ	(6) VGDP Ⅱ
Quality	- 0. 0028 ** (- 2. 07)	- 0. 0013 * (- 1. 76)	- 0. 0043 * (- 1. 91)	0. 0022 [0. 59]	- 0. 0022 * (- 1. 78)	- 0. 0001 * [- 1. 68]
常数项	0. 0075 ** (2. 47)	0. 0049 (1. 62)	0. 0005 (0. 09)	- 0. 0004 *** [- 0. 10]	0. 0049 (1. 10)	0. 0036 (0. 86)
F 或 Wald	9. 16 [0. 0000]	60. 84 [0. 0000]	4. 13 [0. 0027]	41. 98 [0. 0000]	9. 81 [0. 0000]	57. 98 [0. 0000]
R²	0. 3519	0. 3943	0. 3489	0. 0760	0. 6004	0. 5728
Hausman 检验		0. 58 [0. 4471]		0. 19 [0. 6617]		2. 39 [0. 1224]
观察值	101	289	46	124	55	165
模型	OLS	RE	OLS	RE	OLS	RE
样本	全样本		中低收入国家 （地区）样本		高收入国家 （地区）样本	

① 这里的回归结果只报告了出口质量和常数项系数，其他控制变量的结果与前面分析类似，为了节省空间，不再予以报告。

② 在 OLS 的截面模型中，关于国家经济波动，这里采用 HP 滤波的方式对人均 GDP 波动进行衡量，还采用人均 GDP 增长率标准差进行了检验，得出的结果与以 HP 滤波方式衡量的经济波动结果类似，为了节省空间，不再赘述。这里报告的是 1998 年出口质量回归结果，其他年份与其类似。

③ 面板数据的构建方法与前面类似。

第四节　本章小结

现代比较优势理论已经开始从原来的外生比较优势研究转向内生比较优势研究，而在对内生比较优势的研究中，研究者除了关注劳动力、资本、企业、组织等显性因素，也开始关注社会中的一些隐性因素，例如制度质量、基础设施、行业关联等。Hausmann 和 Hidalgo（2010）提出的能力理论为这类研究提供了理论支撑。当一个国家拥有的能力越多时，它可以生产的产品越多样；而当出口一种产品的国家越多时，它包含的能力越少。本章研究发现，理论上一个国家所拥有的能力数量与其经济产出波动存在负相关关系。拥有能力数量越多的国家，经济产出波动越小；反之，则经济产出波动越大。这种关系在国家层面的实证检验中得到了印证，但在不同收入类型国家（地区）层面上，两者负相关的大小与显著性存在差异。在高收入国家（地区）样本中，能力与产出波动显著负相关，而在中低收入国家（地区）样本中，能力与产出波动的负相关不太明显。这意味着在不同发展水平上，能力对经济产出存在差异性的影响。这样的结论在制造业层面也得到了验证。与前面结论的差异在于，中低收入国家（地区）样本中能力与制造业产出波动显著负相关，而高收入国家（地区）样本中能力与制造业产出波动存在负相关，但不显著。产生这种差异的原因可能在于，中低收入国家（地区）仍然处在工业化的重要阶段，制造业在整个社会中所占的比重较大，所以能力的多少对其制造业的产出波动影响较大；而高收入国家（地区）现在已经走出了工业化时期，第三产业在整个社会中所占比重较大，所以能力的多少对其制造业产出波动的影响不太明显。总的来看，在国家（地区）层面和行业层面上能力与经济波动存在负相关关系。

本章是应用能力理论研究经济波动的一次尝试，后续还有很多有待深入和广化的问题。第一，能力与经济发展的关系已经得到确认（Hausmann 和 Hidalgo，2010；Jarreau 和 Poncet，2012；李小平等，

2015a），本章对能力与经济波动进行了探索研究，但在理论上如何把能力理论融入现代经济发展和经济波动的研究范式，在微观层面和宏观层面上廓清它与其他变量的关系，还有待进一步的研究。第二，本章探讨了国家（地区）层面和制造业层面能力与经济产出波动的关系，那么不同行业，例如农业、服务行业的产出波动会不会受到能力的影响？Koren 和 Tenreyro（2007）发现，服务行业比制造行业波动性更小，在经济发展过程中，一个国家（地区）服务行业比重越来越高，其经济波动也趋于下降。那么在一国（地区）内部，能力对其不同行业的影响会不会存在差异；如果有，差异的原因是什么？第三，本章主要从静态角度研究能力对经济波动的影响，如果加入时间因素，在动态中，随着一国（地区）能力数量的变化，其经济波动会如何变化？这些问题都值得深入探讨。

第七章　结论与政策建议

本章梳理前面章节的研究内容，归纳和概括出本书的主要研究结论。根据这些结论，联系中国经济发展实际，提出相应的对策与建议。最后，根据本书研究过程中的一些不足与局限性，提出未来研究进一步努力的方向。

第一节　主要结论

首先，本书以 Jaimovich 和 Merella（2012）与 Hausmann 和 Hidalgo（2010）理论模型为基础，探讨了出口质量演变影响对外贸易、行业增长和经济波动的理论机制。其次，本书以 Feenstra 和 Romalis（2014）测量方法为基础，对 196 个国家（地区）的国家、行业和产品三个层面出口质量进行了测量。再次，本书使用中国出口质量的测量结果，对中国出口质量提升对其外贸和行业增长的作用进行了实证研究。最后，本书采用 Hausmann 和 Hidalgo（2010）方法衡量的出口质量验证了出口质量演变对经济波动的影响。通过以上研究，得到下列主要结论。

一　出口质量的测量

本书采用 Feenstra 和 Romalis（2014）出口质量的测算方法，对世界 196 个国家和地区 1990—2011 年的产品—行业—国家（地区）层面出口质量进行了测算。通过测算发现：①在产品层面，初级产品出口质量指数偏低，中间品或资本品出口质量指数偏高。各国（地区）同一种产品出口质量指数不同，具有较好的比较意义。②在行业层面，世界平均初级产品行业出口质量指数变动平缓，上升趋势不明显；世界平均工业品行业出口质量指数 2000 年前变动平缓，但 2000 年后上升趋势明显。通过典型国家行业出口质量变动趋势的考察，发现其也符合行业世界平均出口质量的变动趋势。③在国家（地区）层面，世界平均出口质量上升趋势不明显，呈现"W"形的波段变动，2001 年和 2008 年是出口质量"W"形变动的两个底。国家（地区）间出口质量变动趋势存在差异。从 19 个典型国家来看，高收入国家之间出口质量变动趋势不统一；新兴市场国家出口质量存在缓慢上升趋势。从各国出口质量与国家收入水平之间的关系来看，在全样本和高收入国家（地区）样本中，出口质量的提升和国家（地区）收入水平正相关，国家（地区）收入水平越高，国家（地区）出口质量指数越高；在中低收入国家（地区）样本中，国家（地区）收入水平与国家（地区）出口质量指数之间关系不明确。

关于中国出口质量的变动：①在产品层面，中国初级产品出口质量指数偏高；资本品出口质量指数偏低，但存在缓慢上升趋势。同时，由于在各类产品上与世界各国之间的贸易联系紧密，中国在许多产品出口质量指数的计算上都是基准国。②在行业层面，初级产品行业出口质量指数偏高，上升趋势不明显；工业品行业出口质量指数偏低，但上升趋势明显。③在国家（地区）层面，中国出口质量指数整体上升趋势不明显，存在两个波段性上升阶段。1997 年和 2008 年经济危机后，中国出口质量指数有明显的上升，反映出国际市场倒逼中国出口质量水平提升。

二 出口质量演变的贸易增长效应

本书在第四章使用中国经验数据实证检验了上述出口质量演变的贸易增长效应。研究发现，不论是在哪种经验模型下，中国出口质量在国家层面和行业层面都稳健地促进了中国对外贸易。这在一定程度上解释了"中国贸易量增长之谜"。分样本查看，本书发现中国出口质量的促进作用存在国别间的差异性。相较于高收入国家和与中国贸易关系疏松国家，中国出口质量提升显著影响了中国产品向中低收入国家和与中国贸易关系紧密国家的出口。这并不符合理论预期。产生这种结果的原因在于中国出口质量整体水平较低，提升不显著。中国出口质量的这种特征使得中国出口质量上升幅度无法大规模撬动高收入国家市场，但它契合了中低收入国家的需要，所以中国出口质量上升可以有效促进其对中低收入国家的出口。同时，上述实证结果在行业层面也得到了验证，但这种效应存在行业差异。相较于初级产品类行业，中国行业出口质量提升更有利于促进中国在工业制成品类行业上的出口。这反映了中国行业出口质量的变动特征，在初级产品类行业上中国出口质量上升趋势不明显，但在工业制成品类行业上中国出口质量上升趋势明显。

同时，本书也考察了进口国对中国的出口贸易占其全部出口贸易额的比重、距离变量、贸易安排、多边阻力、进口国到中国旅游人口比重、进口国城镇化率等变量对中国对外贸易的影响。研究结果表明：①一国向中国出口比重越大，与中国的贸易联系越紧密，从中国的进口也会越多。②通过到中国旅游可以促进外国消费者对中国的产品和国家文化的认同，改善两国关系，从而增加从中国的进口。③随着一国城镇化率的提高，新增的城镇人口对消费品的需求和城镇规模扩大对综合配套设施的需求随之增加，而中国的产品在这些领域都具有强大的市场竞争力，因此出口数量也随之增加。④东南亚国家联盟和亚太经济合作组织代表贸易安排因素，它们对双边贸易流量有促进效应，但不显著。在分样本考虑时，这两个因素对贸易的促进作用存在分歧。在高收入国家样本中，东南亚国家联盟对贸易具有负作用，而在中低收入国家样本中，亚太经济合作组织对贸易具有负作用。之所以出现这种现象，原因在于这两种贸易安排主要适用于不同国家类型。⑤距离变量对贸易的影响不显著。这种现象产生的原因可能在于，现代交通物流的发达，削弱了距离对贸易的阻碍作用。⑥相对多边阻力与贸易负相关。可能的原因在于中国出口增长主要沿着集约边际实现。

三　出口质量演变的行业增长效应

实证上，许多学者已经从国家层面和地区层面研究了出口质量演变与经济增长的关系（Grossman 和 Helpman，1991a；Hummels 和 Klenow，2005；Hausmann 等，2007；Felipe 等，2012；Jarreau 和 Poncet，2012）。为了进一步寻找行业层面和中国经验的支撑，本书在第五章利用中国制造业行业层面数据验证了出口质量提升对经济的增长效应，发现中国制造业出口质量的提升确实促进了行业增长。行业出口质量的提升带来市场需求强度的增加和激烈市场竞争中存活可能性的增大，有效促进行业产品销量，拉动行业生产的增加。但出口质量的这种促进作用存在行业上的差异。在重工业、异质性行业和中等技术行业上，出口质量提升对行业增长的促进作用更为明显。这符合中国当前制造行业"重重工业、轻消费行业"和技术水平相对不高的发展现状。

同时，行业增长还受到固定资产规模、人力资本、研发投入、企业规模、贸易开放度、国有企业比重等因素的影响。其中，能够显著促进行业增长的因素包括固定资产规模、人力资本和研发投入，其他三个因素对行业增长的作用不明显。固定资产规模对行业增长的促进作用证明中国以投资促进行业增长的模式具有一定合理性，但其较小的系数又反映了其效率的低下。不同行业固定资产规模对行业增长的促进作用不同。相较于重工业、异质性行业和中高技术行业，轻工业、同质性行业和低技术行业固定资产规模对行业增长的促进作用更大。针对这样的现实，优化制造行业固定资产投资结构就成为应有之义。人力资本对行业增长促进作用最大，反映出随着教育水平的提升和创造能力的增强，从业劳动者对行业增长具有越来越大的作用。相较于轻工业、同质性行业和中低技术行业，研发投入对重工业、异质性行业和高技术行业等增长的促进作用更大。这符合经验事实。

四　出口质量演变的经济波动抑制效应

基于 Hausmann 和 Hidalgo（2010）模型，本书从理论上探讨了以能力理论为基础的出口质量影响经济波动的机制。一国的能力是不可直接观测的变量，它可以内生化为一国的比较优势。本书通过一国生产产品的多样性和普遍性来间接反映其所拥有的能力数量和产品包含的能力数量。一国拥有的能力数量越多，就意味着该国在产品质量深化上的可能性越大，一种产品包含的能力越多，就意味着这种产品质量水平越高。当一个国家拥有的能力数量越多时，其面对各种风险时的调节能力越强，经济大幅波动的可能性越小。

首先，本书根据理论模型构建了 103 个国家（地区）1998 年到 2011 年基于能力理论的出口质量指标，发现以产品多样性为基础的能力测度，比较真实地契合了我们的经验感受，高收入经济体出口质量指标普遍偏高，而中低收入经济体出口质量指标普遍偏低。其次，通过实证预测，本书发现一国（地区）出口质量提升可以较好地抑制经济波动，但这种抑制作用在不同国家样本中差异较大。一般而言，出口质量提升抑制经济波动的效应在高收入国家（地区）比较明显，在中低收入国家（地区）并不显著。这证实了出口质量影响经济波动模型的理论预期，说明在拥有能力较多的高收入国家（地区），出口质量提升更容易抑制经济波动，而在拥有能力较少的中低收入国家（地区），出口质量对其经济波动抑制的作用不太显著。这个结论得到了行业层面和以第三章出口质量衡量方法作为出口质量替代指标的稳健性支持。

同时，通过实证分析，本书考察了进出口波动、个人消费波动、资本波动、政府购买波动等因素对经济波动的影响。进出口波动与经济波动保持了显著的正相关关系，国外市场较大的变动能够通过产品供需传导到国内，影响国内经济波动。它深刻反映了世界经济的紧密联系与经济的联动性。其他变量对经济波动的影响都没有显著性的结果。这样的结论可能与论证方法有关。现在对经济波动的研究主要采用 DSGE 方法，而本书采用的是截面和构造面板的方法，样本量也较小，可能无法真实反映这些变量对经济波动的影响。

第二节　政策建议

鉴于出口质量演变的经济增长效应、贸易增长效应和经济波动抑制效应，努力提升中国具有比较优势的产品和行业出口质量，对于应对当前中国"三期叠加"的困难局面，缓解中国供需结构矛盾显得尤为必要。基于以上得出的主要结论，本书从以下方面提出促进中国出口质量提升的政策建议。

一 提升产品和行业出口质量水平

出口质量的提升涉及企业层面的工艺创新，它既可以通过劳动者素质的提高、劳动资料和劳动对象的创新实现，也可以通过创新各种生产力要素的结合方式实现。因此，任何涉及以上要素的创新都是应该关注的要点。今后我们需要在以下几个方面发力：①改变中国制造低价竞争的惯性。产品在国家市场竞争中有两个基本策略：以质取胜和以价取胜。中国产品习惯于使用价格手段去撬动市场，这使得在激烈的市场竞争中，产品出口质量提升的空间越来越小。目前在我国行业产能普遍过剩的背景下，市场开始倒逼中国产品质量水平提升。因此，现在生产企业面临市场需求萎缩、供给产品质量不符合市场对产品的质量要求、大量商品积压的困境，它们已经体会到了切肤之痛。因此，要下决心摘掉中国产品"低质低价"的帽子，用产品质量的提升去重新赢得市场。这才是长久之道。②创造创新的社会氛围。企业工艺创新需要政府和市场的支持。高质量的产品需要较高的生产投入，企业需要承担较大的市场风险。如果在风险较小的情况下，企业能够实现较大的盈利空间，那么它就缺乏工艺创新的动力。因此，政府和市场要通过多种手段降低企业工艺创新的外部性。③优化提升不同行业出口质量水平。针对不同行业出口质量水平与中国发展阶段，中国政府要有针对性地通过行业规划、产品最低质量标准、金融扶持等政策促进存在比较优势的行业出口质量水平的提高。同时，通过提升产品质量的市场准入，倒逼企业提升产品质量水平。④加大行业的开放度和降低行业进入门槛。行业竞争程度的加剧，会以市场倒逼的形式促使企业提升出口质量。

二 优化人力资本结构

产品质量的提升有赖于生产中具有协作、创新精神的熟练劳动者的投入。经过近40年改革开放的发展，中国在工业化进程中培养了一批具有一定技能和熟悉现代化生产流程的劳动者。这批劳动者将成为未来一定时期内影响中国工业发展高度的重要因素。他们很多都是第一、第二代农民工，为了谋生脱离土地成为产业工人。薄弱的教育背景在一定程度上制约了他们促进产品质量提升的作用。因此，对现有工业行业的劳动从业者要加大技能培训力度，提升他们在生产中的创造能力。一方面，可以采用传统的职业技术学院与工厂灵活合作的方式，通过订单式培养、开放式办学、集中式授课、帮扶式指导等形式向劳动者传输技术；另一方面，可以秉持"互联网＋"的理念，依托多种无线信息传输手段，构建多种形式的技术培训平台，扩散技术信息，提升劳动者的潜在技能。

同时，推进教育改革，创立培养创新精神的教育理念。我国的教育一直致力于知识教育，培养学生掌握全面扎实的知识体系，秉持知识是创新的基础、没有知识基础创新几乎不可能的理念。在教育中强调传播知识的重要性无可厚非，但要注意的是，传播知识是为了更好地创新，创新才是教育的真正目的，不可混淆目的与手段。因此，在教育体系中要注意创新能力的培养，这样才能更好地为"万众创新"打下坚实的基础。

三　推进外贸体制改革

作为一个以外贸加工为主的国家，中国出口质量的提升有赖于进口中间品质量的提升。高质量的投入品会带来高质量的产出品，而一国较高的贸易壁垒会阻碍高质量投入品在国家间的流动，从而延缓其产品质量的提升。尽管自改革开放和 2001 年加入 WTO 以来，中国对外贸易开放幅度很大，与世界市场的融合程度很高，但实际上中国对外贸易开放一直存在"出"大于"进"的特征。这一定程度上阻碍了优质中间品的流入。现在这种外贸特征的局限性越来越突出，在一定程度上阻碍了中国对外贸易的进一步发展。因此，要继续推进现有贸易体制改革，降低中国市场的进入壁垒，引入更多的贸易自由化政策，促进优质资源的全球配置。鉴于现有中国经济体量，优化全球资源会在一定程度上激活中国沉淀的对外贸易动能。2015 年 10 月，中共中央在关于"十三五"规划的建议中提出"加快对外贸易优化升级，从贸易大国迈向贸易强国"，"推动外贸向优质优价、优进优出转变"，"实行积极的进口政策，向全球扩大市场开放"等政策。这也反映了中央对推进贸易体制改革，调动贸易主体的积极性，升级贸易对象的期待。

四 打破行业垄断壁垒

激烈的市场竞争可以有效促进产品质量的提升，这是市场的倒逼机制。没有激烈市场竞争，企业缺乏内在提升产品质量的动力。如果企业依靠垄断地位，维持现有质量水平就可获利，它为何要冒险去提升产品质量？因此，打破行业垄断壁垒，注入市场竞争活力，可以有效促进产品质量的提升。我国现在垄断比较严重的行业，都是国有企业所占比重较高的行业。因此，产品出口质量提升可以与打破国有企业垄断，推行传统国有企业垄断市场改革联系起来。在这些领域提升产品出口质量，关键就在于如何搞活市场竞争机制，让市场竞争机制发挥资源配置的主导作用。政府应以混合所有制形式为依托，推进国有企业改革，把国企改造成为参与竞争的市场主体。同时，政府应秉持国民待遇与公平对待等市场原则，完善相应的规章制度，保证市场竞争的活力与机制。

五 优化固定资产投资结构

不同行业固定资产规模对行业的增长存在差异。我国处于工业化阶段的重要时期，所以特别重视对重工业发展的维护，每年进行了大量重工业方面的投资，而这方面的投资也成为拉动中国经济的重要力量。但是，从实证分析来看，重工业方面的投资回报不高，造成大量资源沉淀，而轻工业投资回报较高。然而，在现实中，随着中国消费者收入水平的提高，对轻工业消费品的质量提出了升级性的需要，但这方面供给产品的质量却没有及时提升，造成了大量低质消费品卖不出去，而高质消费品又生产不出来的局面。这为我们优化固定资产投资结构指明了方向。因此，要引导资源配置对提升产品质量方面的投资。2015年12月召开的中央经济工作会议认为2016年结构性改革主要是抓好"去产能、去库存、去杠杆、降成本、补短板"五大任务。其中，"去产能"深刻反映了我国固定资产投资结构不合理、产品供过于求、恶性竞争的不利局面。因此，现在我们需要做的是从供给侧发力，通过"放松供给约束、解除供给抑制"，实现对固定资产投资结构的调节。

第三节 本书不足与研究展望

一 本书不足

本书主要研究了出口质量的测算以及出口质量演变的经济增长效应、贸易增长效应和经济波动抑制效应四方面的内容。回顾全文，本书在研究中还存在以下不足：

1. 没有深入挖掘出口质量演变规律背后的原因

本书构建了产品—行业—国家三个层面出口质量的测算方法，并分析了各层次出口质量的演变规律，但囿于研究重点，本书没有深入探讨出口质量演变规律背后的原因。这使得本书对于出口质量经济效应的研究缺少重要的逻辑支撑，只能讨论出口质量本身的演变带来的经济效应，而无法深入研究这种效应背后影响出口质量演变的机制。当然，这也指明了将来研究的方向。

2. 缺乏企业层面对出口质量演变贸易增长效应的实证检验

基于 Jaimovich 和 Merella（2012）模型，本书构建了产品出口质量影响贸易增长的理论机制，但在实证中，囿于数据问题，本书中出口质量的测算方法只能提供产品层面、行业层面、国家层面出口质量数据，无法提供企业层面出口质量指数的计算。这使得本书无法在企业层面对该模型进行实证检验，只能进行行业层面的检验。具体企业层面的经验数据是否支撑理论预期，还有待进一步检验。

3. 出口质量演变的经济波动抑制效应缺乏微观理论机制

关于出口质量演变的经济波动抑制效应的研究文献还很少。本书采用反映 Hausmann 和 Hidalgo（2010）能力理论的出口质量的测度指标研究国家层面和制造业层面出口质量提升对经济波动的抑制效应，这是一次有益的尝试。但由于缺乏均衡的微观机制，在一个一般均衡模型中出口质量变动如何影响经济波动，是否还有抑制作用，需要进一步研究。同时，从实证检验方法来看，目前对经济波动的研究主要采用校准方法，而本书采用了传统的估计方法，这使得结果无法直接与现有经济波动的研究成果相比较。以后可以通过包含质量因素的宏观经济模型的构建，采用校准模型研究质量变动对经济波动的影响。

二 研究展望

由于数据和笔者学术水平的限制，本书还存在上述研究中的不足。这些不足将成为未来进一步研究的方向，现总结如下：

1. 完善出口质量测算方法

出口质量作为一种隐性信息，它的量化必然带来误差，也意味着具有进一步的改进空间。近来，党中央提出了供给侧结构性改革，其关键就在于增加有效供给，提升供给质量。因此，如果不能够合理、准确地反映产品出口质量，就会给相关的针对性政策带来误判。因此，还需要进一步完善出口质量的测量方法。在完善的过程中，要注意世界各国间出口质量指数的一般性与具体一国出口质量指数的特殊性。同时，要注意测算方法在反映出口质量上直接性与间接性的结合。

2. 探讨影响出口质量的理论机制

现有理论模型研究了出口质量演变对经济增长、外贸增长与经济波动的影响，但没有从理论上解释出口质量变动的来源。出口质量存在两个意义上的变化：一个是纵向上或横向上相对出口质量指标的变化，另一个是出口质量绝对指标的变化。出口质量指标不同意义上的变化包含的影响机制也不同。合理探讨影响不同意义出口质量指标的因素对于深化认识出口质量演变的经济效应很有帮助。

3. 完善出口质量演变的经济效应研究

本书主要采用中国的经验数据研究了出口质量演变对中国贸易增长和行业增长的影响。为了验证结论的稳健性，亦可以采用中国地区数据或其他国家数据进行实证分析印证，从而考察出口质量演变经济效应的地区或国别差异。同时，在出口质量演变的经济波动抑制效应的理论机制和实证支持分析上，可以进一步采用校准方法进行拓展研究。出口质量作为影响经济行为的重要变量，除了本书研究的这三种效应，还有许多有待研究的效应，例如出口质量演变的结构效应、出口质量演变的福利效应等。因此，为了深化认识出口质量演变的经济影响，下一步可以多角度研究其带来的其他效应。

参考文献

［1］鲍晓华、金毓:《出口质量与生产率进步:收入分配的影响力》,《财经研究》2013 年第 8 期。

［2］陈虎:《不完全信息条件下基于产品质量的出口政策选择》,《财贸研究》2008 年第 6 期。

［3］陈昆亭、龚六堂:《中国经济增长的周期与波动的研究》,《经济学》(季刊) 2004 年第 7 期。

［4］陈强:《高级计量经济学及 STATA 应用》,高等教育出版社 2010 年版。

［5］陈勇、李小平:《中国工业行业的面板数据构造及资本深化评估:1985—2003》,《数量经济技术经济研究》2006 年第 10 期。

［6］陈勇兵、李伟红、蒋灵多:《中国出口产品的相对质量在提高吗?》,《世界经济文汇》2012 年第 4 期。

［7］戴翔、金碚:《产品内分工、制度质量与出口技术复杂度》,《经济研究》2014 年第 7 期。

［8］杜威剑、李梦洁:《目的国市场对出口企业产品质量升级的影响》,《经济与管理研究》2015 年第 1 期。

［9］杜修立、王维国:《中国出口贸易的技术结构及其产业变迁 1980—2003》,《经济研究》2007 年第 7 期。

［10］谷克鉴:《国际经济学对引力模型的开发与应用》,《世界经济》2001 年第 2 期。

［11］郭少棠:《旅游:跨文化想象》,北京大学出版社 2005 年版。

［12］洪占卿、郭峰:《国际贸易水平、省际贸易潜力和经济波动》,《世界经济》2012 年第 10 期。

［13］黄赜琳、朱保华：《中国的实际经济周期与税收政策效应》，《经济研究》2015 年第 3 期。

［14］黄志刚：《货币政策与贸易不平衡的调整》，《经济研究》2011 年第 3 期。

［15］康振宇：《中国出口中间产品市场集中度：质量竞争还是价格竞争？》，《世界经济研究》2015 年第 2 期。

［16］李坤望、王有鑫：《FDI 促进了中国出口产品质量升级吗？》，《世界经济研究》2013 年第 5 期。

［17］李小平、周记顺、王树柏：《中国制造业出口复杂度的提升和制造业增长》，《世界经济》2015 年第 2 期。

［18］李小平、周记顺、卢现祥、胡久凯：《出口的"质"影响了出口的"量"吗？》，《经济研究》2015 年第 8 期。

［19］李秀芳、施炳展：《补贴是否提升了企业出口产品质量》，《中南财经政法大学学报》2013 年第 4 期。

［20］连玉君、苏治、丁志国：《现金—现金流敏感性能检验融资约束假说吗？》，《统计研究》2008 年第 10 期。

［21］林毅夫、张鹏飞：《适宜技术、技术选择和发展中国家的经济增长》，《经济学》（季刊）2006 年第 4 期。

［22］刘伟丽、袁畅、曾冬林：《中国制造业出口质量升级的多维研究》，《世界经济研究》2015 年第 2 期。

［23］刘小玄：《中国工业企业的所有制结构对效率差异的影响》，《经济研究》2000 年第 2 期。

［24］刘瑶、丁妍：《中国 ITC 产品的出口增长是否实现了以质取胜》，《中国工业经济》2015 年第 1 期。

［25］梅冬州、赵晓军：《资产互持与经济周期跨国传递》，《经济研究》2015 年第 4 期。

［26］欧阳艳艳：《我国行业关联与经济波动的实证研究》，《学术研究》2013 年第 10 期。

［27］欧阳志刚：《中国经济增长的趋势与周期波动的国际协同》，《经济研究》2013 年第 7 期。

［28］钱学锋、熊平：《中国出口增长的二元边际及其因素决定》，《经济研究》2010 年第 1 期。

［29］饶晓辉、刘方：《政府生产性支出与中国的实际经济波动》，《经济研究》2014 年第 11 期。

［30］任坤秀：《我国产品质量现状的研究》，《上海财经大学学报》2000 年第 5 期。

［31］盛斌：《中国对外贸易政策的政治经济分析》，上海人民出版社 2002 年版。

［32］盛斌、廖明中：《中国贸易流量与出口潜力：引力模型的研究》，《世界经济》2004 年第 2 期。

［33］施炳展：《FDI 是否提升了本土企业出口产品质量》，《国际商务研究》2015 年第 2 期。

［34］施炳展：《中国企业出口产品质量异质性测度与事实》，《经济学》（季刊）2013 年第 13 卷第 1 期。

［35］施炳展：《中国出口增长的三元边际》，《经济学》（季刊）2010 年第 4 期。

［36］孙宁华、曾磊：《间歇式制度创新与中国经济波动：校准模型与动态分析》，《管理世界》2013 年第 12 期。

［37］孙玉宗：《对外贸易中的商品质量问题》，《国际贸易问题》1991 年第 8 期。

［38］汤二子、孙振：《异质性生产率、产品质量与中国出口企业的"生产率悖论"》，《世界经济研究》2012 年第 11 期。

［39］田晖、蒋辰春：《国家文化距离对中国对外贸易的影响》，《国际贸易问题》2012 年第 3 期。

［40］佟家栋、刘钧霆：《中日制造业产业内贸易发展态势的实证研究》，《国际贸易问题》2006 年第 1 期。

［41］王国静、田国强：《金融冲击和中国经济波动》，《经济研究》2014 年第 3 期。

［42］汪建新、黄鹏：《信贷约束、资本配置和企业出口产品质量》，《财贸经济》2015 年第 5 期。

［43］汪建新、贾圆圆、黄鹏：《国际生产分割、中间投入品进口和出口产品质量》，《财经研究》2015 年第 4 期。

［44］王君斌、王文甫：《非完全竞争市场、技术冲击和中国劳动就业——动态新凯恩斯主义视角》，《管理世界》2010 年第 1 期。

［45］王明益：《中国出口产品质量提高了吗?》，《统计研究》2014 年第 5 期。

［46］王文甫、王子成：《积极财政政策与净出口：挤入还是挤出? 基于中国的经验与解释》，《管理世界》2012 年第 10 期。

［47］王雅琦、戴觅、徐建炜：《汇率、产品质量与出口价格》，《世界经济》2015 年第 5 期。

［48］吴福象、刘志彪：《中国贸易量增长之谜的微观经济分析：1978—2007》，《中国社会科学》2009 年第 1 期。

［49］巫强、刘志彪：《出口国质量管制条件下的出口国企业创新与产业升级》，《管理世界》2007 年第 2 期。

［50］熊杰：《中国出口产品质量测度及其影响因素分析》，硕士学位论文，浙江大学，2011 年。

［51］许伟、陈斌开：《银行信贷与中国经济波动》，《经济学》（季刊）2009 年第 2 期。

［52］雪韫梓：《发达国家企业如何持续改进产品质量》，《经济纵横》1997 年第 5 期。

［53］阎金明：《谈价格弹性与出口商品的非价格竞争因素——兼论我国出口商品的质量问题》，《国际经贸探索》1992 年第 6 期。

［54］姚洋、章奇：《中国工业企业技术效率分析》，《经济研究》2001 年第 10 期。

［55］殷德生、唐海燕、黄腾飞：《国际贸易、企业异质性与产品质量升级》，《经济研究》2011 年第 2 期。

［56］袁申国、陈平、刘兰凤：《汇率制度、金融加速器和经济波动》，《经济研究》2011 年第 1 期。

［57］张德进：《出口退税政策与出口产品质量的相关性分析》，硕士学位论文，华中科技大学，2004 年。

［58］张杰、翟福昕、周晓燕:《政府补贴、市场竞争与出口产品质量》,《数量经济技术经济研究》2015 年第 4 期。

［59］张杰、郑文平、翟福昕:《中国出口产品质量得到提升了吗?》,《经济研究》2014 年第 10 期。

［60］张军、陈诗一、Jefferson、Gray H.:《结构改革与中国工业增长》,《经济研究》2009 年第 7 期。

［61］张卫华、江源、原磊、于建勋:《中国工业经济增长动力机制转变及转型升级研究》,《调研世界》2015 年第 6 期。

［62］朱平芳、朱先智:《企业创新人力投入强度规模效应的分位点回归研究》,《数量经济技术经济研究》2007 年第 3 期。

［63］邹俊毅、周星:《我国出口产品质量及其分化趋势》,《山西财经大学学报》2011 年第 2 期。

［64］Abd – el – Rahman, K., "Firms Competitive and National Comparative Advantages as Joint Determinants of Trade Composition", *Weltwirtschaftiches Archiv*, 1991（127）, pp. 83 – 97.

［65］Acemoglu, D., V. M. Carvalho, A. Ozdaglar and A. Tahbaz – Salehi, "The Network Origins of Aggregate Fluctuations", *Econometrica*, 2012, 80（5）, pp. 1977 – 2016.

［66］Aiginger, K., "The Use of Unit Values to Discriminate between Price and Quality Competition", *Cambridge Journal of Economics*, 1997, 21（5）, pp. 571 – 592.

［67］Aisen, A. and F. J. Veiga, "How Does Political Instability Affect Economic Growth?", *European Journal of Political Economy*, 2013（29）, pp. 151 – 167.

［68］Aiyagari, Rao, Lawrence J. Christiano and Martin Eichenbaum, "The Output, Employment, and Interest Rate Effects of Government Spending", *Journal of Monetary Economics*, 1992（30）, pp. 73 – 86.

［69］Akelof, G. A., "The Market for Lemons: Qualitative Uncertainty and the Market Mechanism", *Quarterly Journal of Economics*, 1970

(84), pp. 488 – 500.

[70] Álvarez, R. and S. Claro, "On the Source of China's Export Growth", Central Bank of Chile Working Paper No. 426, 2007.

[71] Amiti, M. and A. K. Khandelwal, "Import Competition and Quality Upgrading", *The Review of Economics and Statistics*, 2013, 92 (2): 476 – 490.

[72] Armington, P. S., "A Theory of Demand for Products Distinguished by Place of Production", *IMF Staff Papers*, 1969 (16), pp. 159 – 178.

[73] Anderson J. E., E. Van Wincoop, Gravity with Gravitas: A Solution to the Border Puzzle, *American Economic Review*, 2003 (93): 170 – 192.

[74] Aw, Bee Yan, and Mark J. Roberts, Measuring Quality Change in Quota Constrained Import Markets, *Journal of International Economics*, 1986, 21 (1): 45 – 60.

[75] Bak, P., K. Chen, J. Scheinkman and M. Woodford, "Aggregate Fluctuations from Independent Sectoral Shocks: Self – organized Criticality in a Model of Production and Inventory Dynamics", *Ricerche Economiche*, 1993 (47), pp. 3 – 30.

[76] Balassa, B., "Tariff Reduction and Trade in Manufactures among the Industrial Countries", *American Economic Review*, 1966 (56), pp. 466 – 473.

[77] Balassa, B., "Prospects for Trade in Manufactured Goods between Industrial and Developing Countries, 1978 – 1990", *Journal of Policy Modeling*, 1980 (2), pp. 437 – 455.

[78] Baldwin, R. and J. Harrigan, "Zeros, Quality, and Space: Trade Theory and Trade Evidence", *American Economic Journal: Microeconomics*, 2011, 3 (2), pp. 60 – 88.

[79] Balk, B. M., "Price and Quantity Index Numbers: Models for Measuring Aggregate Change and Difference", New York: Cam-

bridge University Press, 2008.

[80] Bas, M. and V. Strauss – Kahn, "Input – trade Liberalization, Export Prices and Quality Upgrading", *Journal of International Economics*, 2015 (95), pp. 250 – 262.

[81] Beck, Thorsten, Mattias Lundberg and Giovanni Majnoni, "Financial Intermediary Development and Growth Volatility: Do Intermediaries Dampen or Magnify Shocks?", World Bank Policy Research Working Paper No. 2707, 2001.

[82] Becker, G. S., "A Theory of the Allocation of Time", *Economic Journal*, 1965 (75), pp. 493 – 517.

[83] Bernard, A. B., J. B. Jensen and P. K. Schott, "Falling Trade Costs, Heterogeneous Firms, and Industry Dynamics", NBER Working Paper No. 03 – 4, 2003.

[84] Bernini, M., S. Guillou and F. Bellone, "Frims' Leverage and Export Quality Evidence from France", Sciences Po No. 2013 – 13, 2013.

[85] Berry, S. T., "Estimating Discrete – choice Models of Product Differentiation", *RAND Journal of Economics*, 1994, 25 (2), pp. 242 – 262.

[86] Bhagwati, J. N. and T. N. Srinivasan, "Lectures on International Trade", Massachusetts: MIT Press, 1983.

[87] Bils, M. and P. Klenow, "Quantifying Quality Growth", *American Economic Review*, 2001 (91), pp. 1006 – 1030.

[88] Boorstein, R. and Feenstra, R. C., "Quality Upgrading and Its Welfare Cost in U. S. Steel Imports", NBER Working Paper No. 2452, 1987.

[89] Brenton, Paul and L. A. Winters, "Estimates of Bilateral Trade Elasticities and Their Implications for the Modelling of "1992"", CEPR Discussion Papers 717, 1992.

[90] Brooks, E., "Why Don't Firms Export More? Product Quality and

Colombian Plants", *Journal of Development Economics*, 2006, 80 (1), pp. 160 – 178.

[91] Burren, D. and K. Neusser, "The Role of Sectoral Shifts in the Decline of Real GDP Volatility", *Macroeconomic Dynamics*, 2013, 17 (3), pp. 477 – 500.

[92] Cagé, J. and Dorothée Rouzet, "Improving 'National Brands': Reputation for Quality and Export Promotion Strategies", *Journal of International Economics*, 2015, 95 (2), pp. 274 – 290.

[93] Calderón, C., K. Schmidt – Hebbel, "Openness and Growth Volatility", Central Bank of Chile Working Paper No. 483, 2008.

[94] Campanella, J. and F. J. Corcoran, "Principles of Quality Costs", *Quality Progress*, 1983, 16 (4), pp. 16 – 21.

[95] Carvalho, V. M., "Aggregate Fluctuations and the Network Structure of Intersectoral Trade", CREI and University Pompeu Fabra, 2010.

[96] Chamberlin, E. H., "The Product as an Economic Variable", *Quarterly Journal of Economics*, 1953 (67), pp. 1 – 29.

[97] Chiang, S. – C. and R. T. Masson, "Domestic Industrial Structure and Export Quality", *International Economic Review*, 1988 (29), pp. 261 – 269.

[98] Chisik, R., "Export Industry Policy and Reputational Comparative Advantage", *Journal of International Economics*, 2003, 59 (2), pp. 423 – 451.

[99] Choi, Y., D. Hummels and C. Xiang, "Explaining Import Variety and Quality: The Role of Income Distribution", NBER Working Paper No. 12531, 2006.

[100] Christiano, L., M. Eichenbaum and C. Evans, "Nominal Rigidities and the Dynamic Effects of a Shock to Monetary Policy", *Journal of Political Economy*, 2005, 113 (1), pp. 1 – 45.

[101] Cole, A. J. Robert and K. Shimamoto, "Why the Grass Is Not

Always Greener: The Competing Effects of Environmental Regulations and Factor Intensities on US Specialization", *Ecological Economics*, 2005 (54), pp. 95 – 109.

[102] Costinot, A., "On the Origins of Comparative Advantage", *Journal of International Economics*, 2009, 77 (2), pp. 255 – 264.

[103] Court, A. T., "Hedonic Price Indexes with Automotive Example", *The Dynamics of Automobile Demand*, New York: General Motors Corporation, 1939, pp. 99 – 117.

[104] Cowling, K. and J. Cubbin, "Price, Quality and Advertising Competition: An Econometric Investigation of the UK Car Market", *Econometrica*, 1971 (38), pp. 378 – 394.

[105] Crinò, R. and P. Epifani, "Productivity, Quality and Export Behaviour", *Economic Journal*, 2012, 122 (565), pp. 1206 – 1243.

[106] Crozet, M., Head, K. and T. Mayer, "Quality Sorting and Trade: Firm – level Evidence for French Wine", *Review of Economic Studies*, 2012, 79 (2), pp. 609 – 644.

[107] Curzi, D. and A. Olpe, "Export Behavior of Italian Food Firms: Does Product Quality Matter?", *Food Policy*, 2012 (37), pp. 493 – 503.

[108] Deardorff, Alan V., "Testing Trade Theories and Predicting Trade Flows", *Handbook of International Economics*, in: R. W. Jones & P. B. Kenen (ed.), 1984 (1), pp. 467 – 517.

[109] Deaton, A. and A. Heston, "Understanding PPPs and PPP – based National Accounts", *American Economic Journal: Macroeconomics*, 2010 (2), pp. 1 – 35.

[110] Di Giovanni, J. and A. A. Levchenko, "The Risk Content of Exports: A Portfolio View of International Trade", *NBER International Seminar on Macroeconomics*, 2012, 8 (1), pp. 97 – 151.

[111] Donnenfeld, S. and W. Mayer, "The Quality of Export Products

and Optimal Trade Policy", *International Economic Review*, 1987, 28 (1), pp. 159 – 174.

[112] Dulleck, U., N. Foster, R. Stehrer and J. Wörz, "Dimension of Quality Upgrading in CEECs", *Economics of Transition*, 2004, 13 (1), pp. 51 – 76.

[113] Duncan, R., "Institutional Quality, the Cyclicality of Monetary Policy and Macroeconomic Volatility", *Journal of Macroeconomics*, 2014 (39), p. 113.

[114] Eaton, J. and S. Kortum, "Technology, Geography, and Trade", *Econometrica*, 2002 (70), pp. 1741 – 1779.

[115] Essaji, A. and K. Fujiwara, "Contracting Institution and Product Quality", *Journal of Comparative Economics*, 2012 (40), pp. 269 – 278.

[116] Evrensel, A. Y, "Corruption, Growth, and Growth Volatility", *International Review of Economics & Finance*, 2010, 19 (3), p. 501.

[117] Falvey, R. E., "Commercial Policy and Intra – Industry Trade", *Journal of International Economics*, 1981 (11), pp. 495 – 511.

[118] Falvey, R. E. and H. Kierzkowski, "Product Quality, Intra – industry Trade and Imperfect Competition", in H. Kierzkowski (ed.), *Protection and Competition in International Trade*, Basil Blackwell, Oxford & New York, 1987, pp. 143 – 161.

[119] Fajgelbaum, P. D., G. M. Grossman and E. Helpman, "Income Distribution, Product Quality and International Trade", *Journal of Political Economy*, 2011, 119 (4), pp. 721 – 765.

[120] Fan, H., E. L. – C. Lai and Y. A. Li, "Credit Constraints, Quality, and Export Prices: Theory and Evidence from China", *Journal of Comparative Economics*, 2015 (43), pp. 390 – 416.

[121] Fasil, C. B. and T. Borota, "World Trade Patterns and Prices: The Role of Productivity and Quality Heterogeneity", *Journal of In-*

ternational Economics, 2013 (91), pp. 68 – 81.

[122] Feenstra, Robert C. , "Quality Change under Trade Restraints in Japanese Autos", *Quarterly Journal of Economics*, 1988 (103), pp. 131 – 146.

[123] Feensta, Robert C. and John Romalis, "International Prices and Endogenous Quality", *Quarterly Journal of Economics*, 2014 (129), pp. 477 – 527.

[124] Felipe, J. , U. Kumar, A. Abdon and M. Bacate, "Product Complexity and Economic Development", *Structural Change and Economic Dynamics*, 2012 (23), pp. 36 – 68.

[125] Finger, J. M. , M. Kreinin, "A Measure of Export Similarity and Its Possible Uses", *Economic Journal*, 1979 (89), pp. 905 – 912.

[126] Flam, H. and E. Helpman, "Vertical Product Differentiation and North – South Trade", *American Economic Review*, 1987 (77), pp. 810 – 822.

[127] Fogli, A. and F. Perri, "Macroeconomic Volatility and External Imbalances", *Journal of Monetary Economics*, 2015 (69).

[128] Fontangé, L. , M. Freudenberg and G. Gaulier, "A Systematic Decomposition of World Trade into Horizontal and Vertical IIT", *Review of World Economics*, 2006, 142 (3), pp. 459 – 475.

[129] Gabaix, X. , "The Granular Origins of Aggregate Fluctuations", *Econometrica*, 2011, 79 (3), pp. 733 – 772.

[130] Gali, J. , D. LoPez – Salido and J. Valles, "Understanding, the Effects of Government Spending on Consumption", NBER Working Paper No. 11578, 2005.

[131] Gao, Yue. , J. Whalley and Yonglei Ren, "Decomposing China's Export Growth into Extensive Margin, Export Quality and Quantity Effects", *Chinese Economic Review*, 2014 (29), pp. 19 – 26.

[132] Gervais, A. , "Product Quality and Firm Heterogeneity in Interna-

tional Trade", CES Working Paper No. 13 – 08, 2013.

[133] Greenaway, D. R. Hine and C. Milner, "Vertical and Horizontal Intra – industry Trade: A Cross Industry Analysis for the United Kingdom", *The Economic Journal*, 1995, 105 (433), pp. 1505 – 1518.

[134] Grossman, Gene and Elhanan Helpman, "Quality Ladders in the Theory of Growth", *The Review of Economic Studies*, 1991a (58), pp. 43 – 61.

[135] Grossman, Gene and Elhanan Helpman, "Endogenous Product Cycles", *Economic Journal*, 1991b (101), pp. 1214 – 1229.

[136] Haas, G. C., "A Statistical Analysis of Farm Sales in Blue Earth County, Minnesota, as a Basis for Farm Land Appraisal", Master Thesis, University of Minnesota, 1922.

[137] Hallak, J., "Product Quality and the Direction of Trade", *Journal of International Economics*, 2006, 68 (1), pp. 238 – 265.

[138] Hallak, J. C., "A Product Quality View of the Linder Hypothesis", *Review of Economics and Statistics*, 2010, 92 (3), pp. 453 – 466.

[139] Hallak, J. C. and P. K. Schott, "Estimating Cross – country Differences in Product Quality", *The Quarterly Journal of Economics*, 2011, 126 (1), pp. 417 – 474.

[140] Hallak, J. C. and J. Sivadasan, "Product and Process Productivity: Implications for Quality Choice and Conditional Exporter Premia", *Journal of International Economics*, 2013 (91), pp. 53 – 67.

[141] Hausmann, R., Jason Hwang and D. Rodrik, "What You Export Matters", *Journal of Economic Growth*, 2007 (12), pp. 1 – 25.

[142] Hausmann, R. and B. Klinger, "The Structure of the Product Space and the Evolution of Comparative Advantage", CID Working Paper No. 146, 2007.

[143] Hausmann, R. and C. A. Hidalgo, "Country Diversification,

Product Ubiquity, and Economic Divergence", CID Working Paper No. 201, 2010.

[144] Hausmann, R. and D. Rodrik, "Economic Development as Self - discovery", *Journal of Development Economics*, 2003 (72), pp. 603 – 633.

[145] Head K. and T. Mayer, "The Empirics of Agglomeration and Trade", CEPR Working Paper 3985 and also in J. V. Henderson and J - F. Thisse (eds), *Handbook of Urban and Regional Economics*, North Holland, 2004.

[146] Helpman, E. and P. R. Krugman, "Market Structure and Foreign Trade: Increasing Returns, Imperfect Competition, and the International Economy", Brighton: Harvester Press, 1985.

[147] Helpman, E., M. J. Melitz and S. R. Yeaple, "Exports Versus FDI with Heterogenous Firms", *American Economic Review*, 2004, 94 (1), pp. 300 – 316.

[148] Henn, C., C. Papageorgiou and N. Spatafora, "Export Quality in Advanced and Developing Economies: Evidence from a New Dataset", WTO Working Paper ERSD - 2015 - 02, 2015.

[149] Hidalgo, C. A., B. Klinger, A. - L. Barabási and R. Hausmann, "The Product Space Conditions the Development of Nations", *Science*, 2007 (317), pp. 482 – 487.

[150] Hoftyzer, John, "Empirical Verification of Linder's Trade Thesis: Comment", *Southern Economic Journal*, 1975 (41), pp. 694 – 698.

[151] Hummels, D., P. J. Klenow, "The Variety and Quality of a Nation's Exports", *American Economic Review*, 2005 (95), pp. 704 – 723.

[152] Iacovone, Leonardo & B. S. Javorcik, "Multi - product Exporters: Diversification and Micro - level Dynamics", World Bank Policy Research Working Paper Series 4723, 2008.

[153] Ireland, P. N. , "Endogenous Money or Sticky Prices?", *Journal of Monetary Economics*, 2003, 50 (8), pp. 1623 – 1648.

[154] Jaimovich, E. and V. Merella, "Quality Ladders in a Ricardian Model of Trade with Nonhomothetic Preferences", *Journal of the European Economic Association*, 2012, 10 (4), pp. 908 – 937.

[155] Jarreau, J. and S. Ponct, "Export Sophisitication and Economic Growth: Evidence from China", *Journal of Development Economics*, 2012 (97), pp. 281 – 292.

[156] Johnson, R. C. , "Trade and Prices with Heterogeneous Firms", *Journal of International Economics*, 2012, 86 (1), pp. 43 – 56.

[157] Jones, K. , "The Political Economy of Voluntary Export Restraint Agreements", *Kyklos*, 1984 (37), pp. 82 – 101.

[158] Juran, J. M, "Quality Control Handbook", New York: Mc. Graw Hill, 1951.

[159] Kain, J. F. and J. M. Quigley, "Measuring the Value of Housing Quality", *Journal of the American Statistical Association*, 1970, 65 (330), pp. 532 – 548.

[160] Kancs D' A. , "Trade Growth in a Heterogeneous Firm Model: Evidence from South Eastern Europe", *World Economy*, 2007 (30), pp. 1139 – 1169.

[161] Kennedy, Thomas E. and Richard McHugh , "An Intertemporal Test and Rejection of the Linder Hypothesis", *Southern Economic Journal*, 1980 (46), pp. 898 – 903.

[162] Khandelwal, A. , "The Long and Short (of) Quality Ladders", *Review of Economic Studies*, 2010, 77 (4), pp. 1450 – 1476.

[163] Khandelwal, A. K. , P. K. Schott and Wei Shangjin, "Trade Liberalization and Embedded Institutional Reform: Evidence from Chinese Exporters", *American Economic Review*, 2013, 103 (6): 2169 – 2195.

[164] Knetter, M. M. , "The Segmentation of International Markets: Ev-

idence from the Economist", NBER Working Papers No. 5878, 1997.

[165] Koren, M. and S. Tenreyro, "Volatility and Development", *Quarterly Journal of Economics*, 2007, 122 (1), pp. 243 – 287.

[166] Kremer, M. , "The O – ring Theory of Economic Development", *Quarterly Journal of Economics*, 1993 (108), pp. 551 – 575.

[167] Krishna, P. and A. A. Levchenko, "Comparative Advantage, Complexity, and Volatility", *Journal of Economic Behavior & Organization*, 2013 (94), pp. 314 – 329.

[168] Krugman, P. R. , "A 'Technology Gap' Model of International Trade", in: K. Jungenfelt and D. Hague (ed.), *Structural Adjustment in Developed Open Economics*, London: Macmillan Press, 1986, pp. 35 – 49.

[169] Krugman, Paul R. , "Increasing Returns, Monopolistic Competition and International Trade", *Journal of International Economics*, 1979a (9), pp. 469 – 479.

[170] Krugman, P. R. , "A Model of Innovation, Technology Transfer, and the World Distribution of Income", *Journal of Political Economy*, 1979b (87), pp. 253 – 266.

[171] Krugman, P. R. , "Scale Economies, Product Differentiation, and the Pattern of Trade", *American Economic Review*, 1980, 70 (5), pp. 950 – 959.

[172] Kugler, M. and E. Verhoogen, "Prices, Plant Size and Product Quality", *Review of Economic Studies*, 2012 (79), pp. 307 – 339.

[173] Kydland, F. E. and E. C. Prescott, "Time to Build and Aggregate Fluctuations", *Econometrica*, 1982, 50 (6), pp. 1345 – 1370.

[174] Lall, S. , J. Weiss and J. Zhang, "The 'Sophistication' of Exports: A New Trade Measure", *World Development*, 2006, 34

(2), pp. 222 – 237.

[175] Lancaster, K. J. , "A New Approach to Consumer Theory", *Journal of Political Economy*, 1966 (74), pp. 132 – 157.

[176] Lancaster, K. J. , "Variety, Equity and Efficiency", New York: Columbia University Press, 1979.

[177] Leontief, W. , "Factor Proportions and the Structure of American Trade: Further Theoretical and Empirical Analysis", *Review of Economics and Statistics*, 1956, 38 (4), pp. 386 – 407.

[178] Linder, S. , "An Essay on Trade and Transformation", Stockholm: Almqvist & Wiksell, 1961.

[179] Lipsey, R. , "Quality Changes and Other Influences on Measures of Export Prices of Manufactured Goods and the Terms of Trade between Primary Products and Manufactures", NBER Working Papers No. 4671, 1994.

[180] Lucas, R. E. , "Understanding Business Cycles", *Carnegie – Rochester Conference Series on Public Policy*, 1977 (5), pp. 7 – 29.

[181] Luong T. A. , R. Huang and S. Li, "Ethnic Diversity and the Quality of Exports: Evidence from Chinese Firm – level Data", Working Paper, 2013.

[182] MacDougall, G. D. A, "British and American Exports: A Study Suggested by the Theory of Comparative Costs, Part I ", *Economic Journal*, 1951 (61) .

[183] Mallick, D. , "Financial Development, Shocks and Growth Volatility", *Macroeconomic Dynamics*, 2014, 18 (3), pp. 651 – 688.

[184] Manova, K. and Z. Zhang, "Export Prices across Firms and Destinations", *Quarterly Journal of Economics*, 2012, 127 (1), pp. 379 – 436.

[185] Marshall, Alfred, "Principles of Economics", London: Macmillan, 1890.

[186] Martin, J. and I. Méjean, "Low - Wage Country Competition and the Quality Content of High - Wage Country Exports", *Journal of International Economics*, 2014, 93 (1), pp. 140 - 152.

[187] Melitz, M. J. , "The Impact of Trade on Intra - indstry Reallocations and Aggregate Industry Productivity", *Econometrica*, 2003, 71 (6), pp. 1695 - 1725.

[188] Mill, John S. , "The Principles of Political Economy: With Some of Their Applications to Social Philosophy", London: John W. Parker, 1848.

[189] Murphy, K. and A. Shleifer, "Quality and Trade", *Journal of Development Economics*, 1997 (53), pp. 1 - 15.

[190] Muth R. F. , "Household Production and Consumer Demand Functions", *Econometrica*, 1966 (34), pp. 699 - 708.

[191] Nielsen, J. U. - M. and T. Luthje, "Tests of the Empirical Classification of Horizontal and Vertical Intra - industry Trade", *Weltwirtschaftliches Archiv*, 2002, 138 (4), pp. 587 - 604.

[192] Obstfeld, M. and K. Rogoff, "Exchange Rate Dynamics Redux", *Journal of Political Economics*, 1995, 103 (3), pp. 624 - 660.

[193] Parinduri, R. A. , "Output Volatility and Trade: Evidence from the 1967 - 1975 Closure of the Suez Canal", MPRA Paper from University of Nottingham, No. 39040, 2012.

[194] Piveteau, P. and G. Smagghue, "A New Method for Quality Estimation Using Trade Data: An Application to French Firms", Mimeo, September, 2013.

[195] Plunkett, J. J. and B. G. Dale, "Quality Costs: A Critique of Some 'Economic Costs of Quality' Models", *International Journal of Production Research*, 1988, 26 (11), pp. 1713 - 1726.

[196] Poncet, S. and F. S. de Waldemar, "Export Upgrading and Growth: The Prerequisite of Domestic Embeddedness", *World Development*, 2013 (51), pp. 104 - 118.

[197] Raeburn, J. R. , "Joint Correlation Applied to the Quality and Price of McIntosh Apples", Ithaca: Cornell University Agricultural Experiment Station, 1939.

[198] Rankin, N. and V. Schöer, "Export Destination, Product Quality and Wages in a Middle – Income Country: The Case of South Africa", *Review of Development Economics*, 2013, 17 (1), pp. 64 – 73.

[199] Rauch, J. E. , "Network versus Markets in International Trade", *Journal of International Economics*, 1999 (48), pp. 7 – 35.

[200] Rayner, A. J. , "Price – quantity Relationships in a Durable Asset: Estimation of a Constant Quality Price Index for New Farm Tractors 1948 – 1965", *Journal of Agricultural Economics*, 1968 (19), pp. 231 – 245.

[201] Ricardo, David, "On the Principles of Political Economy and Taxation", London: John Murray, 1817.

[202] Roberts, M. , D. Xu, X. Fan and S. Zhang, "A Structural Model of Demand, Cost, and Export Market Selection for Chinese Footwear Producers", NBER Working Paper, No. 17725, 2012.

[203] Rodrik, D. , "What's so Special about China's Exports?", NBER Working Paper No. 11947, 2006.

[204] Romer, P. M. , "Endogenous Technological Change", *Journal of Political Economy*, 1990, 98 (5), pp. 71 – 102.

[205] Rosen, S. , "Hedonic Prices and Implicit Markets: Product Differentiation in Pure Competition", *Journal of Political Economy*, 1974, 82 (1), pp. 34 – 55.

[206] Schott, P. K. , "Across – Product versus Within – Product Specialization in International Trade", *Quarterly Journal of Economics*, 2004, 119 (2), pp. 647 – 678.

[207] Schott, P. K. , "The Relative Sophistication of Chinese Exports", *Economic Policy*, 2008, (53): 6 – 49.

[208] Tacchella, A. , M. Cristelli, G. Caldarelli, A. Gabrielli and L. Pietronero, "Economic Complexity Conceptual Grounding of a New Metrics for Global Competitiveness ", *Journal of Economic Dynamics & Control*, 2013 (37), pp. 1683 – 1691.

[209] Tapia, H. , "Economic Policies, Volatility and Development", Columbia University Dissertations of PhD, 2012.

[210] Tinbergen, J. , " Shaping the World Economy ", New York: Twentieth Century Fund, 1962.

[211] Triplett, J. E. , "Automobiles and Hedonic Quality Measurement", *Journal of Political Economy*, 1969 (77), pp. 408 – 417.

[212] Vernon, R. "International Investment and International Trade in the Product Cycle", *Quarterly Journal of Economics*, 1966, 80 (2), pp. 190 – 207.

[213] Verdoorn, P. J. , "The Intra Block Trade of Benelux", in E. A. G. Robinson (ed.), *Economic Consequences of the Size of Nations*, London, 1960, pp. 291 – 321.

[214] Verhoogen, E. A. , "Trade, Quality Upgrading, and Wage Inequality in the Mexican Manufaturing Sector", *Quarterly Journal of Economics*, 2008, 123 (2), pp. 489 – 530.

[215] Wang, Zhi and Wei Shangjin, "What Accounts for the Rising Sophistication of China's Export", in: Feenstra, Robert and Wei Shang – Jin (eds.), *China's Growing Role in World Trade*, Chicago: University of Chicago Press, 2010.

[216] Wang, Y. , Y. Wang and K. Li, "Judicial Quality, Contract Intensity and Exports: Firm – Level Evidence", *China Economic Review*, 2014 (31), pp. 32 – 42.

[217] Waugh, F. V. , "Quality Change Influencing Vegetable Prices", *Journal of Farm Economics*, 1928 (10), pp. 185 – 196.

[218] Waugh, F. V. , "Quality as a Determinant of Vegetable Prices", New York: Colombia University Press, 1929.

[219] Whang, U. , "Who Exports Better Quality Products to Smaller or More Distant Markets?", *Review of International Economics*, 2014, 22 (3), pp. 578 – 598.

[220] Wong, V. , J. Saunders and Peter Doyle, "The Quality of British Marketing: A Comparison with US and Japanese Multinationals in the UK Market", *Journal of Marketing Management*, 1988, 4 (2), pp. 107 – 130.

[221] Xu, Bin, "The Sophistication of Exports: Is China Special?", *China Economic Review*, 2010 (21), pp. 482 – 493.

[222] Yeaple, S. , "A Simple Model of Firm Heterogeneity, International Trade and Wages", *Journal of International Economics*, 2005 (65), pp. 1 – 20.

附　　录

附录 A　出口质量测算 196 个国家（地区）名单

不丹	泰国	埃及	印度	波兰	秘鲁	伊朗
智利	瑞士	芬兰	冰岛	中国	法国	斐济
约旦	缅甸	日本	蒙古	加蓬	英国	刚果
加纳	荷兰	德国	老挝	挪威	越南	中国香港
丹麦	瑞典	海地	阿曼	中国澳门	南非	巴西
贝宁	韩国	美国	希腊	古巴	苏丹	中国台湾
阿富汗	安哥拉	西班牙	爱尔兰	墨西哥	菲律宾	伊拉克
安道尔	加拿大	阿联酋	阿根廷	以色列	意大利	葡萄牙
喀麦隆	牙买加	突尼斯	土耳其	巴拉圭	卡塔尔	东帝汶
肯尼亚	卢旺达	几内亚	布隆迪	奥地利	乌干达	柬埔寨
比利时	科摩罗	图瓦卢	冈比亚	乌克兰	乌拉圭	新加坡
尼泊尔	吉布提	苏里南	科威特	尼日尔	圭亚那	利比亚
卢森堡	立陶宛	新西兰	塞舌尔	匈牙利	赞比亚	巴拿马
安圭拉岛	爱沙尼亚	巴巴多斯	阿鲁巴岛	马尔代夫	摩尔多瓦	汤加王国
亚美尼亚	罗马尼亚	科特迪瓦	澳大利亚	莫桑比克	坦桑尼亚	阿塞拜疆
孟加拉国	哥伦比亚	库克群岛	马来西亚	毛里求斯	塞内加尔	塞拉利昂
保加利亚	白俄罗斯	格林纳达	基里巴斯	尼日利亚	萨尔瓦多	斯洛伐克
巴林岛	开曼群岛	格陵兰岛	黎巴嫩	尼加拉瓜	索马里	委内瑞拉
伯利兹城	塞浦路斯	危地马拉	利比里亚	多米尼克	洪都拉斯	斯里兰卡

续表

克罗地亚	拉脱维亚	巴基斯坦	津巴布韦	厄瓜多尔	摩洛哥	萨摩亚
布基纳法索	哥斯达黎加	赤道几内亚	所罗门群岛	巴哈马群岛	瑙鲁共和国	斯洛文尼亚
阿尔巴尼亚	中非共和国	埃塞俄比亚	乍得共和国	多哥共和国	土库曼斯坦	塔吉克斯坦
马绍尔群岛	马里共和国	哈萨克斯坦	俄罗斯联邦	沙特阿拉伯	毛里塔尼亚	几内亚比绍
百慕大群岛	也门共和国	阿尔及利亚	圣卢西亚岛	印度尼西亚	叙利亚共和国	瓦努阿图共和国
马拉维共和国	捷克斯洛伐克	新喀里多尼亚	吉尔吉斯斯坦	乌兹别克斯坦	英属维珍群岛	圣基茨和尼维斯
马达加斯加岛	厄立特里亚国	密克罗尼西亚	马耳他共和国	蒙特塞拉特岛	马其顿共和国	佛得角共和国
朝鲜民主主义人民共和国	刚果民主共和国	格鲁吉亚共和国	巴布亚新几内亚	法属波利尼西亚	安提瓜和巴布达	文莱达鲁萨兰国
玻利维亚	特立尼达和多巴哥	多米尼加共和国	圣多美和普林希比共和国	圣文森特和格林纳丁斯	波斯尼亚和黑塞哥维那	特克斯和凯科斯群岛

附录 B　2011 年 SITC（Rev. 2）四分位产品出口质量指数统计

SITC代码	均值	标准差	最小值	最大值	国家（地区）数	SITC代码	均值	标准差	最小值	最大值	国家（地区）数
0011	0.680	0.280	0.500	1	3	0481	0.910	0.520	0.160	3.650	113
0012	1.700	0.460	1	2.270	11	0482	1.090	0.430	0.390	2.980	60
0014	0.330	0.290	0.040	1	17	0483	1.340	0.600	0.480	3.190	107
0015	2.500	3.270	0.030	10.38	13	0484	0.950	0.580	0.310	5.120	137
0111	0.750	0.520	0.250	5.160	105	0488	0.810	0.350	0.180	2.550	120
0112	1	0.410	0.460	3.560	66	0541	0.960	0.610	0.190	4.830	89
0113	1.030	0.430	0.470	3.120	76	0542	1.430	0.550	0.270	4.540	135
0114	0.960	0.350	0.270	2.060	103	0544	0.830	0.500	0.100	3.360	88
0115	1.070	0.420	0.660	2.590	31	0545	1.230	0.790	0.110	4.770	147
0116	1.010	0.690	0.290	5.450	78	0546	1.940	0.970	0.440	5.890	106
0118	0.980	0.470	0.440	3.160	62	0548	1.280	1.120	0.210	5.910	110
0121	0.670	0.310	0.300	1.770	55	0561	1.810	1.610	0.250	9.750	89
0129	0.820	0.760	0.080	4.270	31	0564	1.270	0.950	0.200	6.130	87
0141	0.750	0.540	0.080	2.230	44	0565	1.620	0.880	0.440	5.450	127
0142	0.930	0.470	0.150	2.750	85	0571	0.950	0.470	0.120	3.680	96
0149	1.320	0.540	0.270	3.320	110	0572	1.290	0.540	0.480	3.780	91
0223	1.220	0.610	0.230	3.350	111	0573	1.130	0.320	0.500	2.420	101
0224	0.810	0.440	0.130	4.500	135	0574	0.810	0.380	0.150	2.530	98
0230	0.990	0.340	0.260	3.160	103	0575	1.010	0.470	0.270	3.510	85
0240	0.750	0.310	0.250	1.830	105	0576	1.310	0.850	0.270	6	47
0251	1.210	0.750	0.230	4.070	92	0577	0.900	0.510	0.080	2.760	137
0252	1.290	0.610	0.340	3.210	58	0579	0.700	0.370	0.070	2.580	150
0341	1.160	0.670	0.220	6.310	147	0582	1.390	0.720	0.250	4.170	59
0342	1	0.420	0.330	2.680	153	0583	0.640	0.360	0.150	2.770	100
0343	0.880	0.310	0.220	1.990	94	0585	1.030	0.590	0.220	4.520	144
0344	1.670	0.730	0.550	5.360	117	0586	1.250	0.590	0.130	3.430	99

续表

SITC 代码	均值	标准差	最小值	最大值	国家（地区）数	SITC 代码	均值	标准差	最小值	最大值	国家（地区）数
0350	1.360	0.890	0.180	5.580	122	0589	1.710	1.170	0.270	7.460	135
0360	1.910	1.210	0.170	8.640	141	0611	1.210	0.470	0.430	3.710	104
0371	1.330	0.690	0.190	5.170	126	0612	1.160	0.360	0.550	2.510	119
0372	1.300	0.780	0.170	5.270	90	0615	1.330	1.550	0.180	12.34	78
0411	1.070	0.740	0.460	5.850	71	0616	1.830	0.830	0.500	4.880	82
0412	1.020	0.410	0.320	3.560	80	0619	1.280	0.910	0.180	7.460	100
0421	1.260	1.020	0.290	9.340	82	0620	1.120	0.560	0.320	3.730	124
0422	1.160	0.460	0.390	3.500	117	0711	1.380	0.650	0.460	5.600	143
0430	1.200	0.480	0.570	3.710	61	0712	0.710	0.340	0.120	2.140	100
0440	1.830	3.220	0.070	27.48	113	0721	1.110	0.310	0.250	2.710	80
0451	1	0.670	0.330	3.970	33	0722	1.040	0.310	0.670	3.210	77
0452	1.060	0.590	0.500	3.840	45	0723	1.090	0.250	0.390	1.690	73
0459	1.320	1.220	0.050	5.650	81	0730	1	0.710	0.190	6.490	127
0460	1.030	0.320	0.340	2.230	131	0741	1.150	0.520	0.400	2.560	115
0470	0.940	0.430	0.350	3.430	102	0742	1.220	0.430	0.590	2.140	14
0751	1.470	0.770	0.230	4.330	101	2460	1.020	0.810	0.100	5.900	77
0752	1.880	1.560	0.250	8.890	133	2472	2.820	3.840	0.380	10.03	6
0811	1.220	0.760	0.290	5.280	88	2481	0.820	0.260	0.630	1	2
0812	1.410	0.980	0.240	5.660	108	2482	1.370	0.690	0.150	3.820	79
0813	1.060	0.620	0.200	4.460	110	2483	0.930	0.420	0.160	2.440	116
0814	0.670	0.300	0.220	1.930	97	2511	0.780	0.290	0.210	2.670	130
0819	1.820	1.230	0.230	8.310	128	2512	0.930	0.190	0.640	1.370	29
0913	1.060	0.360	0.360	2.400	40	2516	1.010	0.290	0.360	1.920	36
0914	1.730	0.990	0.870	7.370	108	2517	1.020	0.200	0.700	1.780	70
0980	0.840	0.660	0.110	4.980	154	2518	0.740	0.250	0.370	1.730	41
1110	0.830	0.460	0.230	2.140	44	2519	2.620	2.390	0.480	13.39	62
1121	0.900	0.600	0.300	2.770	31	2613	1.190	0.280	0.410	1.740	37
1123	0.810	0.220	0.450	1.030	6	2614	1.520	1.800	0.350	7.380	16
1124	0.490	0.220	0.100	1	13	2631	1.040	0.430	0.590	3.680	103
1211	0.830	0.440	0.100	3.160	94	2632	1.190	0.870	0.210	5.320	41

续表

SITC代码	均值	标准差	最小值	最大值	国家（地区）数	SITC代码	均值	标准差	最小值	最大值	国家（地区）数
1212	0.820	0.480	0.200	4.770	107	2633	1.010	0.610	0.280	5.030	84
1213	0.920	0.720	0.190	5.140	73	2634	0.910	0.740	0.310	5.090	69
1221	1.240	1.010	0.170	5.460	66	2640	2.190	2.380	0.360	9.620	34
1222	0.710	0.520	0.050	3	126	2651	1.280	0.630	0.380	2.960	31
1223	0.790	0.650	0.130	3.150	99	2652	0.620	0.420	0.120	1	8
2111	0.720	0.270	0.140	2.030	121	2654	1	0	1	1	1
2112	0.900	0.520	0.080	2.540	108	2655	1	0	1	1	1
2116	0.840	1.030	0.090	9.480	85	2659	1	0	1	1	1
2117	1.430	1.960	0.390	16.53	67	2665	1.250	0.530	0.310	3.270	90
2119	1.390	1.620	0.150	11.07	93	2666	0.850	0.450	0.310	3.060	56
2120	0.760	0.400	0.090	2.140	45	2667	1.380	0.560	0.320	3.150	51
2221	1.200	0.380	0.340	2.890	91	2671	0.860	0.320	0.260	2.650	65
2222	1.450	1.020	0.490	6.270	74	2672	1	0.290	0.390	1.630	68
2223	3.240	4.730	0.080	20.53	33	2681	0.420	0.310	0.040	1.640	80
2224	1.770	1.250	0.220	6.780	64	2682	0.690	0.450	0.100	3.200	78
2225	1.320	0.960	0.250	8.350	94	2683	0.700	0.510	0.160	2.070	27
2226	1.810	1.690	0.160	9.890	50	2685	1.840	1.520	0.360	6.630	17
2231	1.420	1.220	0.380	4.340	18	2686	0.770	0.750	0.130	3.800	45
2232	0.980	0.030	0.960	1	2	2687	0.690	0.490	0.100	2.370	49
2234	1.350	0.730	0.780	4.210	41	2690	1.240	1.060	0.160	6.880	123
2238	0.900	0.740	0.090	4.930	90	2711	1.210	1.500	0.190	9.760	75
2239	1.080	0.510	0.360	2.330	63	2712	1.350	1.250	0.270	5.850	31
2320	1.360	0.380	0.540	3.980	96	2713	1.870	3.170	0.220	21.31	57
2331	0.980	0.410	0.340	4.150	111	2714	1	1	1	1	1
2332	0.740	0.540	0.130	4.320	74	2731	1.340	0.720	0.450	5.520	98
2440	1.960	1.560	0.410	5.880	23	2732	0.940	0.820	0.050	4.180	85
2450	0.830	0.630	0.130	3.400	93	2733	0.520	0.650	0.050	4.170	80
2734	2.280	1.650	0.140	7.410	76	3330	1.270	0.800	0.700	5.700	103
2741	1.810	1.870	0.070	8.040	79	3345	0.990	0.350	0.250	2.670	93
2742	1.740	1.390	0.290	5.360	20	3351	1.280	0.720	0.470	5.210	87

SITC 代码	均值	标准差	最小值	最大值	国家 （地区）数	SITC 代码	均值	标准差	最小值	最大值	国家 （地区）数
2771	1	0	1	1	3	3352	1.010	0.600	0.240	4.760	93
2772	1.200	1.650	0.090	7.940	40	3353	1.110	0.550	0.410	3.180	43
2782	1.080	1.160	0.090	9.750	105	3354	1.930	0.910	0.390	5.940	105
2783	1.300	1.580	0.180	12.57	108	3413	1.540	0.460	0.680	3.390	126
2784	1.830	0.390	0.870	3.100	42	3414	6.470	7.410	1	23.02	14
2785	1.160	1.300	0.120	6.720	73	3415	1	0	1	1	1
2786	1.060	1.650	0.040	11.14	82	4111	3.970	3.660	0.230	20.37	72
2789	2.270	1.990	0.310	12.48	122	4113	1.060	0.840	0.170	4.800	71
2814	1.030	0.220	0.570	1.420	9	4232	1.150	0.370	0.400	3.550	92
2815	0.900	0.430	0.250	3.220	70	4233	1.030	0.130	0.700	1.410	32
2816	1.160	0.760	0.510	5.290	46	4234	1.320	0.390	0.830	2.370	32
2820	1.060	0.650	0.170	5.680	188	4235	1.180	0.510	0.360	3.460	71
2860	0.640	0.380	0.120	1.010	9	4236	1.250	0.290	0.700	2.170	96
2871	0.890	0.390	0.220	2.380	83	4239	1.610	0.890	0.780	5.590	74
2872	1.060	1.090	0.130	5.360	44	4241	1.230	0.300	0.500	2.010	51
2873	3.070	3.670	0.580	19.61	72	4242	1.100	0.220	0.330	1.850	108
2874	0.460	0.290	0.090	1.750	70	4243	1.120	0.280	0.720	2.050	55
2875	0.990	0.420	0.360	3.410	69	4244	1.150	0.200	0.630	1.650	61
2876	0.750	0.430	0.110	1.930	38	4245	1.330	1.040	0.600	7.070	36
2877	1.320	0.820	0.570	5.880	57	4249	1.120	0.840	0.270	5.840	95
2879	6.120	6.220	0.400	25.53	101	4311	0.860	0.400	0.290	3.550	92
2881	2.020	1.540	0.310	13.24	108	4312	1.250	0.480	0.270	3.530	103
2882	1.090	0.430	0.170	3.830	186	4313	0.980	0.400	0.220	2.460	100
2890	0.650	0.500	0.140	3	109	4314	0.880	0.560	0.230	3.980	48
2911	2.040	2.350	0.190	14.55	80	5111	1.390	0.900	0.170	5.590	84
2919	0.840	0.830	0.100	4.200	116	5112	1.350	0.670	0.630	5.220	82
2922	1.740	2.100	0.160	11.79	86	5113	0.880	0.520	0.200	2.630	83
2923	2.120	1.880	0.500	9.730	50	5114	1.070	0.610	0.360	3.750	67
2924	1.340	1.090	0.260	5.050	127	5121	1.780	1.170	0.410	7.010	107
2925	0.810	0.990	0.070	4.610	106	5122	1.810	1.890	0.160	7.740	53

SITC 代码	均值	标准差	最小值	最大值	国家 （地区）数	SITC 代码	均值	标准差	最小值	最大值	国家 （地区）数
2926	1.420	1.180	0.170	6.320	101	5123	1.740	1.790	0.230	10.90	78
2927	0.750	0.700	0.130	6.470	99	5137	1.290	0.710	0.210	4.680	109
2929	1.300	1.520	0.130	11.34	119	5138	1.480	0.520	0.900	3.620	80
3221	1.410	0.510	0.450	2.870	56	5139	2.530	1.670	0.490	8.860	85
3222	0.700	0.300	0.100	1.580	84	5145	1.480	1.500	0.230	10.91	79
3223	1.020	0.610	0.270	2.580	32	5146	1.700	1.450	0.380	8.370	88
3224	1.350	0.870	0.180	4.200	50	5147	1.980	1.490	0.270	8.400	72
3231	10.77	18.44	0.480	84.59	33	5148	1.110	0.830	0.200	5.820	103
3232	1	0.400	0.350	2.700	68	5154	1.680	0.880	0.580	4.740	81
5155	2.520	2.070	0.380	11.61	61	5629	1.620	0.700	0.660	4.020	120
5156	4.260	4.150	0.550	21.09	104	5721	0.570	0.650	0.040	3.310	77
5157	5.740	4.490	0.310	22.14	49	5722	0.840	0.560	0.130	3.620	71
5161	1.410	1.050	0.380	6.110	86	5723	9.390	9.310	0.980	38.50	52
5162	0.930	0.870	0.120	4.650	86	5821	0.990	0.590	0.160	4.030	110
5163	1.690	1.050	0.280	5.460	58	5822	0.930	0.440	0.180	2.440	78
5169	0.450	0.380	0.040	1.710	93	5823	1.130	0.430	0.480	2.420	120
5221	1.540	1.400	0.220	9.180	105	5824	1.030	0.400	0.270	2.340	100
5222	1.170	0.900	0.200	5.550	112	5825	1.110	0.490	0.410	3.480	103
5223	3.540	3.250	0.520	11.95	37	5826	1.180	0.820	0.320	5.990	79
5224	1.620	1.250	0.120	9.010	97	5827	1.270	0.740	0.110	5.370	79
5225	1.320	1.310	0.200	6.890	117	5829	1.210	0.450	0.640	3.290	96
5231	2.250	1.540	0.470	8.610	112	5831	1.360	0.370	0.460	2.660	153
5232	1.310	1.070	0.150	5.770	122	5832	1.690	0.630	0.620	4.130	121
5233	2.870	3.970	0.310	24.06	56	5833	1.080	0.330	0.490	2.920	104
5239	1.040	1.030	0.080	5.660	81	5834	1.170	0.480	0.310	3.640	134
5241	1.290	1.110	0.230	7.680	60	5835	0.970	0.340	0.390	1.590	34
5249	1.280	0.750	0.360	3.100	47	5836	1.270	0.630	0.540	4.620	102
5311	1.380	0.980	0.210	6.420	101	5837	0.910	0.370	0.420	2.070	77
5312	1.350	1.120	0.320	7.040	77	5838	2.920	2.580	0.510	15.92	50
5322	1	0.790	0.110	3.350	75	5839	0.720	0.280	0.150	1.750	148

SITC 代码	均值	标准差	最小值	最大值	国家（地区）数	SITC 代码	均值	标准差	最小值	最大值	国家（地区）数
5323	1.230	0.750	0.490	4.670	59	5841	1.220	1.060	0.160	6.680	48
5331	1.080	0.350	0.320	2.600	111	5842	1.140	0.280	0.550	1.920	47
5332	1.970	2	0.410	13.78	91	5843	0.630	0.410	0.150	1.670	34
5334	0.770	0.530	0.180	3.790	136	5849	1.140	0.700	0.160	4.800	94
5335	0.910	0.600	0.180	3.590	100	5851	1.870	1.690	0.350	12.07	65
5411	2.130	1.250	0.420	6.570	86	5852	3.700	2.200	0.480	16.26	81
5413	3.830	3.620	0.560	19.55	87	5911	0.800	0.690	0.140	5.320	112
5414	2.730	2.150	0.190	8.890	56	5912	1.090	0.510	0.150	2.920	90
5415	2.670	2.670	0.250	17.90	54	5913	2.060	1.250	0.390	8.780	97
5416	0.670	0.510	0.080	2.860	111	5914	1.320	0.760	0.290	4.330	92
5417	0.980	0.770	0.110	4.580	156	5921	1.480	0.690	0.560	4.340	89
5419	0.990	1.050	0.040	5.890	113	5922	1.150	0.660	0.280	3.780	111
5513	1.440	1.310	0.080	7.340	108	5981	1.030	0.740	0.170	4.050	79
5514	0.390	0.250	0.060	1.320	110	5982	1.040	0.600	0.200	4.310	100
5530	0.630	0.460	0.070	3.340	148	5983	0.940	0.650	0.300	3.940	78
5541	1.790	0.980	0.370	6.050	127	5989	0.540	0.410	0.080	2.520	149
5542	0.820	0.570	0.160	4.200	134	6112	2.580	2.990	0.330	15.01	45
5543	0.940	0.820	0.090	6.140	87	6114	0.970	0.640	0.180	3.420	126
5621	1.290	0.540	0.510	4.800	120	6115	0.560	0.620	0.130	5.900	106
5622	1.080	0.610	0.270	3.830	73	6116	0.730	0.660	0.120	3.370	104
5623	1.630	1.220	0.560	7.460	90	6118	1.050	0.390	0.230	1.950	61
6122	1.890	0.720	0.770	5.210	67	6519	2.140	1.600	0.180	11.06	72
6123	1.480	0.810	0.130	5.350	99	6521	1.080	0.540	0.400	3.170	102
6129	2.370	1.610	0.570	10.75	77	6522	1.350	0.710	0.170	4.350	133
6130	0.910	0.560	0.150	2.910	74	6531	1.690	1.330	0.260	8.600	115
6210	0.960	0.710	0.130	5.680	116	6532	2.080	1.470	0.350	8.870	89
6254	2.380	1	1	4.550	32	6534	1.670	0.750	0.580	3.930	105
6259	1.240	0.890	0.210	6.190	117	6535	0.730	0.830	0.080	6.790	72
6281	2.390	1.530	0.530	8.560	69	6536	1.870	1.670	0.420	12.20	58
6282	3.360	3.430	0.560	21.47	86	6538	1.890	1.180	0.250	6.580	63

续表

SITC 代码	均值	标准差	最小值	最大值	国家（地区）数	SITC 代码	均值	标准差	最小值	最大值	国家（地区）数
6289	0.980	0.800	0.130	5.340	119	6539	2.150	1.310	0.360	7.970	69
6330	1.330	1.340	0.210	8.980	58	6541	1.380	0.770	0.120	4.030	51
6341	1.080	0.940	0.210	8.280	98	6542	0.640	0.290	0.080	1.550	69
6342	1.740	1.180	0.670	4.830	27	6543	1.090	0.560	0.150	3.290	69
6343	1.090	0.900	0.140	5.910	105	6544	2.450	1.600	0.390	9.170	60
6344	1.500	0.770	0.600	3.340	19	6545	2.230	1.650	0.450	6.780	34
6349	1.620	1	0.450	5.300	64	6546	2.900	2.150	0.490	11.05	71
6351	2.320	1.860	0.800	6.610	12	6549	1.470	1.410	0.240	8.320	50
6352	0.780	0.280	0.230	1.830	42	6551	2.400	1.520	0.360	10.21	65
6353	1.330	0.640	0.170	4.460	143	6552	1.940	1.800	0.310	16.50	113
6354	1.940	1.050	0.380	7.420	102	6553	1.280	1.050	0.330	5.180	30
6359	1.030	0.750	0.190	6.410	120	6560	2.160	1.420	0.310	7.510	102
6411	1.180	0.240	0.820	2.370	89	6571	0.820	0.520	0.140	2.550	69
6412	1.650	0.660	0.580	5.760	74	6572	1.970	1.320	0.590	8.670	96
6413	1.310	0.410	0.440	3.340	87	6573	2.360	1.350	0.530	11.19	106
6415	1.060	0.750	0.340	6.030	113	6574	2.120	1.150	0.450	6.310	64
6416	0.920	0.380	0.280	3.030	90	6575	1.690	1.320	0.160	9.990	108
6417	0.820	0.390	0.270	2.470	103	6576	2.080	1.040	0.430	4.550	23
6418	1.130	0.620	0.270	5.020	106	6577	0.690	0.430	0.100	1.990	99
6419	1.090	0.920	0.180	5.360	77	6579	0.700	0.500	0.110	2.280	58
6421	0.930	0.660	0.180	6.140	136	6581	1.390	0.760	0.300	6.520	124
6422	1.320	0.850	0.490	6.590	81	6582	3.110	1.740	0.660	10.50	97
6423	1.690	1.100	0.520	6.840	107	6583	2.020	1.220	0.390	6.230	96
6424	1.050	0.810	0.180	6.110	111	6584	1.670	1.040	0.200	6.190	116
6428	1.320	0.680	0.240	5.130	131	6589	2.080	1.500	0.150	10.59	121
6511	0.990	0.540	0.230	2.790	43	6594	0.900	0.260	0.610	1.440	8
6512	0.880	0.370	0.350	2.390	75	6595	1.090	0.300	0.610	1.420	6
6513	1.520	1.170	0.290	8.550	108	6596	1.430	0.330	1	1.840	8
6514	1.590	0.770	0.420	6.090	119	6597	1.730	1.530	0.200	10.46	62
6515	1.120	0.440	0.520	2.500	57	6611	1	0.870	0.210	7.290	82

续表

SITC代码	均值	标准差	最小值	最大值	国家（地区）数	SITC代码	均值	标准差	最小值	最大值	国家（地区）数
6516	1.720	0.800	0.300	4.090	82	6612	1.460	1.280	0.320	9.580	134
6517	1.140	0.430	0.400	2.920	82	6613	2.340	1.510	0.220	8.140	109
6518	1.330	0.720	0.360	3.090	22	6618	1.050	0.860	0.170	7.180	96
6623	1.340	0.820	0.160	5.560	102	6760	1.760	1.550	0.310	12.90	80
6624	1.010	0.860	0.180	5.300	87	6770	1.500	1.200	0.290	10.33	114
6631	0.980	0.690	0.110	4.730	76	6781	2.230	1.480	0.450	9.490	80
6632	1	0.710	0.160	4.340	75	6782	1.860	1.120	0.490	6.600	122
6633	1.690	1.660	0.220	11.82	114	6783	1.600	0.930	0.380	5.180	135
6635	1.250	0.860	0.230	5.550	77	6785	3.610	2.590	0.740	13.07	121
6637	1.070	0.820	0.150	5.810	71	6793	1.140	0.620	0.200	3.440	90
6638	0.680	0.690	0.110	5.140	75	6794	2.340	1.450	0.300	10.10	100
6639	4.440	3.980	0.640	21.77	74	6811	1.240	0.680	0.240	6.880	96
6641	1.030	1.400	0.070	6.680	47	6812	0.780	0.390	0.080	2.200	69
6642	1.250	1.220	0.470	4.970	20	6821	1.010	0.350	0.370	3.870	116
6643	0.630	0.480	0.050	1.590	22	6822	0.990	0.610	0.170	4.930	136
6644	1.570	0.910	0.590	4.340	58	6831	0.680	0.220	0.250	1.650	70
6645	0.970	0.920	0.160	4.540	55	6832	0.800	0.470	0.210	3.430	60
6646	2.940	2.280	0.280	10.56	57	6841	1.090	0.180	0.500	1.640	115
6647	2.610	2.040	0.420	13.81	90	6842	1.530	0.550	0.320	3.690	141
6648	3.380	2.420	0.480	16.81	78	6851	0.950	0.330	0.380	4.090	111
6649	2.210	1.320	0.620	8.440	92	6852	1.110	0.660	0.220	3.630	55
6651	1.100	0.890	0.270	6.370	116	6861	0.980	0.410	0.490	4.100	86
6652	2.100	1.610	0.200	12.46	95	6863	0.980	0.360	0.400	2.460	74
6658	4.840	3.650	0.470	18.90	91	6871	1.060	0.260	0.550	2.130	60
6664	2.890	1.680	0.400	9.280	83	6872	1.050	0.350	0.300	2.940	53
6665	2.060	1.280	0.280	9.810	78	6880	0.550	0.490	0.190	1.660	9
6666	1.610	1.090	0.190	5.880	80	6891	2.250	1.850	0.320	11.99	74
6671	0.790	0.710	0.050	3.190	36	6899	2.160	1.470	0.350	6.400	84
6672	2.150	1.620	1	3.290	2	6911	1.790	0.910	0.410	6.670	151
6673	1.520	2.480	0.050	12.29	44	6912	1.940	0.890	0.560	6	111

续表

SITC代码	均值	标准差	最小值	最大值	国家（地区）数	SITC代码	均值	标准差	最小值	最大值	国家（地区）数
6674	1.480	1.650	0.070	10.98	47	6921	1.060	0.690	0.150	4.360	115
6712	1.650	1.200	0.430	7.290	63	6924	1.420	0.680	0.280	6.180	141
6713	2.730	2.650	0.430	13.82	73	6931	2.430	1.910	0.470	12.37	122
6716	2.280	1.790	0.300	10.42	100	6932	1.640	1.210	0.660	8.760	64
6724	0.590	0.260	0.110	1.520	82	6935	1.630	1.170	0.410	5.810	104
6725	1.950	1.400	0.510	10.38	84	6940	3.860	3.830	0.360	29.58	126
6727	1.120	0.480	0.550	2.990	101	6951	2.300	1.430	0.390	7.800	80
6731	1	0.580	0.460	3.900	105	6953	3.700	2.560	0.970	15.97	123
6732	1.820	1.330	0.460	9.240	134	6954	1.150	1.100	0.120	7.470	123
6733	1.320	0.530	0.470	3.930	122	6960	2.780	2.470	0.340	15.26	94
6744	1.430	1.020	0.540	6.520	101	6973	1.850	0.810	0.680	4.540	88
6745	0.980	0.500	0.350	3.940	101	6974	1.660	0.880	0.240	5.170	123
6746	1.320	0.550	0.500	2.920	118	6975	1.960	1.120	0.460	7.490	88
6747	1.210	0.550	0.450	5.090	90	6978	2.130	0.940	0.350	5.070	86
6749	1.610	0.930	0.420	9.950	137	6991	2.310	2.120	0.290	18.19	121
6992	3.280	2.960	0.460	16.73	86	7264	0.970	0.130	0.390	1	22
6993	2.710	1.760	0.570	9.970	84	7268	0.960	0.560	0.230	2.630	34
6994	0.820	0.730	0.140	4.530	88	7269	1.060	0.800	0.200	6.750	78
6996	2.290	1.800	0.360	13.14	123	7271	0.740	0.820	0.070	5.930	61
6997	2.030	1.240	0.460	9.670	140	7272	0.750	0.490	0.120	2.280	100
6998	1.610	0.800	0.280	5.640	118	7281	0.930	0.690	0.160	5.360	91
6999	1.220	1.080	0.110	6.290	70	7283	0.800	0.510	0.120	2.740	117
7111	1.950	0.960	0.280	5.570	81	7284	0.860	0.500	0.170	4	145
7112	2.640	1.810	0.490	10	62	7361	0.880	0.630	0.160	3.540	86
7119	3.070	2.760	0.620	20.52	72	7362	0.730	0.400	0.150	2.170	65
7126	0.960	0.730	0.110	2.730	20	7367	0.780	0.460	0.080	2.210	67
7129	1.190	0.920	0.120	5.260	82	7368	0.950	0.590	0.120	2.840	66
7131	1.410	1.310	0.100	6.070	58	7369	1.160	1.210	0.130	7.010	82
7132	0.720	0.420	0.140	2.400	55	7371	1.310	1.030	0.210	7.610	59
7133	2.330	6.460	0.140	43.32	43	7372	0.980	0.780	0.250	5.480	75

SITC 代码	均值	标准差	最小值	最大值	国家（地区）数	SITC 代码	均值	标准差	最小值	最大值	国家（地区）数
7138	1.110	0.790	0.340	2.730	9	7373	0.730	0.430	0.130	2.720	97
7139	1.280	0.980	0.130	8	139	7411	0.920	0.790	0.080	5.670	67
7144	0.980	0.740	0.090	2.680	23	7412	0.850	0.580	0.140	3.440	73
7148	1	0	1	1	1	7413	0.800	0.430	0.260	2.580	96
7149	0.760	0.570	0.130	2.900	103	7414	1.770	1	0.230	6.500	121
7161	1.070	0.640	0.210	4.360	84	7415	1.640	0.580	0.400	3.230	114
7162	0.870	0.740	0.260	6.710	100	7416	0.820	0.390	0.140	2.920	125
7169	3.350	2.620	0.490	20.46	101	7421	0.800	0.800	0.060	5.870	91
7187	0.580	0.640	0.090	3.050	26	7428	1	0	1	1	1
7188	0.810	0.740	0.090	4.230	88	7429	0.830	0.640	0.140	4.400	117
7211	0.720	0.450	0.170	2.620	85	7431	0.760	0.460	0.100	2.480	79
7212	1.010	0.590	0.180	4.210	81	7432	1.540	1.710	0.160	11.39	106
7213	1.050	0.970	0.100	5.110	57	7435	0.950	0.610	0.160	3.600	70
7219	1.280	0.900	0.340	7.270	84	7436	0.810	0.800	0.120	7.360	109
7224	0.840	0.390	0.100	2.360	85	7439	0.960	0.710	0.140	5.120	101
7234	0.840	0.450	0.140	3.640	93	7441	0.880	0.500	0.210	3.430	84
7239	0.990	0.620	0.100	3.780	161	7442	0.880	0.470	0.230	4.570	126
7243	3.130	2	0.560	10.45	71	7449	0.930	0.530	0.180	3.950	114
7244	1.020	0.690	0.150	4.670	67	7451	2.450	1.270	0.570	6.690	83
7245	1.060	0.930	0.140	6.030	58	7452	0.670	0.470	0.110	3.040	136
7246	0.890	1.140	0.150	6.810	67	7491	1.040	0.470	0.290	2.970	105
7247	1.290	0.950	0.330	7.120	80	7492	3.410	2.930	0.480	26.54	141
7248	1.100	0.620	0.140	3.720	76	7493	1.140	0.730	0.170	4.950	128
7251	0.800	0.460	0.060	1.750	26	7499	1.050	1	0.110	8.940	132
7252	0.900	0.670	0.210	5.330	74	7511	1.330	0.790	0.590	2.510	5
7259	0.830	0.470	0.160	3.330	75	7512	2.550	1.990	0.180	9.690	29
7263	1.430	1.490	0.270	10.35	70	7518	1.530	1.290	0.340	6.360	50
7522	1.300	0.950	0.160	6.890	94	7822	1.080	0.690	0.130	3.610	93
7523	1	1	1	1	1	7831	1.180	0.680	0.210	3.610	31
7525	2.300	1.080	0.680	5.680	78	7841	0.820	0.340	0.430	1.040	3

续表

SITC代码	均值	标准差	最小值	最大值	国家（地区）数	SITC代码	均值	标准差	最小值	最大值	国家（地区）数
7528	0.810	0.270	0.610	1	2	7842	3.060	2.430	0.490	9.340	13
7591	2.670	1.880	0.560	10.69	89	7849	1.020	0.620	0.300	5.640	149
7599	3.400	2.440	0.430	16.81	128	7851	0.620	0.600	0.110	4.240	68
7611	1.550	1.340	0.420	10.34	102	7852	2.990	3.090	0.860	8.890	6
7622	2.050	0.810	0.840	4.110	42	7853	3.860	3.970	0.280	26.99	96
7628	1.790	0.790	0.920	4.380	43	7861	0.930	0.750	0.090	3.290	35
7631	1.870	1.270	0.880	4.120	6	7868	0.990	0.630	0.330	5.020	93
7638	0.640	0.370	0.110	2.220	72	7911	1	0	1	1	1
7641	3.090	2.260	0.560	16.11	101	7912	0.930	0.730	0.140	2.750	15
7642	0.980	0.510	0.360	3.460	61	7913	0.750	0.270	0.410	1	8
7643	0.890	0.490	0.130	4.360	108	7915	1.240	0.650	0.760	2.810	8
7648	1.130	1.230	0.130	7.130	72	7919	1.050	0.800	0.130	5.250	83
7649	2.890	2.970	0.150	22.98	166	7921	2.650	6.450	0.210	33.84	29
7711	0.880	0.540	0.280	4.420	95	7924	1.420	1.350	0.250	4.760	9
7712	2.360	2.230	0.250	15.41	91	7928	1.640	1.340	0.110	5.010	43
7721	0.810	0.350	0.160	1.910	159	7929	0.900	0.890	0.100	7.400	148
7722	3.230	2.450	0.430	13.62	83	7931	0.890	0.560	0.290	1.680	6
7723	2.010	1.420	0.260	9.670	74	7932	1.260	0.930	0.270	4.380	31
7731	1.820	0.920	0.400	7.080	141	7938	0.820	0.370	0.070	2.270	51
7732	0.920	0.730	0.200	4.700	88	8121	0.840	0.500	0.100	3.200	84
7741	1.160	0.900	0.160	6.320	105	8122	3.230	3.130	0.510	15.87	24
7742	1.280	1.100	0.080	6.400	113	8124	2.470	1.930	0.310	12.63	120
7751	0.800	0.340	0.350	2.250	60	8211	2.010	1.420	0.500	11.14	113
7752	1.500	0.800	0.280	4.020	44	8212	1.520	0.870	0.290	4.350	121
7754	1.750	0.720	0.350	4.680	64	8219	1.890	1.390	0.130	9.340	152
7757	1.990	0.990	0.920	7.560	66	8310	2.900	2.310	0.280	15.97	111
7758	2.040	1.420	0.520	10.91	92	8421	1.440	0.510	0.690	2.250	17
7761	3.030	3.740	0.730	10.92	9	8422	0.840	0.880	0.050	3.820	17
7762	0.500	0.840	0.010	4.430	33	8429	1.730	0.770	0.450	3.610	120
7763	0.940	0.200	0.210	1	16	8431	2.110	1.420	0.250	7.460	54

续表

SITC 代码	均值	标准差	最小值	最大值	国家（地区）数	SITC 代码	均值	标准差	最小值	最大值	国家（地区）数
7764	0.830	0.420	0.090	2.930	109	8432	2.620	1.680	0.650	5.670	18
7768	0.780	0.590	0.090	2.960	68	8435	1.530	0.840	0.280	4.530	58
7781	0.850	0.750	0.120	6.350	143	8439	2.090	1.640	0.330	10.28	139
7782	2.390	1.580	0.490	8.290	76	8441	2.260	1.490	0.600	6.320	23
7783	1.010	0.500	0.210	3.950	115	8442	1.520	0.950	0.310	4.180	26
7784	1	0	1	1	1	8443	1.290	0.710	0.340	2.700	10
7788	3.630	3.290	0.480	19.16	126	8451	1.850	1.410	0.530	5.660	17
7810	1.140	0.770	0.150	4.840	142	8452	0.840	0.670	0.060	3.870	74
7821	0.950	0.580	0.100	4.890	123	8459	1.980	1.040	0.480	6.110	139
8461	1.890	1.060	0.340	7.230	74	8924	2.590	1.710	0.410	8.940	76
8463	1.940	0.980	0.330	6.250	77	8928	1.920	2.170	0.290	15.67	134
8464	2.060	1.310	0.410	6.920	56	8931	1.420	0.900	0.400	9.200	154
8465	1.750	0.960	0.220	6.600	96	8932	1.840	1.050	0.320	5.140	85
8471	1.750	1.130	0.210	8.810	98	8933	1.930	1.150	0.380	6.490	72
8472	2.150	1.140	0.360	8.420	107	8935	1.550	0.570	0.680	3.310	53
8481	1.610	0.430	0.420	2.620	89	8939	2.040	1.390	0.330	11.82	163
8482	2.220	1.030	0.670	6.570	101	8941	1.780	0.600	0.630	3.630	57
8483	1.250	0.490	0.420	2.410	70	8942	1.730	1.350	0.210	10.45	123
8484	1.990	1.010	0.360	4.990	107	8946	2.460	2.960	0.360	17.98	62
8510	0.800	0.370	0.140	2.010	107	8947	2.570	1.500	0.520	8.240	111
8710	3.360	1.950	0.470	14.13	88	8951	2.440	1.860	0.540	8.420	75
8720	0.890	0.820	0.060	3.940	124	8952	1.660	0.900	0.330	5.500	88
8731	0.930	0.460	0.200	2.410	39	8959	2.620	1.930	0.340	7.550	87
8732	1.090	0.660	0.300	3.110	40	8960	0.870	0.800	0.040	4.580	90
8741	1.050	0.790	0.100	5.190	147	8972	4.600	5.120	0.290	42.36	96
8742	1.050	0.950	0.110	7.360	105	8973	2.950	2.970	0.100	22.87	110
8743	1.370	1.040	0.170	8.220	98	8974	0.670	0.940	0.050	5.930	51
8744	1.330	1.160	0.100	7.260	108	8981	0.410	0.360	0.140	1	5
8745	1.030	0.910	0.060	5.950	94	8982	0.750	0.490	0.140	1.970	39
8748	1.040	0.750	0.220	7.030	97	8983	2.260	2.420	0.250	8.490	28

续表

SITC 代码	均值	标准差	最小值	最大值	国家（地区）数	SITC 代码	均值	标准差	最小值	最大值	国家（地区）数
8749	0.910	0.850	0.100	6.720	119	8989	3.210	1.680	0.520	9.810	59
8811	5.120	4.140	0.710	22.96	60	8991	0.940	0.880	0.090	4.170	66
8812	1.090	0.770	0.160	4.660	57	8993	1.580	1.890	0.230	17.37	104
8813	0.970	1.060	0.100	6.550	64	8994	1.950	0.910	0.440	5.300	56
8821	0.660	0.680	0.070	4.370	77	8996	0.730	0.550	0.060	3.400	108
8822	0.970	0.460	0.280	2.580	89	8997	1.790	1.310	0.240	8.510	112
8830	1.090	0.430	0.660	2.460	20	8998	2.900	1.920	0.520	12.60	100
8841	0.750	0.600	0.060	3.420	92	8999	1.990	1.550	0.280	7.910	94
8842	2.270	1.470	0.270	8.450	77	9410	1.770	1.150	0.170	7.670	91
8851	0.910	0.790	0.080	5.360	64	9510	0.910	0.520	0.100	2.760	69
8852	3.320	3.630	0.720	25.36	50	9610	0.990	0.880	0.180	4.790	47
8921	0.660	0.560	0.070	3.820	129	9710	0.980	0.320	0.240	2.150	152

附录 C　BEC 分类标准下出口质量指数变动

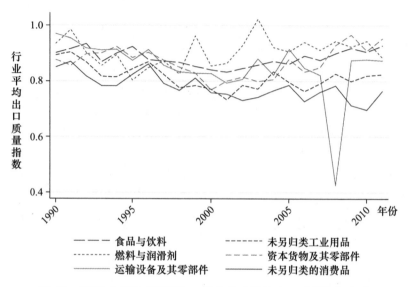

图 C1　BEC 分类标准下历年一分位行业平均出口质量指数变动

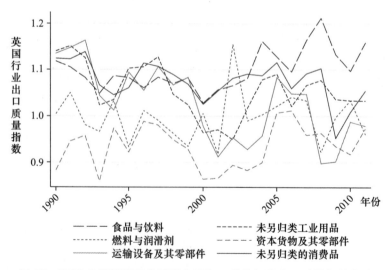

图 C2　BEC 分类标准下典型国家历年一分位行业出口质量指数变动

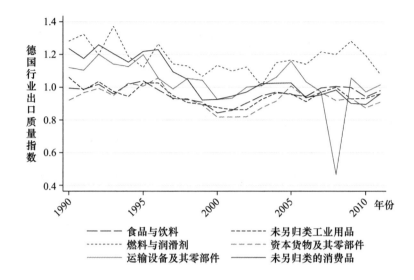

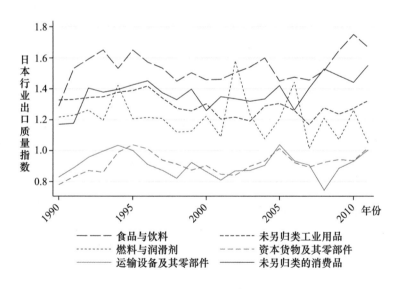

图C2　BEC分类标准下典型国家历年一分位行业出口质量指数变动（续）

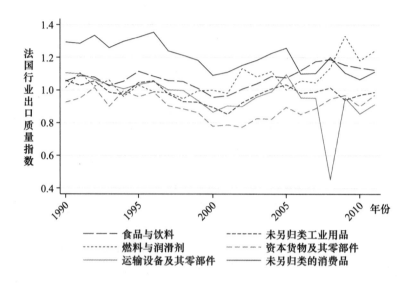

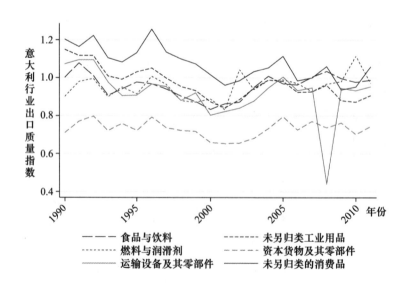

图 C2　BEC 分类标准下典型国家历年一分位行业出口质量指数变动（续）

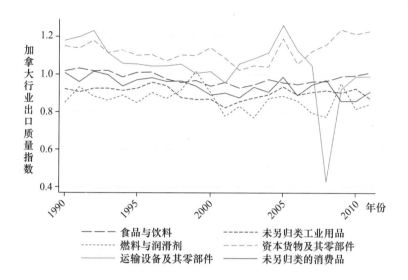

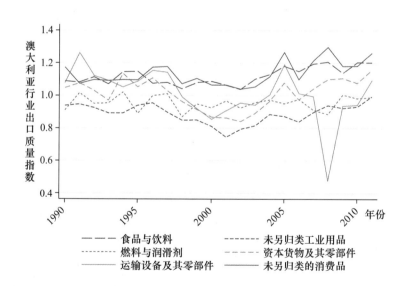

图 C2　BEC 分类标准下典型国家历年一分位行业出口质量指数变动（续）

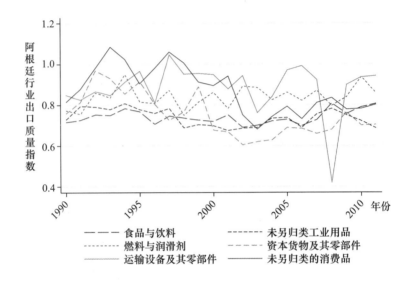

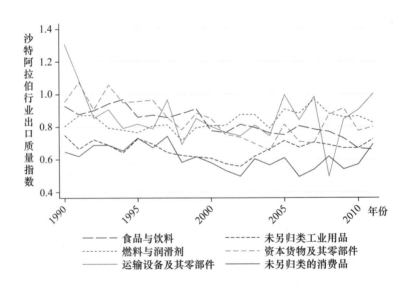

图 C2　BEC 分类标准下典型国家历年一分位行业出口质量指数变动（续）

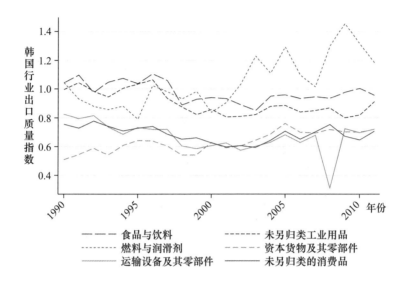

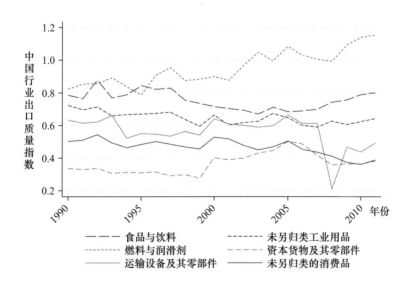

图 C2　BEC 分类标准下典型国家历年一分位行业出口质量指数变动（续）

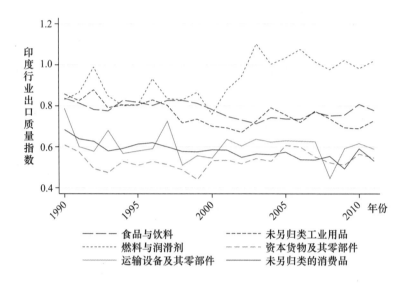

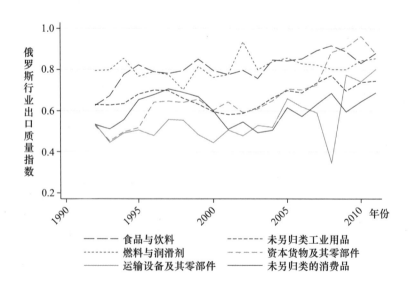

图 C2　BEC 分类标准下典型国家历年一分位行业出口质量指数变动（续）

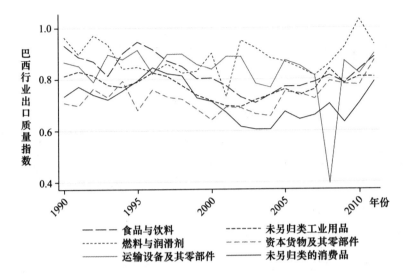

图 C2　BEC 分类标准下典型国家历年一分位行业出口质量指数变动（续）

附录 D 按收入水平分类的样本国家（地区）

表 D1　　　　　　　　　　中低收入国家（地区）名单

中低收入国家（地区）（65 个）					
布隆迪	赞比亚	毛里塔尼亚	菲律宾	马拉维	苏里南
尼日尔	坦桑尼亚	喀麦隆	萨摩亚	格鲁吉亚	阿尔及利亚
中非共和国	肯尼亚	尼加拉瓜	斐济	斯里兰卡	厄瓜多尔
马达加斯加	科特迪瓦	巴基斯坦	汤加	不丹	马尔代夫
马里	塞内加尔	越南	印度尼西亚	约旦	泰国
莫桑比克	加纳	基里巴斯	危地马拉	伯利兹	阿尔巴尼亚
科摩罗	孟加拉国	印度	蒙古	埃及	圣卢西亚
埃塞俄比亚	也门	摩尔多瓦	摩洛哥	亚美尼亚	突尼斯
卢旺达	圣多美和普林西比	圭亚那	玻利维亚	萨尔瓦多	阿塞拜疆
乌干达	柬埔寨	洪都拉斯	巴拉圭	哥伦比亚	多米尼加共和国
布基纳法索	所罗门群岛	佛得角	叙利亚	乌克兰	

表 D2　　　　　　　　　　高收入国家（地区）名单

高收入国家（地区）（72 个）							
格林纳达	罗马尼亚	乌拉圭	匈牙利	马耳他	新西兰	芬兰	奥地利
圣基茨和尼维斯	保加利亚	白俄罗斯	立陶宛	几内亚	西班牙	英国	荷兰
圣文森特和格林纳丁斯	委内瑞拉	马来西亚	卡塔尔	巴巴多斯	意大利	日本	瑞士
特立尼达和多巴哥	黎巴嫩	土耳其	阿曼	斯洛伐克	以色列	比利时	阿联酋
俄罗斯联邦	秘鲁	南非	波兰	塞舌尔	巴哈马	丹麦	美国
巴西	加蓬	拉脱维亚	巴林	沙特阿拉伯	韩国	伊朗	卢森堡
哈萨克斯坦	墨西哥	智利	捷克	塞浦路斯	爱尔兰	加拿大	挪威
澳大利亚	马其顿	阿根廷	葡萄牙	斯洛文尼亚	冰岛	德国	新加坡
哥斯达黎加	毛里求斯	克罗地亚	希腊	爱沙尼亚	法国	瑞典	科威特

附录 E　出口复杂度的计算方法

　　计算出口质量的数据来源于 UN Comtrade 统计数据库，我们按照《国际贸易标准分类》（SITC3）三分位数产品分类，根据各国 260 种产品的出口数据及其价格，首先计算出各国每年每种产品的出口复杂度，然后加总得到各个国家的出口复杂度。这里用各国各种产品的出口值除以出口数量得出该种产品在该国的出口单价。由于原始数据库可能存在统计误差或统计错误，借鉴 Xu（2010）的做法，剔除产品单价中的极端值情况，连同由于缺失数量而无法计算出产品单价的国家，统一采用该产品具有出口单价国家的加权平均价替代；此外，由于缺失数量而无法计算出加权平均价的商品，相对价格指数取值为 1。

　　借鉴 Hausmann 等（2007）关于复杂度的测算方法，根据每年数据的可得性，我们对世界各主要国家 1992—2011 年的出口复杂度进行了测算，具体测算方法如下：

　　假设 $PRODY_i$ 为没有考虑产品异质性时 i 产品的复杂度，其计算公式为：

$$PRODY_i = \sum_{c=1}^{k} \frac{x_{ic}\left/\sum x_{ic}\right.}{\sum\left(x_{ic}\left/\sum x_{ic}\right.\right)}Y_c \tag{E1}$$

　　其中，x 为出口额，c 表示国家，k 为出口产品 i 的国家数；Y_c 是国家 c 的实际人均 GDP。在计算出每一种产品的出口复杂度后，将产品层面的出口复杂度加总到国家层面，其计算公式如下：

$$EXPY_c = \sum_{i=1}^{m} S_{ic}PRODY_{ic} \tag{E2}$$

　　其中，$EXPY_c$ 是未考虑产品异质性时 c 国的出口复杂度；m 表示该国所有贸易产品数；s_{ic} 是 c 国产品 i 出口占 c 国总出口的比重；$PRODY_{ic}$ 是未考虑产品异质性的产品 i 的出口复杂度。考虑产品异质性时，产品的出口复杂度 EP_{ic} 的计算过程如下：构建产品的相对价格指数：

$$q_{ic} = p_{ic} \Big/ \sum_{n \in c_i} (\mu_{in} p_{in}) \tag{E3}$$

其中，p_{ic} 为国家 c 产品 i 的出口价格，分母是所有出口 i 产品国家的该产品出口价格的加权和，μ_{in} 为国家 n 的出口产品 i 占所有国家出口产品 i 的比重。考虑产品异质性时产品的出口复杂度计算公式为：

$$EP_{ic} = (q_{ic})^{\theta} \times PRODY_i \tag{E4}$$

其中，EP_{ic} 为考虑产品异质性时产品 i 的出口复杂度，q_{ic} 为产品 i 的相对价格指数，θ 为调整指数。借鉴 Xu（2010）的做法，调整指数 θ 设为 0.2。$PRODY_i$ 为没有考虑产品异质性时 i 产品的复杂度。同理，可以将考虑产品异质性时产品层面的出口复杂度加总到国家层面，方法与未考虑产品异质性时是一致的。借鉴 Lall（2005）、杜修立和王维国（2007）、杨汝岱（2008）等的研究，我们采用中国出口复杂度的相对高度指标来衡量中国出口质量的相对水平，计算方法为：用中国每年的出口复杂度减去当年所有样本国家中出口复杂度最低的国家的出口复杂度，然后再除以当年所有国家出口复杂度的最大值减去最小值：$TSI_t = (EXPY_{\text{China},t} - EXPY_{\text{min},t})/(EXPY_{\text{max},t} - EXPY_{\text{min},t})$。由于国家层面的出口复杂度（$EXPY$）可以分未考虑产品异质性和考虑产品异质性两种情况，这里也对两种情况下出口复杂度的相对位置进行了计算，并分别记作 $TSI1$ 和 $TSI2$（见图 E1）。

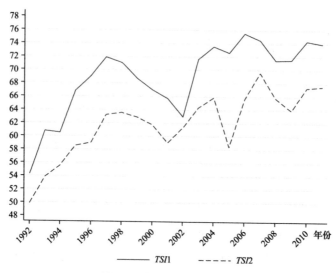

图 E1　出口复杂度变动图

附录 F 中国制造业部门与 SITC 分类代码对应表

行业	SITC（Rev. 3）三分位	SITC（Rev. 2）四分位
食品加工和制造业	011，012，016，017，022，023，024，025，034，035，037，042，045，046，047，048，054，056，058，059，061，062，071，073，075，081，091，098，411，421，422，431	0111，0112，0113，0114，0115，0116，0118，0121，0129，0141，0142，0149，0223，0224，0230，0251，0252，0341，0342，0343，0344，0350，0371，0372，0421，0422，0440，0451，0452，0459，0460，0470，0481，0482，0483，0484，0488，0541，0542，0544，0545，0546，0548，0561，0564，0565，0582，0583，0586，0589，0611，0612，0615，0616，0619，0620，0711，0712，0730，0751，0752，0811，0812，0813，0814，0819，0913，0914，0980，1110，2040，2929，3345，4111，4113，4232，4233，4234，4235，4236，4239，4241，4242，4243，4244，4245，4249，4311，4312，4313，4314，5169，5852，5922，5983
饮料制造业	074，111，112	0741，0742，0980，1110，1121，1122，1123，1124
烟草加工业	122	1221，1222，1223
纺织业	269，651，652，653，654，655，656，657，658，659	2690，6210，6511，6512，6513，6514，6515，6516，6517，6518，6519，6521，6522，6531，6532，6534，6535，6536，6538，6539，6541，6542，6543，6544，6545，6546，6549，6551，6552，6553，6560，6571，6572，6573，6574，6575，6576，6577，6579，6581，6582，6583，6584，6589，6591，6592，6593，6594，6595，6596，8472
服装及其他纤维制品制造业	841，842，843，844，845，846，848	6589，8421，8422，8423，8424，8429，8431，8432，8433，8434，8435，8439，8441，8442，8443，8451，8452，8459，8461，8462，8463，8464，8471，8472，8481，8482，8483，8484，8999

续表

行业	SITC（Rev. 3）三分位	SITC（Rev. 2）四分位
皮革、毛皮、羽绒及其制品业	611，612，613，831，851	6112，6113，6114，6115，6116，6118，6121，6122，6123，6129，6130，6354，6359，6589，6960，6997，6998，8310，8483，8510，8939，8991，8997
木材加工及木、竹、藤、棕、草制品业	633，634，635	2482，6330，6341，6342，6343，6344，6349，6351，6352，6353，6354，6359，6416
家具制造业	821	6354，6613，6618，6666，6974，6998，8211，8212，8219
造纸和纸制品业	251，641，635	2511，2512，2516，2517，2518，2519，5821，5822，5823，5824，5825，5826，5827，5829，5831，5832，5833，5834，5835，5836，5837，5839，5841，5842，5843，5849，5851，6344，6351，6352，6353，6354，6359，6411，6412，6413，6415，6417，6418，6419，6424，6597，8928，8939
印刷和记录媒介复制业	892	6354，6359，6613，6652，6666，6997，6998，8921，8922，8924，8928，8939
文教、体育用品制造业	894，895，898	6940，6978，6997，6998，7852，8481，8510，8941，8942，8947，8951，8952，8959，8981，8982，8983，8989
石油加工及炼焦业	325，334，335	3232，3341，3342，3343，3344，3345，3351，3352，3353，3354

行业	SITC（Rev. 3）三分位	SITC（Rev. 2）四分位
化学原料及化学制品制造业	232，511，512，513，514，515，516，522，523，524，525，531，532，533，551，553，554，562，571，572，573，574，575，579，591，592，593，597，598	2320，2331，2332，3345，5111，5112，5113，5114，5121，5122，5123，5137，5138，5139，5145，5146，5147，5148，5154，5155，5156，5157，5161，5162，5163，5169，5221，5222，5223，5224，5225，5231，5232，5233，5239，5241，5249，5311，5312，5322，5323，5331，5332，5334，5335，5513，5514，5530，5541，5542，5543，5621，5622，5623，5629，5629，5721，5722，5723，5821，5822，5823，5824，5825，5826，5827，5828，5829，5831，5832，5833，5834，5835，5836，5837，5838，5839，5841，5842，5843，5849，5851，5852，5911，5912，5913，5914，5921，5922，5981，5982，5983，5989，6210，6571，6572，6577，6716，6880，8959
医药制造业	541，542	5411，5413，5414，5415，5416，5417，5417，5419，5852，5922，5989
化学纤维制造业	266，267	2665，2666，2667，2671，2672
橡胶制品业	621，625，629	2320，2331，6210，6251，6252，6253，6254，6259，6281，6282，6289，7441，7849，7853，7868，7919，7928，7929，8482，8941，8998，9510
塑料制品业	581，582，583，893	5821，5822，5823，5824，5826，5827，5829，5831，5832，5833，5834，5835，5836，5837，5839，5841，5842，5843，5849，5851，5852，7284，8310，8928，8931，8932，8933，8935，8939
非金属矿物制品业	661，662，663，664，665，666，667	6611，6612，6613，6618，6623，6624，6631，6632，6633，6635，6637，6638，6639，6641，6642，6643，6644，6645，6646，6647，6648，6649，6651，6652，6658，6664，6665，6666，6671，6672，6673，6674，8124

续表

行业	SITC（Rev. 3）三分位	SITC（Rev. 2）四分位
黑色金属冶炼及压延加工业	671，672，673，674，675，676，677，678，679	5239，6572，6712，6713，6716，6724，6725，6727，6731，6732，6733，6741，6744，6745，6746，6749，6750，6760，6770，6781，6782，6784，6785，6911，7239
有色金属冶炼及压延加工业	681，682，683，684，685，686，687，689	5239，6811，6812，6821，6822，6831，6832，6841，6842，6851，6852，6861，6863，6871，6872，6891，6899，6999
金属制品业	691，692，693，694，695，696，699，811，812	6353，6633，6639，6793，6794，6911，6912，6921，6924，6931，6932，6935，6940，6951，6953，6954，6960，6974，6991，6992，6993，6994，6996，6997，6998，6999，8121，8122，8939
通用设备制造业	711，712，713，714，716，718，731，733，735，737，741，742，743，744，745，746，747，748，749	6359，6793，6794，6973，6992，6997，6998，7111，7112，7119，7126，7129，7131，7132，7133，7138，7139，7144，7148，7149，7161，7162，7163，7169，7187，7188，7281，7284，7361，7362，7367，7368，7369，7371，7372，7373，7411，7412，7413，7414，7415，7416，7421，7422，7423，7428，7429，7431，7432，7433，7434，7435，7436，7439，7441，7442，7449，7451，7452，7491，7492，7493，7499，7757，7868，8121，8939，8942
专业设备制造业	721，722，723，724，725，726，727，728，774，872，881，882，883	7211，7212，7213，7219，7223，7224，7233，7234，7239，7243，7244，7245，7246，7247，7248，7251，7252，7259，7263，7264，7268，7269，7271，7272，7281，7283，7284，7416，7435，7436，7439，7441，7442，7452，7741，7742，7788，8212，8720，8811，8812，8813，8821，8822，8830

行业	SITC（Rev. 3）三分位	SITC（Rev. 2）四分位
交通运输设备制造业	781，782，783，784，785，786，791，792，793	7643，7649，7788，7810，7821，7822，7831，7841，7842，7849，7851，7852，7853，7861，7868，7911，7912，7913，7914，7915，7919，7921，7922，7923，7924，7928，7929，7931，7932，7933，7938，8748，8749，8942
电器机械及器材制造业	771，772，773，775，776，778，813	6129，6289，6354，6428，6575，6584，6613，6618，6639，6642，6666，6960，6996，6997，6998，7247，7414，7711，7712，7721，7722，7723，7731，7732，7751，7752，7753，7754，7757，7758，7761，7762，7763，7764，7768，7781，7782，7783，7784，7788，8124，8710，8841，8935，8939，8942，8991，8997，8999
电子及通信设备制造业	752，761，762，763，764	7521，7522，7523，7524，7525，7528，7611，7612，7621，7622，7628，7631，7638，7641，7642，7643，7648，7649，7788，8812，8942
仪器仪表及文化、办公用机械制造业	751，759，871，873，874，884，885	6589，6642，7511，7512，7518，7591，7599，8471，8481，8710，8731，8732，8741，8742，8743，8744，8745，8748，8749，8841，8842，8851，8852，8933，8972，8973
其他制造业	891，896，897，899，931	2927，6129，6289，6330，6354，6589，6597，6613，6633，6658，6666，6978，7928，7929，8928，8933，8939，8946，8960，8972，8973，8974，8991，8993，8994，8996，8997，8998，8999，9310，9510

资料来源：分类标准采用联合国各统计标准对照表。

附录 G 轻重工业分类表

行业	类别	行业	类别
食品加工和制造业	轻	医药制造业	轻
饮料制造业	轻	化学纤维制造业	轻
烟草加工业	轻	橡胶制品业	重
纺织业	轻	塑料制品业	重
服装及其他纤维制品制造业	轻	非金属矿物制品业	重
皮革、毛皮、羽绒及其制品业	轻	黑色金属冶炼及压延加工业	重
木材加工及木、竹、藤、棕、草制品业	轻	有色金属冶炼及压延加工业	重
家具制造业	轻	金属制品业	重
造纸和纸制品业	轻	机械制造业	重
印刷和记录媒介复制业	轻	交通运输设备制造业	重
文教、体育用品制造业	轻	电器机械及器材制造业	重
石油加工及炼焦业	重	电子及通信设备制造业	重
化学原料及化学制品制造业	重	仪器仪表及文化、办公用机械制造业	重

附录 H　不同差异化程度制造行业分类

	严格区分标准	宽松区分标准
同质性行业	食品加工和制造业，饮料制造业，烟草加工业，纺织业，服装及其他纤维制品制造业，木材加工及木、竹、藤、棕、草制品业，家具制造业，造纸和纸制品业，印刷和记录媒介复制业，石油加工及炼焦业，塑料制品业，非金属矿物制品业，有色金属冶炼及压延加工业	食品加工和制造业，饮料制造业，烟草加工业，纺织业，服装及其他纤维制品制造业，皮革、毛皮、羽绒及其制品业，木材加工及木、竹、藤、棕、草制品业，家具制造业，造纸和纸制品业，印刷和记录媒介复制业，文教、体育用品制造业，石油加工及炼焦业，橡胶制品业，塑料制品业，非金属矿物制品业，黑色金属冶炼及压延加工业，有色金属冶炼及压延加工业，金属制品业
异质性行业	化学原料及化学制品制造业，医药制造业，化学纤维制造业，机械制造业，交通运输设备制造业，电器机械及器材制造业，电子及通信设备制造业，仪器仪表及文化、办公用机械制造业，皮革、毛皮、羽绒及其制品业，橡胶制品业，黑色金属冶炼及压延加工业，金属制品业，文教、体育用品制造业	化学原料及化学制品制造业，医药制造业，化学纤维制造业，机械制造业，交通运输设备制造业，电器机械及器材制造业，电子及通信设备制造业，仪器仪表及文化、办公用机械制造业

附录 I ISIC 与 SITC 制造业分类匹配

四分类	ISIC	SITC	三分类
高技术	航空航天器制造，制药，办公、会计和计算机设备，广播、电视和通信设备，医疗、精密和光学仪器	仪器仪表及文化、办公用机械制造业，医药制造业，电子及通信设备制造业	高技术
中高技术	电气机械和设备，汽车、挂车及半挂车，化学制品（不含制药），铁路机车及其他交通设备，其他机械设备	电气机械及器材制造业，化学原料及化学制品制造业，交通运输设备制造业，机械制造业（通用设备制造＋专用设备制造）	
中低技术	船舶制造和修理，橡胶和塑料制品，焦炭、炼油产品及核燃料，其他非金属矿物制品，基本金属和金属制品	橡胶制品业，塑料制造业，黑色金属冶炼及压延加工业，有色金属冶炼及压延加工业，石油加工及炼焦业，金属制品业，非金属矿物制品业，化学纤维制造业	中等技术
低技术	其他制造业，再生产品，木材、纸浆、纸张、纸制品、印刷和出版，食品、饮料和烟草，纺织品、皮革及鞋类制品	印刷和记录媒介复制业，文教、体育用品制造业，造纸和纸制品业，家具制造业，木材加工及木、竹、藤、棕、草制品业，皮革、毛皮、羽绒及其制品业，纺织业，烟草加工业，服装及其他纤维制品制造业，饮料制造业，食品加工和制造业	低技术

资料来源：OECD；ANBERD 和 STAN 数据库，2003 年。

附录 J　国家（地区）分类及代码对应表

中低收入国家（地区）（47 个）

阿尔巴尼亚（ALB）　阿尔及利亚（DZA）*　阿塞拜疆（AZE）　玻利维亚（BOL）　伯利兹（BLZ）　布隆迪（BDI）　中非共和国（CAF）　中国（CHN）　哥伦比亚（COL）　厄瓜多尔（ECU）　萨尔瓦多（SLV）　埃塞俄比亚（ETH）　法属玻利尼西亚（PYF）*　格鲁吉亚（GEO）　冈比亚（GMB）　格陵兰（GRL）*　危地马拉（GTM）　圭亚那（GUY）*　印度尼西亚（IDN）　科特迪瓦（CIV）　牙买加（JAM）　约旦（JOR）　吉尔吉斯斯坦（KGZ）　马达加斯加（MDG）　马拉维（MWI）　马尔代夫（MDV）　马耳他（MLT）　毛里求斯（MUS）　摩尔多瓦（MDA）　摩洛哥（MAR）　尼加拉瓜（NIC）*　尼日尔（NER）　巴基斯坦（PAK）　巴拿马（PAN）　巴拉圭（PRY）　菲律宾（PHL）　塞内加尔（SEN）　印度（IND）　越南（VNM）　苏里南（SUR）　泰国（THA）　突尼斯（TUN）　乌干达（UGA）　乌克兰（UKR）　埃及（EGY）　坦桑尼亚（TZA）　赞比亚（ZMB）

高收入国家（地区）（56 个）

阿根廷（ARG）　澳大利亚（AUS）　奥地利（AUT）　巴哈马（BHS）　巴巴多斯（BRB）　巴西（BRA）　保加利亚（BGR）　白俄罗斯（BLR）　加拿大（CAN）　智利（CHL）　哥斯达黎加（CRI）　克罗地亚（HRV）　塞浦路斯（CYP）　捷克（CZE）　丹麦（DNK）　爱沙尼亚（EST）　芬兰（FIN）　法国（FRA）　德国（DEU）　希腊（GRC）　中国香港（HKG）　匈牙利（HUN）　冰岛（ISL）　爱尔兰（IRL）　以色列（ISR）　意大利（ITA）　日本（JPN）　哈萨克斯坦（KAZ）　韩国（KOR）　黎巴嫩（LBN）　拉脱维亚（LVA）　立陶宛（LTU）　马来西亚（MYS）　墨西哥（MEX）　阿曼（OMN）　荷兰（NLD）　新西兰（NZL）　挪威（NOR）　秘鲁（PER）　波兰（POL）　葡萄牙（PRT）　卡塔尔（QAT）　罗马尼亚（ROM）*　俄罗斯联邦（RUS）　沙特阿拉伯（SAU）　乌拉圭（URY）　新加坡（SGP）　斯洛伐克（SVK）　斯洛文尼亚（SVN）　西班牙（ESP）　瑞典（SWE）　瑞士（CHE）　土耳其（TUR）　英国（GBR）　美国（USA）　圣文森特和格林纳丁斯（VCT）

注：带 * 的国家（地区）不在回归分析的样本之列。